DIEDERICHS GELBE REIHE

herausgegeben von Michael Günther

Popol Vuh

Das Buch des Rates

Mythos und Geschichte der Maya

aus dem Quiché übertragen
und erläutert
von Wolfgang Cordan

Eugen Diederichs Verlag

Mit 21 Abbildungen und einer Karte

Die Deutsche Bibliothek – CIP-Einheitsaufnahme
Popol Vuh: das Buch des Rates; Mythos und Geschichte der Maya / aus dem Quiché übertr. und erl. von Wolfgang Cordan.
– Sonderausgabe 1998 – München: Diederichs, 1998
(Diederichs Gelbe Reihe; 18: Indianer)
Einheitssacht.: Popol Vuh <dt.>
ISBN 3-424-01455-9
NE: Cordan, Wolfgang [Hrsg.]; EST; GT

Sonderausgabe 1998

Umschlaggestaltung: Zembsch' Werkstatt, München, unter Verwendung von vier Bildern des mexikanischen Maisgottes, wie er die Stadien einer Maispflanze durchlebt
Produktion: Tillmann Roeder, München
Gesamtherstellung: Presse-Druck, Augsburg
Printed in Germany

ISBN 3-424-01455-9

EINLEITUNG UND VERSUCH ÜBER DIE METHODE

DAS BUCH DES RATES gehört zu den großen Schriften des Menschheitsmorgens. Daß es bisher nur in Fachkreisen bekannt geworden ist, liegt zum Teil an seinem Charakter eines Geheimbuches und den damit verbundenen, seltsamen Geschicken. Zum anderen Teil liegt es aber an der Fachwissenschaft selbst. Die Abneigung der Angelsachsen und Spanier, fremde Sprachen zu erlernen, hat sich auf die gesamte Amerikanistik ausgewirkt. So sind alle früheren Ausgaben unseres Epos im Text nahezu unverständlich, im Kommentar verworren. Erst neuerdings gibt es eine sehr gute spanische Version von Adrian Recinos, der mehrere Mayasprachen beherrschte. Diese Fassung wurde auch ins Englische übertragen.

In deutscher Sprache gab es, außer einigen kläglichen Vorläufern, nur die Übersetzung von L. Schultze-Jena. Auch diese versagt, aus Unkenntnis der Sprache, an einigen ganz entscheidenden Stellen. Das Buch ist in den Kriegswirren untergegangen und ohne Wirkung geblieben.

Wenn nach einem Wort Unamunos die Sprache das Blut des Geistes ist, so leuchtet ein, daß man nicht mit einem Lexikon übersetzen kann. Man muß unter den Mayas leben, ihr Wesen in Gesten und Tonfall erlauschen, ihre Art zu denken erlernen. Wenn ein Maya sagt: »Mein Herz ist trocken, takín kont'on«, so ist das etwas wesenhaft anderes als »Ich habe Durst«.

Indianisches Wesen überwältigt jeden aufgeschlossenen Sinn. So gewann es den Reverendo Padre Francisco Ximénez, Cura Doctrinero por el Real Patronato del Pueblo de Sto. Tomás Chichicastenángo, del Sacrado Orden de Predicatores.

Francisco Ximenez kam 1688, erst vierundzwanzig Jahre alt, mit einer Schiffsladung von Klerikern, wie er selbst sagt, nach Guatemala. Über seine Eindrücke in der Neuen Welt schweigt er. Wir sehen ihn aber alsbald als Novizen in Chiapas, wo er in der heute nach Fray Bartolomé de Las Casas genannten Stadt zum Priester geweiht wurde. Chiapas und Guatemala bildeten damals eine Verwaltungseinheit der spanischen Krone. Der junge Padre Francisco wurde in mehreren Indianerdistrikten in Guatemala eingesetzt, erlernte rasch verschiedene Mayadialekte und begann für sich selbst mit Notizen über die Struktur der Mayasprache.

Im Jahre 1701 wurde er als Parochial nach Santo Tomás Chuilá, in das heutige Chichicastenángo versetzt.

Die Unterwerfung des Landes, die Erdrosselung und Lebendverbrennung der Fürsten war kaum 180 Jahre her, die Indios lebten in Frondienst, wo nicht in offener Sklaverei. Padre Ximenez muß ungewöhnliche Charaktereigenschaften besessen haben. Denn es geschah das Unerhörte: man legte ihm den Text der »Maya-Bibel« vor. Nach einem Wort des Cortés: »Acabar con el alma del Indio«, die Seele des Indios auslöschen, hatten die Spanier in ganz Amerika systematisch die Kulturträger, das ist die Fürstenhäuser und die Priesterschaft, ausgerottet. Die Tempel wurden geschleift, die Götterbilder zerschlagen, die heiligen Schriften verbrannt.

Man kann nach alledem ermessen, welchen Akt des Vertrauens es bedeutete, wenn dem Ximenez Älteste der Gemeinde eine Handschrift ihrer heiligsten Überlieferung zeigten.

Ximenez war ein guter Katholik und in den Begriffen seiner Zeit befangen. Aber er war ebenso gefangen vom indianischen Wesen und hat seine Schäfchen wohl als liebenswerte Kinder betrachtet, deren Nacht er durch das Licht des Wortes zu erhellen hatte.

Sein Erstaunen beim Lesen des Quiché-Textes muß sich zur Begeisterung gesteigert haben. Da gab es eine Weltschöpfung, wo die Götter sagten: »Erde!« und es bildete sich die Erde. Da gab es eine Sintflut. Da gab es den Raben, der ein neues Land zeigte. Da gab es eine Meeresdurchschreitung wie die der Kinder Israels. Und da gab es einen leuchtenden Stern, den Ximenez für den Stern Jakobs hielt, da es ja nicht gut der Stern von Bethlehem sein konnte.

Wir können diese Versuche eines gläubigen Gemütes, einen unerhört starken und in eindringlicher Sprache vorgetragenen Mythos seinem Weltbild einzuordnen, um so bereitwilliger übergehen, als die absurdesten Interpretationen unseres Buches bis zum heutigen Tage nicht abreißen.

Ximenez hat den Text getreulich kopiert, doppelspaltig schreibend, indem er dem links erscheinenden Quiché-Wortlaut rechtsspaltig seine spanische Übersetzung beigibt. Danach reichte er das Original den Besitzern zurück. Wir haben Anlaß, sein Vorhandensein in den Händen einer altadligen Quiché-Familie noch heute zu vermuten.

Die Rückgabe dieses dämonischen Textes, der in die Hände der Inquisition gehört hätte, wirft ein helles Licht auf die moralische Qualität des Padre.

Was seine Übersetzung betrifft, so kann ich der seither erhobenen Kritik nicht beipflichten. Er stand, ein Geisteskind des beginnenden XVIII. Jahrhunderts, ohne die Hilfsmittel moderner Religionswissenschaft und moderner Linguistik gegenüber einem fremdartigen, vielschichtigen Mythos. Er kannte nicht einmal das Wort und den Begriff Mythos – er kannte ja nur »die Wahrheit«. Aber er sprach besser Quiché als irgendeiner von uns allen nach ihm, und er hatte die Liebe. Er hat sich immer und immer wieder um den Stoff bemüht, und ich gestehe, daß ich nicht ohne Rührung auf seine Korrekturen der ersten Reinschrift blickte, die auf dem Bildschirm der Bibliothek in Guatemala groß und deutlich erschienen.

Ximenez hat seine erste Niederschrift durchaus im Bewußtsein dessen, was er tat, zu Papier gebracht. In Großbuchstaben steht auf der ersten Seite:

EMPIEZAN LAS HIS
TORIAS DEL ORIGEN DE LOS INDIOS DE
ESTA PROVINCIA DE GUATEMALA ...

(Es beginnen die Geschichten vom Ursprung der Indios
in dieser Provinz Guatemala etc.)

Nach einem kurzen »Prologo« folgen fünf »Salutaciones« in Quiché-Sprache, jedenfalls vom Padre verfaßt.

[illegible] ARE V XE OHER
tzih varal quiche ubi.
1 Varal xchicatzibah vi xchica-
tiquiba vi oher tzih, uticaribal,
uxenabal puch ronohel xban,
pa tinamit quiche, ramac quiche vinac; are cut xchicacam
vi uc'utuniçaxic, ucalahobiça-
xic, utzihoxic puch euaxibal
zaquiribal rumal tzacol bitol
alom, qaholom quibi hunahpu vuch, hunahpu utiu, za-
quinimac tzyz, tepeu, qucumatz
u quux cho, u quux palo, ahra-
xalac, ah raxa tzel chughaxic,
rach bixic, rach tzihoxic
iyom, mamom xpiyacoc,
xmucane ubi; matzanol chu-
quenol camul iyom, camul
mamom chughaxic pa quiche
2 tzih. ta xquitzihoh ronohel
ruq xquiban chic chi zaquil
golem, zaquil tzih vae xchicatzibah chupan chic u gha-
bal Dios pa christianoil chic
xchiguacatezah rumal maha-
bi chic ilbal re popo vuh. ilbal zac petenac chaca palo.
utzihoxic camuhibal ilbal zac-
gaslem chughaxic. go nabe
vuhil, oher tzibam puch xa
evatal vuach ilol re, bizol re,
nim upeoxic, utzihoxic puch,
ta chiqui tzuk ronohel cah
Numer. cap. 8. ulev, ucah tzucuxic, ucah
xucutaxic retaxic, ucah
cheexic, umeh camaxic, uyuc-
camaxic upa cah, upa ulev
cah tzuc, cah xucut chughaxic rumal ri tzacol bitol
uchuch, ucahau gaslem vi-
naquirem, abanel, guxla-
nel, alay rech, guxlaay
rech zaquil amaquil, za-
quil al, zaquil qahol, ah-
biz, ahnaoh chirech ronohel

ESTE ES EL PRINCIPIO DE LAS 1
antiguas historias aqui en el quiche.
Aqui escriviremos, y empesaremos las
antiguas historias, su principio, y comien-
zo de todo lo q fue hecho en el pueblo de
el quiche, su pueblo de los indios quiches;
y de aqui tomaremos su ser declarado, y
manifestado, y su ser relatado, la esconde-
dura, y aclaradura, por el formador, y criador. madre, y Padre q asi se llaman, hun
ahpu vuch. hun ahpu utiu. zaquinimatzyz.
tepeu. qucumatz. uquxcho. uquxpalo. (nombres, o atributos. q significan) un tirador, tacu-
azin. un tirador coyote. blanco pizote. S.or
fuerte culebra. corazon de la laguna. corazon de el mar.) el de el verde cagete, el
de la verde hicara son llamados. y junta-
mente es dicho, y hablado de aquella abuela, y abuelo q se llamaban: xpiyacoc, y
xmucane. nombres proprios. amparado-
res, y cubridores dos veses abuela, y dos
veses abuelo son dichos en las historias qui-
chees. q comunicaron todo con lo q hisi-
eron despues en el estado de la claridad
y en la palabra de claridad. esto escriviremos ya en la ley de Dios, en la cris-
tiandad, lo sacaremos porq ya no ay libro comun, original donde verlo. de la
otra parte de el mar es venido donde se a
visto; q es dicho su ser en señada nuestra
obscuridad con la miradura de la clara
vida. antiguamente avia libro original.
q se escrivio antiguamente; sino q esta escondido al q lo mira, y al q lo piensa:
grande es su venida, y su ser enseñado.
q se acabo de formar todo el cielo, y la
tierra, su ser cuadrado, su ser repartido
en cuatro partes, su ser señalado, su ser
amojonado con estacas, su ser medido a
mecates, o cuerdas, y su ser estirada la
cuerda en el cielo, y en la tierra; q es dicho de cuatro esquinas, y cuatro lados
por el formador, y criador. su madre y su P.e
de la vida y de la creasion. q da respira-
cion, y corasson, parider, y cuidador, de
la paz. claridad de los hijos, pensador, y con-

Erste Seite des Popol Vuh in der Handschrift des Padre Ximenez

Und dann beginnt die »Präambel« des indianischen Erzählers mit den seither berühmt gewordenen Worten, wiederum in Majuskeln:

ARE V XE OHER
tzih ...

(Das ist die alte Überlieferung)

Auf der nächsten, der zweiten Seite des eigentlichen Textes fängt dann die Schöpfungsgeschichte an:

ARE V TZIHOXIC VAE

(Das ist die Kunde ...)
Und so läuft der enggeschriebene doppelsprachig-doppelspaltige Text über 56 Seiten, wo er mit den bitteren Worten endet: »Xere c'uri mi cutzinic chi conohel Quiché: so ist es denn mit allem in Quiché zu Ende.«
Es folgen hierauf einige »Scholien zu den Ursprungsgeschichten der Indios«, die der Verfasser Ximenez aber bald abbrach.
Padre Ximenez hat dann zweimal zu Grammatiken angesetzt. Die »*Primera Parte de el Tesoro de las lenguas Cacchiquel, Quiché y Tzutuhil en que las dichas lenguas se traducen en la nuestra española*« ruht als zweibändiges Manuskript in der Bancroft Library, Berkeley, California.
Die einbändige »*Arte de las tres lenguas, Cacchiquel, Quiché y Tzutuhil*« befindet sich in der Newberry Library, Chicago. In diesem Werk lag lose das Original des Popol Vuh, als es in diesem Jahrhundert wiedergefunden wurde.
Am 30. April 1722 begann Ximenez, wie er selbst gewichtig notiert, eine »*Historia Natural del Reino de Guatemala*«. Von dieser ist nur der erste Manuskriptband auf uns gekommen. Er ruht in der Bibliothek der Sociedad de Geografia e Historia de Guatemala.
Francisco Ximenez muß im Jahre 1730 verstorben sein, denn wir wissen, daß ihm eine rangerhöhende Bestallungsurkunde aus Spanien nicht mehr zugestellt werden konnte.
Damit schloß ein Mann aus jener Reihe aufrechter Priester die Augen, als deren Symbol die Gestalt Bartolomé de Las Casas durch die Jahrhunderte strahlt.

Infolge des Autodafés von Mani nach der Eroberung von Yucatán sind nur drei alte Maya-Codices, nach abenteuerlichen Schicksalen, auf uns gekommen. Man bezeichnet sie heute nach ihren Standorten Dresden, Paris, Madrid. Alle drei sind reich bebildert, und fast alle Illustrationen unseres Kommentarteiles stammen aus ihnen.

Der Dresdener Codex enthält weitläufige astronomische Berechnungen, Mond- und Venustabellen. Die anderen beiden sind Ritualbücher und Wahrsagealmanache. Meine Lesung der Begleittexte zu den kalendarischen und astronomischen Rechnungen im Codex Dresdensis erweist, daß jede Himmelsrechnung der Mayas mit Astrologie verknüpft war.

Nun haben einige gebildete Mayas in Yucatán nach dem Zusammenbruch versucht, in lateinischer Schrift, aber in Yucatán-Maya die Überlieferung zu retten. Es entstanden so die offenbar nach einem Grundkonzept gearbeiteten »*Chilám Balám*«, die Bücher der Jaguarpriester. Ungleich an Umfang und Genauigkeit benennen wir sie heute nach den Fundorten in Yucatán. Das bedeutendste dieser Bücher ist das Chilam Balam von Chumayél, von dem yucatekischen Dichter Antonio Médiz-Bolio 1930 ins Spanische übersetzt. Es hat seither manche Neuauflage erlebt. Eine vorzügliche, kommentierte Synopsis der »Libros de Chilam Balam« hat A. Barrera Vasquez 1948 vorgelegt.

Es muß aber gesagt werden, daß diese Bücher Dokumente des Zusammenbruchs sind. Stark von Christlichem durchsetzt, die Vorstellungen beider Religionen zu einem wenig anziehenden Amalgam verschmelzend, unzusammenhängend geschrieben, sich in den Datumslisten einer Kurzform bedienend, die Schwankungen über mehrere hundert Jahre zuläßt, leisten sie wenig zum Kulturstudium. Man versteht sie überhaupt nur, wenn man von anderer Seite her über die Materie unterrichtet ist.

So ist denn die Rettung des Popol Vuh gar nicht zu überschätzen. Wir erhalten in diesem einen vollständigen Einblick in das, was für die Maya die Welt als Wille und Vorstellung war.

Wir erleben eine mehrfache Weltschöpfung und Weltzerstörung. Wir ziehen mit den göttlichen Zwillingen Hunahpú und Ixbalanqué über Berge und Flüsse, wenn sie wie Herakles und Theseus das Angesicht der Erde von Ungeheuern reinigen. Wir erleben den Kampf der Heroen mit den Herren der Unterwelt, ihren freiwilligen Opfertod, ihre Fischverwandlung, das Maiswunder und ihre hermaphroditische Himmelfahrt, die letzte Metamorphose in Sonne und Mond.

Auf diesen großartigen und an vielen Stellen erschütternden Mythos folgt in leicht sagenhaftem Gewand die Beschreibung der Herkunft und der Staatsgründung der beiden Hauptstämme: der Quichés und der Cakchiqueles. In diesem zweiten Teil treten sprachlich und kulturell starke toltekische Einflüsse auf, über die im Kommentar zu handeln ist. Im ersten Teil, der auch in reinerem Maya verfaßt steht, dürfen wir eine Urüberlieferung sehen. Es ist daher genau so sinnlos, nach dem »Verfasser« des POPOL VUH suchen zu wollen wie nach dem Sänger des Gilgamesch-Epos.

Das POPOL VUH wird auf Bildtafeln aus Holz oder Hirschfell festgehalten worden sein. Diese Bildfolgen dienten als Gedächtnisstütze für einen auswendig zu lernenden Text. Der Leser wird im ersten Teil rhythmische Stellen und im zweiten Teil sogar etwas wie ein Lied finden. Vor der Unterwerfung sangen die Indios, erst seither verstummten sie.

Man wird den Text in den ersten Jahren der Niederlage in lateinischen Buchstaben festgelegt haben. Eine solche Niederschrift, die höchstwahrscheinlich nicht die einzige war, hat Padre Ximenez vorgelegen.

Das Glück und in nicht geringem Maße die Emsigkeit eines französischen Abbés des vorigen Jahrhunderts, Charles Etienne Brasseur de Bourbourg, hat uns eine weitere Reihe indianischer Schriften erhalten, die das POPOL VUH bestätigen und mitunter ergänzen.

Da ist der, wie das POPOL VUH, in Quiché-Sprache geschriebene »*Titulo de los Señores de Totonicapán*«. Als Mitverfasser tritt im Text namentlich ein Diego Reynoso auf, der sich den Sohn von Lahuh Noh (Zehn Erdkraft) nennt und einen hohen Titel, Popol Uinak, führt. Durch Padre Ximenez und den unbekannten Autor der »*Isagoge Histórica Apologética de las Indias Occidentales*« (1711) sind wir über diesen Diego unterrichtet.

Er war bei der Zerstörung der Quiché-Hauptstadt Cumarcáah-Utatlán 1524 dabei und ist um 1541 in der Umgebung des Bischofs

Marroquin nachgewiesen, der das neue Quiché-Santa Cruz eingeweiht hatte.
Das Manuskript von Totonicapán stellt sozusagen eine Kurzform des Popol Vuh dar. Immerhin verdanken wir ihm eine wichtige Ergänzung. Bei dem Versuch, den Gott Tohil mit zwei Begleitern durch schöne Mädchen verführen zu lassen, fehlt im Popol Vuh die dritte Sirene. Diese Szene ist nach dem Manuskript von Totonicapán zu ergänzen.
Wichtiger sind die »*Annalen der Cakchiqueles*«, auch »Memorial von Sololá« genannt. Sololá ist die heutige Hauptstadt der Cakchiqueles. In flüssigem Cakchiquel geschrieben, lebhaft und voller Anekdoten, bestätigt dieses Werk alles Wesentliche des Popol Vuh und gibt darüber hinaus recht genauen Aufschluß über die Quiché-Geschichte der letzten hundert Jahre vor den Spaniern, die, als nicht sehr rühmlich, im Popol Vuh mit Schweigen oder Allgemeinheiten übergangen wird.
Die beiden Manuskripte sind heute in einer schön ausgestatteten, reich kommentierten Ausgabe jedermann zugänglich: *The Annales of the Cakchiquels.* Translated from the Cakchiquel Maya by Adrian Recinos and Delia Goetz. *Title of the Lords of Totonicapan.* Translated from the Quiché Text into Spanish by Dionisio José Chonay. English Version by Delia Goetz. Beide in einem Band: University of Oklahoma Press, 1953.
Adrian Recinos hat dann noch unter dem Titel »*Cronicas Indigenas de Guatemala*« (Editorial Universitaria, Guatemala 1957) eine Reihe von Dokumenten in Quiché und Spanisch veröffentlicht, die sich im wesentlichen auf die Familiengeschichte der beiden großen Häuser Tamub und Nihaib beziehen und den abrupten letzten Teil des Popol Vuh in wünschenswerter Weise ergänzen.
Die Werke des Ximenez verschwanden in den Klosterbibliotheken. Der unbekannte Zeitgenosse des Padre und Verfasser der »*Isagoge Historica Apologética*« macht eine Anspielung auf das Manuskript von Chichicastenango; und der Ende des XVIII. Jahrhunderts eine »*Historia de la Creación del Cielo y de la Tierra*« schreibende Kanonikus Ramon de Ordonez y Aguiar nimmt einiges in sehr freier Form – so die Erzählung von Sieben Papagei – aus der zweiten Übersetzung des

Ximenez in der »*Historia de la Provincia de San Vicente de Chiapa y Guatemala*«, wie er selbst angibt.
Dann brachen die lateinamerikanischen Befreiungskriege aus und, infolge der Parteinahme der Kirche für die spanische Krone, die Kirchenverfolgungen. Erst Mitte des Jahrhunderts beruhigten sich in Guatemala die Gemüter, und es erfolgte unter anderem eine Revision der verstreuten Bibliotheksschätze. Hierbei zeichnete sich ein Don Juan Gavarrete aus.
Aus Paris machte sich ein Abbé Brasseur de Bourbourg zur indianischen Welt auf. Er verblieb zunächst längere Zeit in Mexiko, lernte Náhuatl und sammelte alte Dokumente. Nach Guatemala kam, novarum rerum cupidus, ein Dr. Carl Scherzer aus Wien. Von 1853 bis 54 blieb er in Zentralamerika. In Guatemala war ihm Don Juan Gavarrete sehr behilflich. Bei der vergeblichen Suche nach den ersten beiden Bänden der »*Historia de la Provincia de San Vicente de Chiapa y Guatemala*«, deren dritter Band in der Universitätsbibliothek stand, stießen sie auf des Ximenez »*Arte de las tres lenguas*«, der hinten die »*Historias del origen de los indios de esta provincia de Guatemala*« beigefügt waren, also das »Original« des Popol Vuh.
Scherzer publizierte den spanischen Text 1857 in Wien und später auch in London, eine Ausgabe, die schon wegen ihrer zahllosen Abschreibeirrtümer nebst Druckfehlern niemand bewegen konnte.
1855 kam Brasseur de Bourbourg nach Guatemala und schloß sogleich Freundschaft mit Juan Gavarrete. Voller Eifer stürzte er sich in das Studium der zahlreichen Handschriften. Die Bedeutung des Manuskriptes von Chichicastenango erkannte er sofort. Er besann sich auf seinen Abbé-Titel und ließ sich vom Erzbischof in das damals 7000 Seelen zählende Rabinal versetzen, um Quiché zu erlernen. Dort hat er nicht nur das Popol Vuh übersetzt, sondern auch aus dem Nichts, d. h. aus den Köpfen seiner Pfarrkinder den Text des Tanz- und Musikdramas »Der Held von Rabinal« gezaubert, das kürzlich in deutscher Übersetzung erschien.
Der Abbé hat sich auch nach San Juan Sacatepéquez versetzen lassen, um sich im Cakchiquel für die Übersetzung der »*Annalen der Cakchiqueles*« zu üben. Auch diese nämlich hatte ihm der getreue Gavarrete verschafft.

1861 erschien in Paris in würdiger Ausstattung: POPOL VUH. Le Livre Sacré et les mythes de l'antiquité américaine.
Das Werk erregte sogleich beträchtliches Aufsehen. Einen häßlichen und ganz gegenstandslosen Prioritätsstreit Scherzers können wir übergehen, desgleichen gewisse Absonderlichkeiten Brasseurs im Kommentar: schon Ximenez hatte Palästina in seine Vergleiche gezogen, der Verfasser des »Isagoge« dann Babylon; seither sind die Ägypter, die Wikinger, ja die auf der Flucht aus Ägypten verlorengegangenen Stämme Israels mit den Mayas zusammengebracht worden.
Wohl aber ist auf eine Verwirrung einzugehen, die der Abbé bewußt gestiftet hat. Er behauptete nämlich, in Rabinal von einem vornehmen Indio »das Original des POPOL VUH« gekauft zu haben. Dieses Original hat er nie näher beschrieben, und es ist auch nicht in seinem Nachlaß gefunden worden. Vielmehr befindet sich in der Nationalbibliothek in Paris Brasseurs Abschrift des zweisprachigen Ximenez-Textes und der »*Arte de las tres lenguas*«. Mit diesen Hilfsmitteln hat der Abbé in Rabinal seine Übersetzung gemacht. Erst später hat ihm Gavarrete den Band überlassen, und um seinen Freund zu decken, hat sich Brasseur der frommen Lüge bedient. Recinos ist dem allen nachgegangen und hat das im Vorwort zur Morley-Recinos-Ausgabe des POPOL VUH ausführlich dargelegt.
Auf der Pariser Auktion des Brasseur-Nachlasses vom 28. Januar bis zum 4. Februar des Jahres 1884 – ein anderes Katastrophendatum der Mayageschichte – erwarb der amerikanische Gelehrte Brinton das Manuskript von Sololá. Der Rest ging in alle Winde. Das Ximenez-Manuskript des POPOL VUH blieb verschollen.
Alle seitherigen Ausgaben stützten sich daher auf des Abbés ureigenste Umschreibung des Quiché-Textes nach Ximenez. Während des zweiten Weltkrieges war Recinos Botschafter Guatemalas in Washington. Die ihm verbleibende Muße benutzte er zu Bibliotheksstudien. Dabei stieß er 1941 in der Newberry Library, Chicago, auf die »*Arte de las tres lenguas*« und in ihr die »Historias«, will sagen: das POPOL VUH des Ximenez.
Recinos hat in den folgenden Jahren die Übersetzung und den sehr sorgfältigen Kommentar fertiggestellt und gab 1947 in Buenos Aires

und Mexico seine klassisch gewordene Ausgabe ans Licht: POPOL VUH. *Las historias antiguas del Quiché.*
1950 folgte die Herausgabe des »*Memorial de Sololá*« (Mexico) und im gleichen Jahr in Oklahoma die englische Version des POPOL VUH zusammen mit Sylvanus G. Morley und Delia Goetz.
Wir haben unseren Text an Hand eines Mikrofilms überprüft, der das Manuskript der Newberry Library enthält und dessen erste Textseite wir wiedergeben. Der Vergleich mit anderen Handschriften des Padre in der Nationalbibliothek zu Guatemala zeigt, daß unser Text von der Hand des Padre stammt.
Wir wissen heute, daß ein gewisser Edward E. Ayer in Europa Dokumente zur amerikanischen Geschichte erwarb und daß seine Sammlung in die Newberry Library überging. Der Weg von Chichicastenango über Guatemala und Paris nach Chicago ist also klar.
1955 erschien noch in Quetzaltenango eine bilingue-Version von Dora M. de Burgess Litt. D. y Patricio Xec. Der eigentlich verantwortliche Herausgeber ist aber Paul Burgess, ein protestantischer Missionar, der fünfzig Jahre unter den Quichés lebte und die Sprache fließend beherrschte.
Überblicken wir noch einmal, was uns im Mayabereich außer dem POPOL VUH für die Ergründung des religiösen Denkens an Hilfsmitteln zur Verfügung steht, so sehen wir, daß wir ausschließlich von spanischen Quellen abhängen. Denn die »Chilám Balám«-Schriften sind Ruinen und die »Annalen« der Cakchiqueles sind in Bezug auf Dinge des Ritus und des Glaubens, in offenbarer Furcht vor der Kirche, sehr zurückhaltend. Es bleibt also nur der Weg, bei noch unberührten oder intakten Stämmen die Glaubensformen zu studieren und von daher auf die Vergangenheit rückzuschließen.
An anderer Stelle haben wir gezeigt, daß die Stämme in Chiapas die großen Holzkreuze vor und in den Dörfern am Langschaft so markieren, daß sich das gleichschenklige Mayakreuz wiederherstellt. Den magischen Korrekturpunkt pflegen sie mit darüber gebundenen Palmen- oder Fichtenzweigen zu verdecken. Der »Herr Heiliges Kreuz«, wie man Christus heute umschreibt, ist also der Herr des Mittelpunktes im universalen Kreuz der Maya-Welt. Er heißt in Yucatán: Ah can tzicnál, d.i. Der Herr der vier Weltenden.

In dem Ort Atitlán, zwischen Vulkan und See gleichen Namens, gibt es nun ein auseinandernehmbares Idol, das eingehüllt in einem Versteck liegt und nur zur Osterwoche hervorgeholt und zusammengesetzt wird, »damit die Welt wieder ganz sei«. Dieses Idol heißt »Maximón«, was doch wohl von Deus maximus abgeleitet sein dürfte.

Die eigentümliche Verbergung des Gottes führt uns zu einem rituellen Urelement aller Indios der nördlichen Hemisphäre.

Im zweiten Teil des Popol Vuh, dem historischen, hinterlassen die Erzväter nach Stiftung der Religion und Stammesordnung bei ihrem Weggang ein verschnürtes Bündel. Sein Name »Pisóm K'ak'ál« meint »Verhüllte Kraft«. Wir wissen, daß das magische Bündel der Cakchiqueles einen schwarzen Obsidianstein enthielt. Das verschnürte Lederbündel mit magischem Inhalt ist als wichtigster Stammesbesitz bei den nordamerikanischen Indianern, vor allem bei den Bisonjägerstämmen bekannt.

Um an dieser Stelle die religionsgeschichtlichen Vergleiche nicht zu weit zu führen, wollen wir uns mit der Erklärung begnügen, daß die »Geheime Kraft« über der ungeheuren Schar von Erdgeistern waltet. Nach indianischem Denken hat jedes Ding seinen Herrn (ah choc). Nicht nur Bäume und Bäche haben ihre Dryaden und Nymphen, jeder Stein, ja jeder Kunstgegenstand, wie eine Axt, ein Grabstock, hat seinen Herrn.

Und genau wie für die katholische Kirche hatte jeder Mayatag des Kalenders seinen Regenten, nur die letzten fünf Tage des Jahres – die in einer bequemen Rechnung in Zyklen nicht aufgingen – waren ohne Patron. Da waren nun sozusagen alle Geister losgelassen. Damit aber die Welt nicht aus den Fugen ging, erbarmte sich eine hohe Gottheit dieser fünf Tage: es war der uralte Schöpfungsgott Mam, hermaphroditisch wie die meisten Urgötter. Er hielt die Geisterwelt im Zaum, bis die anderen Zeitgötter ihr Werk wieder willfährig trieben, und vertritt sinngemäß, da die Mayas auch die Zahlen als Götter auffaßten, die Zahl 5. Die Glyphe für diese Zahl zeigt einen alten Menschenkopf, den man als Greis oder Greisin auffassen kann; die Muschelelemente des Kopfschmuckes weisen die Darstellung im Rahmen unseres Popol Vuh als die Sonnenahnin und Urmutter, als

Ixmucané aus. Sie beherrscht in manchen Verwandlungsformen den ganzen ersten Teil unseres Buches.

Etwas vollständig anderes als die »ah choc« sind die »náguales«, von denen das Popol Vuh erfüllt ist. Nágual ist die Tierform, in der sich ein Gott zu zeigen pflegt. Die Urmutter Ixmucané bevorzugt im Popol Vuh die Gestalt des Dachses; das einzige Mal, daß ihr Mann Ixpiyacóc in einer wichtigen Rolle auftritt, erscheint er als Opossum.

Jeder Mensch hat nun seinen Nágual, seinen Schutzgeist, der von dem Tag der Geburt abhängt. Personen gleichen Náguals dürfen nicht heiraten.

Die Weltauffassung der Mayas ist von dem Dualismus, besser gesagt: der Polarität von Himmel und Erde beherrscht. Es gibt daher eine Himmel-Sonnen-Reihe von Náguals: der Adler, der grünfedrige Quetzalvogel, der Truthahn, alle Papageienarten, vor allem der große feuerrote Guacamaya, der Sonnenvogel schlechthin, und der Falke.

Zur Erdreihe gehören: Affen, Schlangen, Frösche, Fische, Schildkröten, Fledermäuse und Bienen. Da das »Buch des Rates« der Mythos einer Agrargemeinschaft ist, werden wir die Tiere der zweiten Reihe an jedem entscheidenden Punkt unseres Weges treffen.

Die Opferkulte nun verlangten, daß einer Gottheit die Tiere der Gegenreihe geopfert wurden, da man ja nicht den eigenen Nágual des Gottes töten kann. Bei Menschenopfern galt dasselbe Prinzip: dem Sonnengott konnte nur ein Fledermaus-Mann, dem Erdgott nur ein ah tulúc, ein Truthahn-Mann, geopfert werden. Da der Mythos nicht erklärt, sondern das Wesen der Welt in Bildern zeigt, geschieht in einer grandiosen Szene unseres Buches das magische Selbstopfer der göttlichen Sonnenjünglinge Hunahpú und Ixbalanqué im Schattenreich der Erde, in Xibalbá, dem Hades der Mayas.

Damit sind wir unversehens in die Interpretation getreten. Wir haben uns aber, nach der Übersicht auf unsere Hilfsmittel, die entscheidende Frage zu stellen: Wie sollen wir interpretieren?

Es gibt dem Mythos gegenüber drei Verhaltungsweisen. Man kann ihn wörtlich glauben. Man kann ihn symbolisch oder mystisch verstehen. Man kann ihn rationalistisch zerlegen.

Dem frühen Menschen, das heißt dem Menschen im Klima einer Religionswerdung, stellt sich nicht einmal die Frage des Glaubens.

Die Dinge der allbeseelten Welt sind im Grunde vertauschbar, alles kann sich in alles verwandeln, es besteht kein grundsätzlicher Unterschied zwischen Pflanze, Tier und Mensch. Die Götter können sich selbstverständlich in alles verwandeln. Vom Priester-Zauberer nimmt man das gleiche an. Der gewöhnliche Mensch vollbringt das nur im Traum. Aber da in jener Geisteslage Traumwelt und Tageswelt ihrerseits nicht unterschieden werden, *ist* der Mann im Traum wirklich Gürteltier, Bison oder Affe und fühlt sich auch am Tage als ein solcher. Lévy-Bruhl hat hierzu sehr viel Material aus allen Erdteilen gesammelt und definierte diese Geistesstufe als prälogisch. So wird sich ein Stamm, der sich nach einem Fisch nennt, gegen jede Erklärung symbolischen Sinnes sträuben, er versteht das gar nicht und antwortet: »Nein, wir *sind* Fische!«
Feste solcher Stämme stellen mit ihren Geister- und Götteranrufungen und den Tänzen ein Nachspielen der Weltordnung auf besonderer, eben festlicher Ebene dar, und die dabei entstehende Beglückung, der Rausch ist etwas grundsätzlich anderes als die einsame Ekstase des Mystikers unter dem Mangobaum. Es ist ein kollektiver Rausch über die ungeteilte Welt. Die Ekstase des Einzelnen ist eins mit der Gruppe, er ist Teilnehmer in der Gemeinschaft und durch sie Teilnehmer an der Welt.
Lévy-Bruhl hat hierfür den Begriff der Partizipation geprägt. Nur auf diesem prälogischen Seinsgrund erblühen die Mythologeme.
Und indem wir alle, in welchem weitgetriebenen Stande der Ratio wir auch immer leben, dieses Erlebnis der Urväter zumindest in unseren Träumen mit uns führen, so wie wir ja auch im Mutterleib die Schöpfungsphasen vom Plasma über das Fischwesen bis zur Menschenform durchlaufen; weil wir alle an dem teilhaben, was C. G. Jung das »kollektive Unterbewußte« genannt hat, so sollten wir, um unsere Forderung hier anzumelden, dem Mythos auf der ihm gemäßen Stufe entgegenzutreten in der Lage sein.
Wenn der Traum eine in sich verknüpfte Themenkette kennt, aber keine »vernünftig-logische« Entwicklung, wenn Widersprüche ohne Bedeutung sind, da sie sich in einem Gesamtbild gegenseitig aufheben, so gilt das gleiche für den Geist des mythenschaffenden Menschen.

Daß es diesen Geist nicht mit den Maßen unseres logisch-rationellen Geistes zu beurteilen gilt, hat Lévy-Bruhl mit großer Schärfe herausgearbeitet. Daran ändert ein später Widerruf nichts.
Die antiken Religionen sind im Mausoleum des Geistes beigesetzt und jeder im tiefsten Sinne unfrommen Interpretation ausgeliefert. So etwa die Methode, Götter, Göttererscheinungen, Wunder aus Naturphänomenen zu erklären.
Die Griechen, die ja im Guten wie im Schlechten die Grundlage unserer europäischen Kultur gelegt haben, haben auch diese Variante durch einen gewissen Euhemeros schon vorgespielt. Leo Frobenius nannte einen so behandelten Urtraum eine »Nicht-Mythe«.
Es wird von einem Heutigen nicht verlangt, Kastor und Pollux, Hunahpú und Ixbalanqué »zu glauben«, wohl aber wird die Anstrengung gefordert, sich in die Geistesverfassung der Mythenzeit zu versetzen und von daher die Uraussage zu verstehen. Die Interpretation kann nur aus dem Geiste des Mythos geboren werden - Erklärungen oder gar Werturteile von einer grundsätzlich anderen Geisteswelt her sind unerlaubt.
Als Leitfaden für unsere eigenen Bemühungen an dem vorliegenden Werk möchten wir Kerényis seither berühmt gewordene Formulierungen zum Wesen des Mythos hierhersetzen. Sie stehen in der Einleitung des Gemeinschaftswerkes »*Einführung in das Wesen der Mythologie*« von C. G. Jung und K. Kerényi (4. Aufl., Zürich 1951).
»Bei einem echten Mythologen ist der Sinn nicht etwas, was auch unmythologisch ebenso gut und ebenso voll ausgedrückt werden könnte. Mythologie ist keine bloße Ausdrucksweise, an deren Stelle auch eine andere, einfachere und verständlichere hätte gewählt werden können ...
Wie die Musik auch einen sinnvollen Aspekt hat, der auf dieselbe Weise befriedigt, wie eine sinnvolle Ganzheit befriedigen kann, ebenso jedes echte Mythologem. Dieser Sinn ist deshalb so schwer in die Sprache der Wissenschaft zu übersetzen, weil er nur auf mythologische Weise völlig ausgedrückt werden konnte.
Aus diesem bildhaft-sinnvoll-musikalischen Aspekt der Mythologie ergibt sich als richtiges Verhalten zu ihr: die Mythologeme für sich reden lassen und einfach hinhören. Die Erklärung hat dabei auf der-

selben Linie zu bleiben wie die Erklärung eines musikalischen oder höchstens eines dichterischen Kunstwerkes...
Die Mythologie singt wie der abgeschnittene Kopf des Orpheus auch noch in ihrer Todeszeit, auch noch in der Ferne weiter. In ihrer Lebenszeit, bei dem Volk, bei dem sie heimisch war, wurde sie nicht nur mitgesungen wie eine Art Musik: sie wurde gelebt...
Das Leben [des antiken Menschen] fand auf diese Weise seinen eigenen Ausdruck und Sinn. Die Mythologie seines Volkes war für ihn nicht nur überzeugend, das heißt sinnvoll, sondern erklärend, das heißt sinngebend.«
Auch der abgerissene Kopf des Jungen Maisgottes singt weiter. Aber er singt in einer fremden Sprache und von einer fernen Welt. Nicht einmal die Pflanzen und Tiere dieser Welt kennt Europa. So war es unumgänglich, in einem ausführlichen philologischen Kommentar unsere Übertragung zu rechtfertigen.

Eine Arbeit wie diese bedarf mannigfacher Hilfen. Von den gelehrten Stützen sind im Anhang diejenigen aufgezählt, die während der Arbeit um den Schreibtisch am Lago Atitlán standen und lagen. Anderes ist im Kommentar erwähnt. Das handschriftliche Lexikon von Herman Prowe, vieles anonym in die Arbeit eingegangene Material und viele Ratschläge verdanke ich Frau Dr. phil. Elisa Réty de Jacobsthal, Guatemala, die mich recht eigentlich zu dem Unternehmen nötigte.
Mein Freund Peter Seligman in New York hat die Arbeit mit allen Vor- und Nebenstudien und die Monate der Niederschrift in nobler Weise unterstützt, nachdem schon sein Vater Hans Seligman, Bankier zu Basel, manchen Aufenthalt bei den Lacandonen ermöglichte.
Don Carlos Samayoa Chinchilla, Direktor des Instituto de Antropologia e Historia de Guatemala, und Don Francisco Gall von der Direccion del Instituto Cartografico habe ich die Beschaffung des Mikrofilmes vom Ximenez-Manuskript mit der Klärung mancher Fragezeichen zu danken.
Leser und Darbieter stehen hier vor einem großen Mysterium. Vor der Preisgabe – und ich gestehe ein Schuldgefühl – stehen wir beide, Publikum und Aufschlüßler; vor der noch unvollkommenen Lichtwerfung auf wahres Dasein in einer runden Welt.

Ich habe in meinen Mitteilungen über die letzten unberührten Mayas, die Lacandonen, vieles verschwiegen. Hier habe ich gesagt, was ich, mit allen Hilfsquellen, weiß. Und es ist so wenig. Aber es erhellt eine Welt, in der der einzelne nicht in ein gleichgültiges Schicksal geworfen, sondern in eine harmonische Welt eingegliedert ist. Mit Opossum, Gürteltier, Sternstunde, Schwarzstunde und allem. Es ist der Bericht von einer Welt, in welcher weder die Götter noch die Menschen in atomische Rauchpilze zerblasen, sondern zu einer metaphysisch-physikalischen Ordnung gebunden sind. Wo nicht nur die Menschen, sondern auch die Ideen in einer Gemeinschaft verwoben sind. Wo das Ich nur im goldenen Koordinatensystem einer prästabilisierten Ordnung Freiheit hat.

Der moderne Mensch scheint nur noch in kollektiven Massenhysterien eines ebenso flüchtigen wie verderblichen Gemeinschaftsgefühles fähig zu sein. Sein eigenes Ich ist längst atomisiert. Er kann nur noch fusionieren.

Die organische Natur ist anders. Anders sind die gewachsenen Kulturen. Ein jüngst verstorbener Dichter unserer Zeit hat formuliert: »Das Ich ist eine späte Stimmung der Natur.« Aber die Natur kennt keine ablaufenden Zeiten. Sie hat Vor- und Rückgriffe jeder Art. Über die Zerspaltung der Materie lächelt sie. Für die Zerspaltung der Seele zum einsamen Ich hat sie Remedien.

Vielleicht können wir uns mit einem Gesang aus Gemeinschaftszeiten in eine Gemeinschaft naturhafter, nicht-mechanischer Art zurückträumen. Womit der Traum dem asklepischen Heilschlaf im Tempel gleichkommt.

Und wenn man ein Buch, wie das dem Leser bevorstehende, überhaupt widmen kann, so darf es nur jenen gelten, die durch ihre Sprache beweisen, an sehr alten, heilkräftigen und zerstörungsmindernden Überlieferungen zu hängen, kurz jenen, die noch die Sprache des Popol Vuh sprechen:

Ve POPOL VUH ri yaóm che ronohel vinac
re ri ch'abal Quiché riqui Cakchiquél.

5 r'ahilabál ik Febréro ruc hunáb 1962

Panajachél (Atitlán) Wolfgang Cordan

Wolfgang Cordan, der Übersetzer und Herausgeber des »Popol Vuh«, wurde 1909 in Berlin geboren, studierte dort Sinologie, Philologie und Musikgeschichte. Er stand dem Stefan George-Kreis nahe. Sein Interesse für die alten Menschheitskulturen entdeckte er während seiner Assistententätigkeit an der Universität Istanbul und vertiefte sich in die Kultur der Sumerer und Hethiter.
Nach Jahren des aktiven Widerstandes in der holländischen Résistance kam Cordan 1953 nach Mexiko, lebte seither unter den Indios und erlernte mehrere Maya-Dialekte. Er erhielt einen Lehrauftrag an der Universität von Merida. In achtjähriger Arbeit gelang es ihm, erstmals die Schriftsprache der Maya zu entschlüsseln und das »Popol Vuh«, ihr Hauptwerk, aus der Originalsprache zu übertragen.
Am 29. 1. 1966 starb Wolfgang Cordan während einer Forschungsreise in Guatemala.

DAS BUCH DES RATES

VORSPRUCH DES INDIANISCHEN ERZÄHLERS

Hier beginnt die alte Kunde von Quiché, wie es genannt wird. Hier werden wir sie aufschreiben, hier beginnen wir die alte Kunde: den Anfang und Ursprung von allem, was in der Stadt Quiché, was im Stamme Quiché geschah.
Hier werden wir enthüllen, erklären und berichten, was verborgen war: die Offenbarung von Tzakól und Bitól, von Alóm und Caholóm. Von denen, die Jagendes Opossum und Jagender Coyote genannt werden. Vom Großen Weißen Eber und vom Dachs. Von Tepëu und Gucumatz. Vom Herzen der Lagune, vom Herzen des Meeres. Vom Meister der Grünen Schale und dem Meister der Blauen Schüssel, so sagt man. Und die Erzählung vom Paar, das sich Alte Ahnin, Alter Ahne nannte: Ixpiyacóc und Ixmucané, Beschützer und Verbergerin, zweimal Großahne, zweimal Großahnin, wie man sie in der Sprache von Quiché nannte. Alles erzählten sie in klarer Überlieferung, in klarer Kunde.
Wir aber schreiben dies schon unter dem Wort Gottes, schon im Christentum lebend. Wir heben es ans Licht, denn das Popol Vuh ward unsichtbar, das Buch, das vom Licht jenseits des Meeres erzählt und vom Leben im Licht, wie man sagt.
Noch gibt es das Erste Buch, wie es einst geschrieben, aber verborgen ist es dem Suchenden, dem Forschenden. Mächtig fürwahr die Beschreibung, die Kunde, wie alles geschaffen wurde, Himmel und Erde; wie die vier Weltenden, die vier Seiten be-

stimmt und die Male gesetzt wurden; wie die Schnur gespannt und wie ausgemessen wurde die Weite des Himmels und der Erde. Vier Weltecken, vier Weltseiten machten Tzakól und Bitól, wie man sagt, die Mutter und der Vater von Leben und Schöpfung: die den Atem schufen und das Herz, Gebärerin und Hüter des erleuchteten Geschlechtes, der Lichttöchter, der Lichtsöhne; die Denker und Weisen über allem Sein im Himmel und auf Erden, in den Seen, in den Meeren.

ERSTER TEIL

SCHÖPFUNG UND HELDENLEBEN

DIE SCHÖPFUNG

Das ist die Kunde:
Da war das ruhende All. Kein Hauch. Kein Laut. Reglos und schweigend die Welt. Und des Himmels Raum war leer.
Dies ist die erste Kunde, das erste Wort. Noch war kein Mensch da, kein Tier. Vögel, Fische, Schalentiere, Bäume, Steine, Höhlen, Schluchten gab es nicht. Kein Gras. Kein Wald. Nur der Himmel war da.
Noch war der Erde Antlitz nicht enthüllt. Nur das sanfte Meer war da und des Himmels weiter Raum.
Noch war nichts verbunden. Nichts gab Laut, nichts bewegte, nichts erschütterte, nichts brach des Himmels Schweigen. Noch gab es nichts Aufrechtes. Nur die ruhenden Wasser, das sanfte Meer, einsam und still. Nichts anderes.
Unbeweglich und stumm war die Nacht, die Finsternis. Aber im Wasser, umflossen von Licht, waren diese: Tzakól, der Schöpfer; Bitól, der Former; der Sieger Tepëu und die Grünfederschlange Gucumátz; Alóm auch und Caholóm, die Erzeuger. Unter grünen und blauen Federn waren sie verborgen, darum sagt man Grünfederschlange. Große Weisheit und große Kunde ist ihr Wesen. Darum gab es den Himmel und des Himmels Herz, dessen Name ist Cabavil, Der-im-Dunklen-sieht. So wird berichtet.
In Dunkelheit und Nacht kamen Tepëu und Gucumatz zusammen und sprachen miteinander. Also sprechend berieten sie und überlegten: sie kamen überein und ihre Worte und Gedanken

glichen sie aus. Und sie erkannten, während sie überlegten, daß mit dem Licht der Mensch erscheinen müsse. So beschlossen sie die Schöpfung und den Wuchs der Bäume und Schlingpflanzen, den Beginn des Lebens und die Erschaffung des Menschen. So wurde entschieden in Nacht und Finsternis vom Herzen des Himmels, Huracán genannt.

Seine erste Erscheinung ist der Blitz, Cakulhá. Seine zweite der Donner, Chipí Cakulhá. Seine dritte der Widerschein Raxa Cakulhá. Diese drei bilden das Herz des Himmels.

Es trafen sich also Tepëu und Gucumátz und sprachen von Leben und Licht; von Helle und Dämmerung; und wer Nahrung schaffen würde und Unterhalt.

»Es geschehe! Es fülle sich die Leere! Weichet zurück, ihr Wasser, und gebet Raum, daß die Erde aufsteige und sich festige!«

So sprachen sie.

»Es werde Licht! Daß Himmel und Erde sich erhellen! Nicht Ruhm noch Größe wird sein, bis der Mensch erscheint, bis der Mensch geschaffen.«

So sprachen sie.

Darauf schufen sie die Erde. Die Wahrheit ist, daß sie die Erde schufen. »Erde!« sagten sie, und im Augenblick war sie geschaffen.

In Nebel, Wolken und Staub geschah die Schöpfung, als die Berge sich aus den Wassern erhoben, und sogleich wuchsen die Berge.

Nur durch ein Wunder, durch Zauber wurden die Berge und Täler geschaffen. Und zugleich sproßten Zypressen und Tannen und bedeckten der Erde Antlitz.

Freude erfüllte Gucumatz und er sprach: »Heil brachte dein Erscheinen, Herz des Himmels. Du, Huracán! Du, Chipí-Cakulhá! Du, Raxa-Cakulhá!«

»Unser Werk, unsere Schöpfung wird beendet werden«, sagten sie.

Zuerst bildete sich die Erde mit Gebirgen und Tälern. Es teilten sich die Wasser. Die Bäche liefen frei zwischen den Hügeln, und die Wasser teilten sich, als die hohen Gebirge erschienen.
So geschah die Schöpfung der Erde, als sie geformt wurde vom Herzen des Himmels, vom Herzen der Erde, wie jene genannt werden, die sie zuerst befruchteten, als der Himmel noch ruhte und die Erde unter den Wassern verborgen war.
So wurde das Werk vollendet, das sie vollbrachten nach reiflicher Überlegung.

Darauf schufen sie die Tiere des Waldes, die Wächter der Wälder und Berge: Rehe, Löwen, Jaguare, Vögel; und als Wächter der Lianen schufen sie Schlangen, Nattern und Vipern.
Es sagten sich nämlich die Erzeuger: »Nichts bewegt sich unter Bäumen und Lianen? Nichts als Schweigen? Ihre Wärter sollen sie haben.«
Das sagten sie sich, während sie überlegten und miteinander berieten. Und sogleich schufen sie das Wild und die Vögel. Und sie gaben einem jeglichen seine Stätte, dem Wild und den Vögeln.
»Du, Reh, wirst in den Niederungen der Flüsse und in den Schluchten schlafen. Im Gebüsch wirst du stehen und im Gras. Im Wald wirst du dich fortpflanzen. Auf vier Beinen wirst du dich aufrecht halten.«
Und wie es gesagt wurde, so geschah es.
Darauf wiesen sie den kleinen und großen Vögeln ihre Stätte an.
»Auf den Bäumen und in den Lianen werdet ihr Vögel wohnen, dort werdet ihr eure Nester bauen, dort werdet ihr euch vermehren, zwischen Zweigen und Lianen werdet ihr aufwachsen.«
So sprachen sie zu Wild und Vogelwelt. Und diese gehorchten

und suchten ihre Stätten und ihre Nester. So gaben die Erzeuger den Tieren der Erde ihre Wohnstatt.
Und nachdem die Schöpfung der Vierfüßler und der Vögel beendet war, sprachen Tzakól und Bitól, sprachen die Erzeuger also: »Redet, schreit, trillert, ruft! Redet alle, ein jeglicher nach seiner Art.«
So sprachen sie zum Reh, zu den Vögeln, zu Puma, Jaguar und Schlange.
»Redet doch zu uns, in unsern Namen, zu eurem Vater, zu eurer Mutter. Lobet uns! Rufet an Huracán, Chipí-Cakulhá, Raxa-Cakulhá, das Herz des Himmels, das Herz der Erde, den Schöpfer, den Former, die Erzeuger. Sprechet! Rufet uns an! Verehrt uns!« So sagten sie ihnen.
Aber jene konnten nicht wie Menschen sprechen. Sie zischten, schrieen und gackerten. Sie konnten kein Wort formen und ein jegliches schrie nach seiner Art.
Als der Schöpfer und der Former sahen, daß jene nicht sprechen konnten, sagten sie zueinander: »Sie können uns nicht bei unserem Namen nennen, uns, ihre Former und Bildner.«
Und die Erzeuger sagten zueinander: »Das ist nicht gut.«
Zu den Tieren sagten sie: »Wir werden euch ersetzen, da ihr nicht sprechen könnt. Wir haben unseren Sinn geändert. Eure Nahrung, euer Gras, eure Lager und Nester sollt ihr haben, in den Schluchten und Wäldern werdet ihr sie haben. Ihr waret nicht fähig, uns anzubeten und anzurufen. Darum werden wir andere schaffen, die uns willig sind. Das ist fortan euer Schicksal: euer Fleisch wird vertilgt werden. So sei es. Das sei euer Schicksal.«
So verkündeten sie ihren Willen den Tieren auf der Erde Antlitz, den kleinen und den großen.
Um ihrem Los zu entrinnen, machten diese einen neuen Versuch und trachteten die Schöpfer anzubeten. Aber sie verstanden sich nicht einmal untereinander und vergeblich waren alle ihre Versuche. Darum wurde ihr Fleisch geopfert, und die Tiere auf dem

Antlitz der Erde waren fortan verdammt, getötet und gefressen zu werden.
So galt es denn einen neuen Versuch, den Menschen zu schaffen und zu bilden. Der Schöpfer, der Former und die Erzeuger sagten: »Auf ein neues! Schon naht die Morgenröte. Schaffen wir jene, die uns erhalten und ernähren. Was ist zu tun, daß man uns anrufe und erinnere auf der Erde? Schon schufen wir unsere ersten Werke, unsere ersten Wesen. Aber sie konnten uns nicht preisen und verehren. Laßt uns denn ein Wesen schaffen, das gehorsam sei und ergeben und uns nährt und erhält.«
Also sprachen sie.
Darauf geschah die Schöpfung und Formung. Aus Erde, aus Lehm machten sie des Menschen Fleisch. Aber sie sahen, daß es nicht gut war. Denn es schwand dahin, es war zu weich, es war ohne Bewegung und ohne Kraft, es fiel um, es war weich, es bewegte nicht den Kopf, das Haupt hing zu einer Seite, der Blick war verschleiert, es konnte nicht rückwärts blicken. Wohl sprach es, aber es hatte keine Vernunft. Bald weichten es die Wasser auf, und es sank dahin.
Und es sagten der Schöpfer und der Former: »Es zeigt sich, daß das nicht gehen und sich nicht vermehren kann. Hierüber müssen wir uns beraten.« So sagten sie.
Dann zerstörten und zerschlugen sie das Werk ihrer Schöpfung. Und sie sagten darauf: »Wie können wir unsere Anbeter, unsere Anrufer vollkommener erschaffen?«
So beschlossen sie nach neuer Beratung unter sich: »Lasset uns sagen zu Ixpiyacóc, Ixmucané, zu Hunahpú-Vuch und Hunahpú-Utiú: Versucht es noch einmal! Versucht die Schöpfung!«
So sprachen der Schöpfer und der Former zu Ixpiyacóc und Ixmucané.
So sprachen Tzakól und Bitól zu jenen Zauberern Tagahne und Dämmerungsahnin, deren Namen waren Ixpiyacóc und Ixmucané.

Und Huracán und Tepëu und Gucumátz sagten zu den Zauberern, die die Sonne aufgehen lassen und einschließen: »Es gilt eine neue Zusammenkunft. Es gilt die Mittel zu finden, daß der Mensch, den wir formen, der Mensch, den wir schaffen werden, uns erhalte und nähre, daß er uns anrufe und unserer gedenke.«
»Kommet denn zur Beratung, Ehrwürdige, Ehrwürdiger, Großmutter, Großvater, ihr, Ixpiyacóc, Ixmucané, streut Samen, schaffet Licht, auf daß man uns anrufe, auf daß man uns anbete, daß der erschaffene, der geformte, daß der sterbliche Mensch unserer gedenke. Macht, daß es also sei!«
»Offenbart eure Namen: Opossum-Geist, Coyote-Geist, Doppelmutter, Doppelvater, Großer Eber, Großer Dachs, Herr der Jade, Silberschmied, Bildhauer, Schnitzer, Herr der blauen Schale, Herr der Jadeschüssel, Meister des Weihrauchs, Meister Toltecat, Sonnenahne, Dämmerungsahnin – so werden eure Werke und Wesen euch rufen.«
»Werfet das Los mit Maiskörnern und Tsité-Bohnen! Tut das, um zu sehen, ob wir Mund und Augen aus Holz schnitzen sollen.«
So sagten sie den Zauberern.
Es geschah die Wahrsagung, und das Los wurde mit Mais und Tsité geworfen.
»Schicksal! Geschöpf!« riefen dabei der Alte und die Alte. Der Alte, der das Los mit Tsité-Bohnen warf, war der, welcher Ixpiyacóc heißt. Die Alte zu seinen Füßen, die Zauberin, die Bildnerin, deren Name ist Ixmucané.
Die Wahrsagung beginnend sagten sie: »Legt euch zueinander! Sprecht, damit wir hören! Entscheidet, ob Holz gesammelt werden soll, damit der Schöpfer und der Former es bearbeiten. Ob das herauskommt, was uns unterhalten und nähren soll, wenn es Licht wird, wenn es dämmert.«
»Du, Mais! Du, Tsité! Du, Los! Du, Schöpfung! Du, Feuerschoß! Du, Rageglied!«

So sagten sie zu Mais, Tsité, Los, Schöpfung. »Sieh schamvoll weg, Herz des Himmels, um Tepëu und Gucumátz nicht zu kränken.«
Da sprachen die Lose und wahrsagten: »Eure Gebilde aus Holz werden glücken. Sie werden reden und sich verstehen auf dem Antlitz der Erde.«
»So soll es sein«, war die Antwort auf diese Rede.
Und sogleich wurden die Wesen aus Holz geschaffen. Sie glichen dem Menschen, sie sprachen wie Menschen und sie bevölkerten die Erde.
Sie lebten und bevölkerten die Erde, Söhne und Töchter hatten die Wesen aus Holz. Aber sie hatten keine Seele, keinen Verstand, sie erinnerten sich nicht des Schöpfers und Formers. Ziellos gingen sie herum und auf allen vieren liefen sie.
Weil sie das Herz des Himmels nicht erinnerten, wurden sie verworfen. Sie sprachen zwar anfänglich, aber ihr Gesicht war bewegungslos. Ihre Füße und Hände waren ohne Kraft. Weder Flüssiges noch Festes war in ihnen, weder Blut noch Fleisch. Trocken waren ihre Wangen, trocken Fuß und Hand, gelb das Fleisch.
Es war nur ein Entwurf, ein Versuch zum Menschen.
Darum vergaßen sie den Schöpfer und den Former, die sie geschaffen hatten und umsorgten.
Das waren die ersten Menschen, zahlreich lebten sie auf der Erde Antlitz.
Darauf wurden sie zerstört und vernichtet, diese Gebilde aus Holz, und empfingen den Tod. Eine Flut erweckte das Herz des Himmels, und große Wasser fielen auf das Haupt der Wesen aus Holz.
Aus Tsité war des Mannes Fleisch gemacht, aber das Fleisch der Frau machten der Schöpfer und der Former aus Schilf. Aus diesem Stoff hatten sie sein sollen nach dem Willen des Schöpfers und des Formers. Aber da sie nicht dachten, da sie nicht mit

dem Schöpfer und dem Former sprachen, die sie geschaffen und geformt hatten, darum wurden sie getötet, wurden sie ertränkt. Flüssiges Harz troff vom Himmel. Es kam Herrscher Eule, Xecotcovách, und riß die Augen aus. Die Große Fledermaus, Camalótz, kam und riß den Kopf ab. Der Reißende Jaguar, Cotzbalám, kam und verschlang das Fleisch. Der Tapir Tucumbalám kam auch, brach und zermalmte Knochen und Sehnen, er zerstampfte und zerrieb das Gebein.
Und das geschah zur Strafe, da sie weder ihres Vaters noch ihrer Mutter gedacht hatten, nicht des Herzens des Himmels, dessen Name Huracán ist. Darum verdunkelte sich das Antlitz der Erde, und es begann ein schwarzer Regen, Tagregen, Nachtregen.
Es kamen auch die kleinen und großen Tiere, die Stöcke und Steine, und sie schlugen ihnen ins Gesicht. Und alles fing an zu sprechen. Und die Wasserkrüge, die Platten, Schalen und Schüsseln, die Hunde, die steinernen Maisreiben, alle erhoben sich und schlugen ihnen ins Gesicht.
»Übles habt ihr uns getan. Ihr habt uns gegessen, jetzt beißen wir euch«, sagten die Hunde. Und das Federvieh sprach gleiches.
Und die steinernen Maisreiben: »Gefoltert habt ihr uns. Jeden Tag, jeden Tag, des Nachts und in der Dämmerung machte es holi-holi huki-huki auf unserem Gesicht, euretwegen. Das war der Tribut, den wir euch zahlten. Aber jetzt, wo ihr keine Menschen mehr seid, lernet unsere Kraft kennen! Zermahlen werden wir, zu Staub zerreiben werden wir euer Fleisch.«
So sprachen die Reibesteine.
Und hier, was ihre Hunde sprachen und ihnen sagten: »Warum habt ihr uns kein Fressen gegeben? Kaum blickten wir euch an, so jagtet ihr uns schon von eurer Seite und jagtet uns heraus mit dem Stock an eurer Seite. Vielleicht würden wir euch jetzt nicht töten. Aber warum habt ihr nicht nachgedacht und seid ihr nicht in euch gegangen? Darum werden wir euch jetzt zerstö-

ren, darum werdet ihr jetzt die Zähne in unserem Maul kennenlernen.«
So sprachen die Hunde. Und darauf zerrissen sie ihnen das Gesicht.
Und ihrerseits sprachen die Pfannen und Schüsseln also: »Schmerz und Leiden habt ihr uns verursacht. Rußig waren uns Mund und Angesicht. Stets standen wir auf dem Feuer und ihr verbranntet uns, als ob wir keinen Schmerz fühlten. Jetzt werdet ihr es fühlen. Verbrennen werden wir euch.«
So sprachen die Schüsseln und zerstörten ihnen das Antlitz. Und die Steine des Herdes flogen vom Feuer, schmerzhaft schlugen sie gegen die Köpfe.
Verzweifelt rannten jene hierhin, dorthin. Sie trachteten auf die Häuser zu steigen, und die Häuser stürzten ein. Zu Boden fielen sie. Sie trachteten auf die Bäume zu steigen, und die Bäume schleuderten sie weit davon. Sie trachteten in die Höhlen zu gelangen, und die Höhlen schlossen sich vor ihnen.
Das war der Untergang der Menschen, die geschaffen und geformt wurden; der Menschen, die für Zerstörung und Vernichtung gemacht worden waren. Allen jenen wurden Mund und Antlitz zerstört.
Und man sagt, die Nachkommen jener seien die Affen, die heute in den Wäldern leben. An ihnen kann man jene erkennen, denen Schöpfer und Former aus Holz das Fleisch machten. Darum gleicht der Affe dem Menschen, als Erinnerung an eine Menschenschöpfung, an Menschen, die nichts waren als Puppen aus Holz.

ZWISCHENSPIEL DER HALBGÖTTER

Noch lag Zwielicht auf der Erde Antlitz. Noch gab es keine Sonne. Aber ein Wesen war da, überstolz auf sich selbst, das nannte sich Siebenpapagei.
Himmel und Erde gab es schon, aber verhüllt war das Antlitz von Sonne und Mond.
Sprach jener: »Wahrlich, noch bleiben einige von den Ertränkten und Zaubermännern sind sie gleich. Ich werde mächtig sein über alle geschaffenen und geformten Wesen. Ich bin die Sonne, bin das Licht, der Mond.«
So rief er.
»Groß ist mein Glanz. Für mich werden die Menschen wandern und siegen. Denn aus Silber sind meine Augen, wie Edelsteine blitzen sie, wie Smaragde. Meine Zähne blitzen wie kostbare Steine gleich dem Antlitz des Himmels. Von ferne leuchtet meine Nase wie der Mond. Mein Thron ist aus Silber und der Erde Antlitz erleuchtet sich, wenn ich vor meinen Thron trete.
So denn bin ich die Sonne, bin ich der Mond für das Geschlecht der Menschen. So soll es sein, denn mein Blick reicht weit.«
So sprach Siebenpapagei. Aber in Wahrheit war Siebenpapagei nicht die Sonne, er rühmte sich nur seiner Federn und Reichtümer. Und sein Blick ging nur bis zum Horizont und umfaßte nicht die Welt.
Noch sah man nicht der Sonne Antlitz, nicht den Mond, nicht die Sterne, noch dämmerte es nicht. Darum konnte sich Sieben-

papagei brüsten, er sei Sonne und Mond, denn noch waren sie nicht erschienen und das Licht von Sonne und Mond strahlte noch nicht. Ihn aber trieben Selbstüberhebung und Herrschsucht. Das war damals, als den Holzpuppen die Flut erweckt wurde. Wir werden nun erzählen, wie Siebenpapagei starb und besiegt wurde, und wie Tzakól und Bitól den Menschen schufen.

Dies ist der Anfang von Niederlage und ruhmlosem Ende des Siebenpapagei durch die Hand zweier Jünglinge. Der erste nannte sich Hunahpú und der zweite Ixbalanqué. Diese waren wirkliche Götter. Als sie das Übel sahen, das er tat und das er sich anschickte angesichts des Herzens des Himmels zu begehen, da sprachen die Jünglinge untereinander: »Es ist nicht gut, was da geschieht, wo der Mensch noch nicht auf der Erde erschienen ist. Wohl denn, wir wollen ihn mit dem Blasrohr treffen, wenn er ißt. Wir werden auf ihn schießen und ihn krank machen. Und dann werden wir seinen Reichtümern ein Ende bereiten: seinem Jade, seinem kostbaren Metall, seinen Smaragden, seinen Schmuckstücken, auf die er so stolz ist. Und das soll das Schicksal der Menschen sein, damit nicht Macht, nicht Reichtum sie verblende.«
»So soll es sein«, sagten die Jünglinge und schulterten ihre Blasrohre.
Nun hatte dieser Siebenpapagei zwei Söhne: der erste nannte sich Zipacná, der Starke; der Zweite war Cabracán, der Erschütterer. Und die Mutter der beiden nannte sich Chimalmát, das Weib von Siebenpapagei.
Zipacná spielte Ball mit den großen Bergen: dem Chikak, dem Hunahpú, dem Pecúl, dem Yaxcanúl, dem Macamób und dem Huliznáb. Das sind die Namen der Berge, die es gab, als es dämmerte, in einer Nacht schuf sie Zipacná.

Cabracán bewegte die Berge und er machte die großen und kleinen Gebirge erzittern.
Es verkündeten ihren Stolz die Söhne des Siebenpapagei. »Höret! Ich bin die Sonne«, sagte Siebenpapagei.
»Ich bin der Erschaffer der Erde«, sagte Zipacná.
»Ich erschüttere den Himmel und bewege die ganze Erde«, sagte Cabracán. So stritten die Söhne des Siebenpapagei mit ihrem Vater um den Ruhm. Und das dünkte den Jünglingen höchst verwerflich.
Noch war unser erster Vater nicht geschaffen, nicht unsere erste Mutter. Darum wurden Tod und Zerstörung von den zwei Jünglingen beschlossen.

Wir erzählen jetzt vom Schuß mit dem Blasrohr, das die Jünglinge gegen Siebenpapagei richteten, und von der Vernichtung der beiden Überheblichen.
Siebenpapagei hatte einen großen Nance-Baum, dessen Frucht er aß. Jeden Tag kam er zum Baum und kletterte in den Wipfel. Hunahpú und Ixbalanqué hatten gesehen, daß er da schmauste. Und nachdem sie Siebenpapagei am Fuß des Baumes unter Blättern verborgen einen Hinterhalt gelegt hatten, erschien Siebenpapagei, um seine Nance zu essen.
In diesem Augenblick wurde er von einem Schuß Hunahpús erreicht, der ihm gerade in die Kinnlade ging. Schreiend fiel er aus der Höhe des Baumes zur Erde. Hunahpú sprang rasch hinzu, um ihn zu überwältigen, aber Siebenpapagei packte seinen Arm und drehte ihn auf den Rücken. So riß Siebenpapagei Hunahpú den Arm aus. Die Jünglinge taten gut daran, sich nicht gleich von Siebenpapagei besiegen zu lassen.
Mit dem Arm von Hunahpú ging Siebenpapagei zu seiner Hütte. Er trat ein und hielt sich die Backe.

»Was ist dir widerfahren, mein Gebieter?« sagte Chimalmát, die Frau von Siebenpapagei.
»Was wird sein? Diese beiden Betrüger haben mir mit einem Schuß aus dem Blasrohr den Kiefer verrenkt. Darum wackeln meine Zähne und tun mir weh. Aber ich habe den Arm mitgebracht, um ihn über das Feuer zu hängen. Da über dem Feuer soll er hängenbleiben, denn diese Üblen werden sicher kommen, um ihn zu suchen.«
So sprach Siebenpapagei und hängte den Arm auf.
Hunahpú und Ixbalanqué hatten sich beraten und gingen nun um Rat zu einem Alten mit schlohweißem Haar und einer Alten, einer wirklich sehr Alten und Demütigen, beide schon gebeugt wie sehr alte Leute. Sie nannten sich Großer Weißer Eber und Großer Weißer Dachs.
Die Jünglinge sagten zur Alten und zum Alten: »Begleitet uns, um unsern Arm aus dem Haus von Siebenpapagei zu holen. Wir werden hinter euch bleiben und ihr werdet sagen: ›Das sind unsere Enkelkinder, deren Vater und Mutter schon gestorben sind. Darum begleiten sie uns überallhin, wo man uns Almosen gibt, denn die einzige Arbeit, die wir verstehen, ist, den Wurm aus den Zähnen zu ziehen.‹ So wird uns Siebenpapagei für Knaben halten, wir aber werden dabei sein, um euch zu beraten.«
So sprachen die Jünglinge.
»Es ist gut«, antworteten die Alten.
Darauf machten sie sich auf den Weg zu dem Ort, wo sie Siebenpapagei auf seinen Thron gelehnt antrafen. Die beiden Alten gingen voran und hinter ihnen kamen die Jünglinge, knabengleich spielend. So kamen sie vor das Haus von Siebenpapagei, der vor Zahnschmerzen schrie.
Als Siebenpapagei die beiden Alten mit ihrer Begleitung erblickte, fragte sie der Herr: »Woher kommt ihr, Großeltern?«
»Wir sind auf Nahrungssuche, edler Herr«, antworteten jene.

»Und was ist eure Speise? Und sind das nicht eure Söhne, die euch begleiten?«
»Nein, Herr. Das sind unsere Enkel. Aber sie dauern uns, und darum teilen wir unsere Speise mit ihnen«, antworteten die Alten.
Währenddessen wand sich der Herr vor Zahnschmerzen, nur mit Mühe konnte er sprechen.
»So bitte ich euch herzlich, mit mir Mitleid zu haben. Was könnt ihr tun? Versteht ihr zu heilen?« fragte sie der Herr.
Und die Alten antworteten: »Herr, wir ziehen nur den Wurm aus den Zähnen, wir heilen die Augen und renken Knochen wieder ein.«
»Das ist sehr gut. Heilt mir meine Zähne, die mich Tag und Nacht peinigen. Derentwegen und wegen meiner Augen komme ich nicht zur Ruhe und kann nicht schlafen. Denn die zwei Lügner trafen mich mit einem Bolzen, und deshalb kann ich auch nicht essen. Habt also Mitleid mit mir und rückt mir mit euren Händen wieder die Zähne zurecht.«
»Sehr gut, Herr. Ein Wurm macht euch leiden. Es genügt, diese Zähne zu ziehen und andere einzusetzen.«
»Das ist nicht gut, mir die Zähne zu ziehen. Denn nur so bin ich Herr, all mein Schmuck sind meine Zähne und Augen.«
»Wir werden euch andere aus gemahlenem Knochen dafür einsetzen.« Aber der gemahlene Knochen war nichts anderes als Körner von weißem Mais.
»Es ist gut, zieht sie heraus, helft mir«, antwortete er.
Darauf zogen sie Siebenpapagei die Zähne, und an ihre Stelle setzen sie weiße Maiskörner, und diese weißen Maiskörner blitzen in seinem Mund. Aber sogleich fiel sein Gesicht zusammen und er sah nicht mehr wie ein Herr aus. Und darauf zogen sie den Rest der Zähne, die wie Perlen im Munde blitzten. Und schließlich heilten sie die Augen von Siebenpapagei, indem sie die Pupillen durchbohrten. So beraubten sie ihn all seiner Reichtümer.

Er aber fühlte schon nichts mehr. Er saß starr da, während sie auf den Rat von Hunahpú und Ixbalanqué ihm die letzten Gegenstände seines Stolzes nahmen.
So starb Siebenpapagei. Hunahpú aber nahm sich seinen Arm zurück. Chimalmát, die Frau von Siebenpapagei, starb auch.
So verloren sich die Reichtümer von Siebenpapagei. Der Arzt bemächtigte sich aller Smaragde und Edelsteine, die sein Stolz auf dieser Erde gewesen waren.
Der Alte und die Alte, die alle diese Dinge vollbrachten, waren Schutzgeister. Nachdem der Arm wieder da war, setzten sie ihn an seine Stelle, und alles war wieder gut.
Nur um Siebenpapagei zu Tode zu bringen, taten sie all das, denn sein Stolz dünkte ihnen des Übels.
Und darauf gingen die zwei Jünglinge davon, nachdem sie dergestalt den Befehl vom Herzen des Himmels ausgeführt hatten.

DIE VIERHUNDERT JÜNGLINGE

Hier sind die Taten von Zipacná, des ersten Sohnes von Siebenpapagei.
»Ich bin der Erschaffer der Gebirge«, sagte Zipacná.
Dieser Zipacná badete sich am Ufer eines Flusses, als vierhundert Jünglinge vorbeikamen. Die zogen einen Baum hinter sich her, der ihnen als Pfosten ihres Hauses dienen sollte. Als Tragebalken ihres Hauses hatten sie einen großen Baum gefällt.
Zipacná stieg herauf und trat zu den vierhundert Jünglingen.
»Was macht ihr da, ihr Burschen?«
»Das ist nur dieser Baum«, antworteten sie. »Wir können ihn nicht aufheben und auf unsere Schultern legen.«
»Ich werde ihn tragen. Wohin haben wir zu gehen? Wofür braucht ihr ihn?«
»Als Hauptstütze unseres Hauses.«
»Es ist gut«, antwortete er. Er hob den Balken auf und legte ihn sich auf die Schulter. Er brachte ihn bis vor das Haus der vierhundert Jünglinge.
»Bleibe jetzt bei uns, Jüngling«, sagten sie zu ihm. »Hast du Vater und Mutter?«
»Nein«, antwortete er.
»Dann werden wir dich morgen mit einem anderen Tragebalken für unser Haus beschäftigen.«
»Es ist gut«, antwortete er.
Darauf hielten die vierhundert Jünglinge Rat und sagten: »Wie

machen wir es, diesen Burschen zu töten? Denn das ist nicht gut, daß er alleine den Balken getragen hat. Wir werden ein großes Loch machen und werden ihn hineinstoßen. Wir werden ihm sagen, Erde aus der Grube zu schöpfen, und wenn er sich über die Grube beugt, werden wir den großen Stamm fallenlassen. In der Grube wird er sterben.«

So sprachen die vierhundert Jünglinge. Und darauf machten sie eine große, tiefe Grube. Dann riefen sie Zipacná.

»Wir haben dich gerne. Komm und grabe noch ein wenig in der Erde, denn wir langen nicht mehr bis hinunter.«

»Es ist gut«, sagte er. Und er stieg in die Grube. Und während er beim Graben war, sagten sie zu ihm: »Bist du schon recht tief?«

»Ja«, sagte er. Und dabei fing er an, ein Loch zu graben, aber dieses Loch war, um der Gefahr zu entrinnen. Er wußte, daß sie ihn töten wollten. Darum grub er an der Seite ein anderes Loch, um zu entkommen.

»Wohin gehst du?« riefen die vierhundert Jünglinge von oben herab.

»Ich bin noch beim Graben. Euch da oben werde ich rufen, wenn ich mit der Grube fertig bin«, sagte Zipacná vom Boden der Grube her.

Aber er grub nicht sein Grab, sondern ein anderes Loch, um zu entkommen.

Schließlich rief sie Zipacná. Aber als er rief, hatte er sich schon in dem anderen Loch in Sicherheit gebracht.

»Kommt, holt die Erde heraus, die hier auf dem Boden der Grube liegt, und tragt sie fort. Ich bin nämlich schon recht tief. Hört ihr mich nicht? Ich höre eure Rufe; eure Worte erreichen mich zwei-, dreimal wie ein Echo, darum weiß ich, wo ihr seid.«

So sprach Zipacná aus der Grube, wo er sich verborgen hatte, von unten rufend.

Da warfen die Jünglinge mit großer Kraft ihren mächtigen Stamm; donnernd fiel er auf den Boden der Grube.
»Daß niemand rede! Warten wir, bis wir seine Todesschreie hören«, so sprachen sie flüsternd zueinander, und sie bedeckten ihr Antlitz, als der Stamm hinunterdonnerte.
Zipacná gab darauf einen Schrei von sich, aber er tat es nur einmal, als der Stamm auf den Boden schlug.
»Ha! Unsere Tat ist uns wohl gelungen. Er ist schon tot«, sagten die Jünglinge. »Wenn er unglücklicherweise vollbracht hätte, womit er schon angefangen, dann wären wir verloren, denn er wäre schon über uns gekommen, die vierhundert Jünglinge.«
Und voller Freude sagten sie: »Jetzt werden wir während der kommenden drei Tage unsere Chicha bereiten. Nach den drei Tagen werden wir auf unser Haus trinken, wir, die vierhundert Jünglinge.«
Darauf sagten sie: »Morgen und übermorgen werden wir nachsehen, ob nicht die Ameisen aus der Erde kommen, wenn er anfängt zu riechen und zu verfaulen. Dann wird unser Herz ruhig sein und wir werden unsere Chicha trinken.«
So sprachen sie.
Zipacná hörte unten in der Grube alles, was die Jünglinge sagten. Und am zweiten Tage kam eine Menge Ameisen, sie kamen und gingen und versammelten sich unter dem Stamm. Einige trugen Haare, andere Nägel des Zipacná fort.
Als das die Jünglinge sahen, sagten sie: »Ha! Der Dämon ist schon tot.
Sehet nur den Haufen Ameisen, wie sie in Massen herbeieilen, wie sie Haare und Nägel davontragen. Seht nur, was wir vollbrachten!«
So sprachen sie zueinander.
Indessen war Zipacná sehr lebendig. Er hatte sich Haare vom Kopf gerissen und mit den Zähnen die Nägel abgebissen, um sie den Ameisen zu geben.

Und so glaubten die vierhundert Jünglinge, er sei tot. Und am dritten Tage begannen sie das Gelage und alle Jünglinge betranken sich. Und als sie betrunken waren, die vierhundert Jünglinge, wußten sie von nichts mehr. Und da ließ Zipacná das Haus über ihren Häuptern zusammenfallen und erschlug sie alle.
Nicht einer, nicht zwei retteten sich von den vierhundert Jünglingen. Erschlagen wurden sie von Zipacná, dem Sohn von Siebenpapagei.
Dies war der Tod der vierhundert Jünglinge. Und man erzählt, daß sie zu jener Sternengruppe wurden, die man die Plejaden nennt. So ist es, falls man die Wahrheit überliefert hat.

DER TOD VON ZIPACNA UND CABRACAN

Wir werden jetzt den Untergang Zipacnás durch die beiden Jünglinge erzählen, durch Hunahpú und Ixbalanqué. Hier folgt die Niederlage von Zipacná und sein Tod durch die Hand der beiden Jünglinge Hunahpú und Ixbalanqué.

Groll erfüllte das Herz der beiden Jünglinge, weil Zipacná die vierhundert Jünglinge getötet hatte. Der suchte nur Fische und Krebse am Ufer der Flüsse. Das war seine tägliche Nahrung. Am Tage suchte er seine Nahrung, des Nachts legte er sich an die Flanken der Gebirge.

Aus einem Blatte Ek, das sich im Walde findet, machten Hunahpú und Ixbalanqué das Abbild eines großen Krebses. Daraus machten sie den Bauch des Krebses. Aus dem Blatte Pahác machten sie die Beine, und mit einer steinernen Muschel bedeckten sie den Rücken. Darauf legten sie dies Schalentier an den Fuß eines großen Berges, der Meaguán heißt. Dort sollten sie ihn besiegen.

Darauf suchten die Jünglinge Zipacná am Ufer eines Flusses.

»Wohin gehst du, Bursche?« fragten sie Zipacná.

»Nirgendwohin«, antwortete Zipacná. »Ich suche nur meine Nahrung.«

»Und was ist deine Nahrung?«

»Fische und Krebse. Aber hier gibt es keine, ich habe keine gefunden. Seit vorgestern habe ich nichts gegessen, ich halte den Hunger nicht mehr aus«, sagte Zipacná zu Hunahpú und Ixbalanqué.

»Da drunten in der Schlucht gibt es einen Krebs, einen wahrhaft großen Krebs. Den solltest du essen. Uns nämlich hat er gebissen, als wir ihn fangen wollten, und darum haben wir Angst vor ihm. Um keinen Preis würden wir gehen, um ihn zu fangen.« So sprachen Hunahpú und Ixbalanqué.

»Habt Mitleid mit mir! Kommt und zeigt ihn mir, ihr Burschen«, sagte Zipacná.

»Wir mögen nicht. Aber geh nur allein, du kannst dich nicht verlieren. Wenn du der Böschung des Flusses folgst, wirst du zum Fuß eines hohen Berges kommen. Da ist ein großes Rauschen auf dem Grund der Schlucht. Du brauchst nur dahin zu gehen.« So sprachen zu ihm Hunahpú und Ixbalanqué.

»Vergeblich also! Wehe mir Unglücklichem! Wollt ihr nicht mit mir gehen, ihr Burschen? Kommt und führt mich hin. Auf dem Wege gibt es viele Vögel mit eurem Blasrohr zu schießen, ich weiß wo.« So sprach Zipacná.

Die Jünglinge ließen sich überreden und willigten ein. Und sie sagten zu ihm: »Aber wirst du ihn auch fangen können? Nur deinetwegen kehren wir zurück. Noch einmal werden wir es nicht versuchen, denn er biß uns, als wir, mit dem Mund nach unten, tauchten. Da erschraken wir, obwohl wir ihn beinahe gefangen hätten. So denn ist es gut, wenn du tauchst.« So sprachen sie zu ihm.

»Es ist gut«, sagte Zipacná und begab sich mit ihnen auf den Weg. Und sie kamen zum Innersten der Schlucht. Da lag der Krebs auf dem Rücken und zeigte seinen roten Bauch. Da unten lag das Zauberding der Jünglinge.

»Sehr gut!« sagte da Zipacná voller Freude. »Hätte ich ihn schon im Munde!« Er war wirklich sehr hungrig. Er tauchte, mit dem Mund nach unten, aber der Krebs entschwand aufwärts.

Als er wieder auftauchte, fragten ihn die Jünglinge: »Hast du ihn gefangen?«

»Nein«, antwortete er, »er entkam mir nach oben, aber beinahe

hatte ich ihn. Vielleicht ist es gut, wenn ich mit dem Mund nach oben ins Wasser gehe«, fügte er hinzu.
Und er ging nochmals hinein, diesmal mit dem Mund nach oben, und wie er schon beinahe verschwunden war und nur noch die Füße zu sehen waren, da bewegte sich der Berg und glitt langsam auf seine Brust.
Niemals kehrte Zipacná zurück, und in Stein wurde er verwandelt.
So wurde Zipacná von den Jünglingen Hunahpú und Ixbalanqué besiegt; er, der nach alter Überlieferung die Gebirge schuf, der erstgeborene Sohn von Siebenpapagei.
Am Fuße des Gebirges Meaguán wurde er besiegt. Nur durch Zauber wurde der zweite der Überheblichen besiegt. Einer blieb übrig, dessen Geschichte wir jetzt erzählen werden.

Der dritte der Übermütigen war der zweite Sohn von Siebenpapagei. Er nannte sich Cabracán.
»Ich erschüttere die Berge!« sagte er.
Aber Hunahpú und Ixbalanqué besiegten auch den Cabracán. Huracán, Chipí-Cakulhá und Raxa-Cakulhá sprachen und sagten zu Hunahpú und Ixbalanqué: »Der zweite Sohn von Siebenpapagei ist gleichfalls zu besiegen. Denn es ist nicht gut, was er auf der Erde macht, seinen Ruhm verbreitend, seine Größe und seine Macht. So soll es nicht sein. Führt ihn mit List zum Aufgang der Sonne.« So sprach Huracán zu den Jünglingen.
»Sehr gut, ehrbarer Herr«, antworteten jene. »Wir haben zu gehen, obwohl wir nicht möchten. Bist du denn nicht da, der du der Frieden bist, Herz des Himmels?«
So sprachen die Jünglinge, als sie den Befehl Huracáns empfingen.
Währenddessen war Cabracán dabei, die Berge zu erschüttern.

Beim leisesten Schritt seiner Füße öffneten sich die großen und kleinen Berge. So trafen ihn die Jünglinge. Und sie fragten Cabracán: »Wohin gehst du, Bursche?«
»Nirgendwohin«, antwortete er. »Ich bewege hier die Berge, ich werde sie durchschütteln, solange es Sonne und Licht geben wird.«
Darauf fragte Cabracán den Hunahpú und Ixbalanqué: »Was tut ihr hier? Ich kenne euer Gesicht nicht. Wie heißt ihr?«
»Einen Namen tragen wir nicht«, antworteten jene. »Wir sind nur Blasrohrjäger, mit der Schleuder gehen wir durch den Wald. Wir sind arm und wir haben kein Eigentum, Bursche. Wir wandern durch die großen und kleinen Gebirge, Bursche. Und gerade haben wir ein großes Gebirge gesehen dort, wo sich der Himmel rötet. Das erhebt sich wahrlich sehr hoch und steht über allen Gipfeln. In dem Gebirge, Bursche, haben wir nicht einen, nicht zwei Vögel erwischen können. Aber kannst du wahrhaftig alle Berge umwerfen, Bursche?«
So sprachen Hunahpú und Ixbalanqué zu Cabracán.
»Habt ihr wirklich das Gebirge gesehen, von dem ihr sprecht? Wo ist es? Wenn ich es sehe, werfe ich es sogleich um. Wo habt ihr es gesehen?«
»Dort, von wannen die Sonne kommt«, sagten Hunahpú und Ixbalanqué.
»Es ist gut, zeigt mir den Weg«, sagte er zu den beiden Jünglingen.
»O, nein!« antworteten jene. »Zwischen uns mußt du gehen. Einer wird zu deiner Rechten, einer zu deiner Linken gehen. Denn wir haben unsere Blasrohre und vielleicht gibt es Vögel zu schießen.«
Fröhlich zogen sie los. Sie gebrauchten ihre Blasrohre; aber wenn sie schossen, dann taten sie es ohne den Lehmbolzen im Rohr: allein mit ihrem Atem holten sie die Vögel herunter. Das bewunderte Cabracán sehr.

Darauf machten die Jünglinge ein Feuer und brieten die Vögel über dem Feuer. Aber einen netzten sie mit Kalk, mit weißer Erde bedeckten sie ihn.
»Den werden wir ihm geben«, sagten sie, »damit der Duft seine Eßlust errege. Dieser unser Vogel wird sein Untergang sein. Denn indem wir ihn mit Erde bedecken, werden wir jenen auch unter die Erde bringen, in der Erde werden wir ihn begraben.«
»Groß wird die Weisheit eines geschaffenen und geformten Wesens sein, wenn es dämmert, wenn es Licht wird«, sagten die Jünglinge.
»Da das Verlangen nach einem Bissen dem Menschen innewohnt, ist das Herz Cabracáns begierig«, sagten Hunahpú und Ixbalanqué zueinander.
Während sie die Vögel brieten, fingen diese an, sich zu bräunen, und Fett und Saft tropften herab, den verführerischsten Duft verbreitend. Cabracán bekam große Eßlust. Er sperrte den Mund auf, Geifer und Speichel liefen ihm heraus, so lecker dufteten die Vögel.
Darauf fragte er sie: »Also das ist eure Nahrung? Wahrlich, angenehm ist der Duft, den ich atme. Gebt mir einen Bissen!«
Darauf gaben sie einen Vogel dem Cabracán, den Vogel, der sein Untergang werden sollte. Und als er das Mahl beendet hatte, machten sie sich auf den Weg gen Osten, wo das hohe Gebirge war. Aber da waren Cabracáns Beine und Arme schon schlaff, schon hatte er keine Kraft mehr, wegen der Erde, mit der sie den Vogel bestrichen hatten, den er gegessen. Schon konnte er den Bergen nichts mehr tun. Er konnte sie nicht umwerfen.
Darauf fesselten ihn die Jünglinge. Sie banden die Arme auf dem Rücken zusammen, und Hals und Füße banden sie aneinander. Dann warfen sie ihn auf den Boden und begruben ihn auf der Stelle.

So wurde Cabracán von Hunahpú und Ixbalanqué überwunden. Unaufzählbar alle Geschehnisse auf dieser Erde.
Sodann werden wir jetzt die Geburt von Hunahpú und Ixbalanqué erzählen, nachdem wir erst die Vernichtung von Siebenpapagei, Zipacná und Cabracán berichtet haben, geschehen hier auf der Erde.

DIE UNTERWELT

Nun werden wir auch den Namen des Vaters von Hunahpú und Ixbalanqué nennen. Deren Ursprung lassen wir im Schatten, im Dunkeln lassen wir die Geschichte von der Geburt von Hunahpú und Ixbalanqué. Jetzt werden wir nur die Hälfte berichten: die Geschichte ihres Vaters.

Hier ist die Geschichte. Hier ist der Name dessen, der Einsjäger genannt wurde. Seine Eltern waren Ixpiyacóc und Ixmucané. Aus ihnen kamen, in einer Nacht, Einsjäger und Siebenjäger, aus Ixpiyacóc und Ixmucané.

Einsjäger nun hatte zwei Söhne erzeugt und aufgezogen. Der erste dieser Söhne nannte sich Einsaffe und der zweite Einsmeister.

Deren Mutter nannte sich Ixbaquiyaló, Hervorbringerin: so nannte sich die Frau von Einsjäger. Und der andere, Siebenjäger, hatte keine Frau, er war Freigeselle.

Diese beiden Söhne hatten von Geburt viel Verstand und Weisheit mitbekommen. Sie waren Wahrsager hier auf der Erde, guten Sinnes und guter Taten. Alle Künste wurden Einsaffe und Einsmeister gelehrt, den Söhnen von Einsjäger. Sie waren Flötenspieler, Sänger, Blasrohrschützen, Maler, Bildhauer, Gemmenschneider, Silberschmiede. All das waren Einsaffe und Einsmeister.

Einsjäger nun und Siebenjäger verbrachten die Tage mit Würfel- und Ballspiel. Zum Ballspiel kamen alle vier zusammen, und zwei und zwei spielten sie gegeneinander.

Dahin kam der Falke, der Bote von Huracán, Chipí-Cakulhá und Raxá-Cakulhá. Und dieser Falke blieb nie ferne der Erde, nie ferne der Unterwelt, in einem Augenblick stieg er zum Himmel, an die Seite Huracáns.
Als die Mutter von Einsaffe und Einsmeister starb, waren beide noch oben auf der Erde.
Und als sie auf dem Wege zur Unterwelt Ball spielten, da hörten sie die Herren der Unterwelt Hun Camé und Uúc Camé, Einstod und Siebentod.
»Was machen die da oben auf der Erde? Wer läßt die Erde erzittern und macht soviel Lärm? Wir werden sie rufen! Lasset sie hier Ball spielen, wo wir sie besiegen werden! Schon haben sie keine Achtung vor uns, weder Ehrbiet noch Furcht haben sie vor unserm Rang, zu unsern Häuptern halten sie Wettstreit.«
So sprachen die Herren der Unterwelt.
Darauf berieten sie sich. Die sich Einstod und Siebentod nannten, waren die obersten Richter. Allen übrigen Herren gaben Einstod und Siebentod ihr Amt und ihre Aufgabe.
Die sich Reißender Habicht und Aasgeier nannten, vergossen das Blut der Menschen.
Andere nannten sich Ahalpúh und Ahalganá. Ihr Amt war, die Menschen aufzublähen, Geschwüre an den Beinen zu erwecken und das Gesicht gelb werden zu lassen; das nennt man chucanál: Gelbfieber.
Das war das Amt von Ahalpúh und Ahalganá.
Andere waren der Herr Knochenbrecher und der Herr Schädelzertrümmerer, Wächter der Unterwelt, deren Stäbe aus Knochen waren.
Ihre Aufgabe war, die Menschen auszuzehren bis aufs Bein, bis auf den nackten Schädel, bis sie starben. Dann zerrten sie ihnen Leib und Knochen auseinander und trugen sie von dannen. Das war das Amt derer, die sich Knochenbrecher und Schädelzertrümmerer nennen.

Andere nannten sich Herr Aassammler und Herr Durchbohrer. Ihre Aufgabe war, den Menschen etwas zustoßen zu lassen, wenn sie auf dem Wege nach Hause waren oder schon vor der Hütte standen. Verwundet fand man sie, ausgestreckt mit dem Mund nach oben und tot. Das war das Amt von Aassammler und Durchbohrer, wie sie sich nannten.
Dann kamen andere Herren, die Xic und Patán hießen. Ihr Amt war der Tod des Menschen auf den Wegen, das, was der Schnelle Tod genannt wird. Sie trieben das Blut in den Mund, bis einer unter Blutstürzen starb. Das Amt eines jeden dieser Herren war, im Tragenetz verborgen des Menschen Kehle und Brust zusammenzudrücken, bis das Blut unterwegs in den Hals stieg. Das war das Amt von Xic und Patán.
Als sie sich im Rate versammelt hatten, überlegten sie, wie sie Einsjäger und Siebenjäger peinigen und verletzen könnten. Was die von der Unterwelt wollten, war die Ballspielausrüstung von Einsjäger und Siebenjäger: ihren ledernen Schenkelschutz, ihren Halsring, ihre Handschuhe, Kopfschutz und Gesichtsmaske. Das waren die Zierate von Einsjäger und Siebenjäger.
Jetzt werden wir den Weg nach Xibalbá beschreiben und wie Einsjäger seine Söhne zurückließ, Einsaffe und Einsmeister, deren Mutter gestorben war.
Später werden wir erzählen, wie Einsaffe und Einsmeister von Hunahpú und Ixbalanqué besiegt wurden.

Die Boten von Einstod und Siebentod eilten herbei. »Gehet, würdige Helfer«, sagte man ihnen, »geht und ruft Einsjäger und Siebenjäger. Sagt jenen: ›Kommt mit uns, die Herren rufen euch.‹ Bringt sie hierher zum Ballspiel, damit sie unser Angesicht erheitern. Denn wahrlich, wir bewundern sie. So denn laßt sie kommen«, sagten die Herren. »Und sie sollen ihre Spiel-

geräte mitbringen, ihren Lederschutz und den Gummiball«, sagten die Herren. »Kommt sogleich, sollt ihr ihnen sagen.« So sprachen die Herren zu den Boten.
Die vier Boten waren Eulen. Pfeileule, Einbeineule, Rotfedereule und Kopfeule nannten sich die Boten von Xibalbá.
Pfeileule flog wie ein Pfeil, Einbeineule hatte nur ein Bein, Rotfedereule einen roten Rücken, und Kopfeule bestand nur aus Kopf und Flügeln.
Die vier Boten hatten den Rang von Beisitzern. Von Xibalbá kommend erreichten sie mit ihrem Auftrag rasch den Hof, wo Einsjäger und Siebenjäger dem Ballspiel oblagen. Dieser Ort hieß Großes und Würdiges Carcháh.
Die Eulenboten ließen sich am Ballspielplatz nieder und brachten ihre Botschaft in der Reihenfolge vor, wie sie aufgetragen wurde von Einstod, Siebentod, Ahalpúh, Ahalganá, von Knochenbrecher und Schädelzertrümmerer, vom Reißenden Habicht und Aasgeier, von Aassammler und Durchbohrer, von Xic und Patán. So waren die Namen der Herren, die mittels der Eulen ihre Botschaft sandten.
»Haben die Herren Einstod und Siebentod wirklich so gesprochen?« »Gewiß haben sie so gesprochen, und wir sollen euch begleiten. Und alle Spielgeräte sollen mitgenommen werden, haben die Herren gesagt.«
»Es ist gut«, sagten die Jünglinge. »Wartet, wir werden uns nur von unserer Mutter verabschieden.«
Sie gingen zum Haus und sprachen zu ihrer Mutter, denn ihr Vater war bereits gestorben.
»Wir gehen, liebe Mutter, aber eitel wird die Reise sein. Die Boten des Herrn sind gekommen, uns hinwegzuführen. ›Laßt sie kommen‹, haben sie zu den Boten gesagt.«
»Unser Ball bleibt als Zeugnis hier«, fügten sie hinzu, und sie hängten ihn in das Abzugsloch des Daches. Darauf sagten sie: »Einmal werden wir zum Spielen wiederkehren.«

»Ihr blaset nur weiter die Flöte, singt, malt und behaut den Stein! Wärmet unsere Hütte, erwärmt das Herz unserer Ahnin.« So sprachen sie zu Einsaffe und Einsmeister.
Als sie Abschied nahmen, weinte Ixmucané herzzerreißend.
»Seid nicht betrübt! Zwar gehen wir, aber noch sind wir nicht tot.« So sprachen sie und gingen davon, Einsjäger und Siebenjäger.
So gingen Einsjäger und Siebenjäger davon, und die Boten zeigten ihnen den Weg. Über sehr steile Stufen stiegen sie nach Xibalbá hinab. Es ging abwärts bis zu einem reißenden Fluß zwischen engen Schluchten. Die hießen: Blasrohrschlucht, Enge Schlucht, Verborgene Schlucht. Sie kreuzten die Wasser.
Dann kamen sie zu einem Fluß zwischen Stachelbäumen. Zahllos waren die Stachelbäume. Aber sie kamen ohne Wunden durch. Dann kamen sie zum Ufer eines Blutflusses. Sie überschritten ihn, ohne von seinem Wasser zu trinken. An sein Ufer gelangt, kreuzten sie ihn nur. So entrannen sie, indem sie ihn nur durchschritten.
Weiter wandernd kamen sie zu einem Punkt, wo sich vier Wege trafen. Da waren sie verloren, an dieser Kreuzung der vier Wege.
Ein roter Weg. Ein Weg aber schwarz. Weiß ein Weg. Gelb auch einer der vier Wege.
Der schwarze Weg aber sprach: »Ich bin der zu Nehmende. Ich bin der Weg des Herrn.« So sprach der Weg.
Und da waren sie verloren. Den Weg nach Xibalbá schlugen sie ein. Als sie zum Mattensaal der Herren von Xibalbá gelangten, waren sie schon besiegt.
Die ersten, die da hockten, waren nur Holzfiguren. Die von Xibalbá hatten sie gemacht.
Diese begrüßten sie zuerst.
»Sei gegrüßt, Einstod!« sagten sie zur Figur.
»Sei gegrüßt, Siebentod!« sagten sie zu dem Holzbild.

Aber jene antworteten nicht. Da brachen die Herren von Xibalbá und alle übrigen der Unterwelt in Lachen aus. Sie schrieen vor Lachen, denn sie wußten, daß sie Einsjäger und Siebenjäger schon bewältigt und besiegt hatten. Ohn' Unterlaß lachten sie.
Dann sagten Einstod, Siebentod: »Willkommen hier! Morgen werden wir uns mit euren Masken, Hals- und Armschutz vergnügen.« So sprachen sie.
»Setzt euch hier auf unsere Bank«, sagten sie. Aber die angebotene Bank war ein heißer Stein, sie verbrannten sich auf der Bank. Zwar sprangen sie von der Bank auf, ehe sie in Flammen aufgingen, aber schon hatten sie sich das Gesäß verbrannt.
Da lachten die aus Xibalbá wiederum, das Lachen überwältigte sie, wie von einem Schlangenbiß schmerzten ihnen Herz, Blut und Knochen vor Lachen. So lachten alle Herren von Xibalbá.
»Und nun zu eurem Haus! Man wird euch dort einen Kienspan und eure Zigarre zum Einschlafen geben«, sagte man ihnen.
Darauf gelangten sie ins Haus der Finsternis, da drinnen war es ganz schwarz.
Währenddessen gingen die Herren von Xibalbá zu Rate.
»Morgen werden wir sie opfern. Schnell, schnell sollen sie sterben, damit wir ihre Spielgeräte in unseren Gebrauch nehmen können.«
So sprachen untereinander die Herren von Xibalbá.
Der Kienspan nun war eine Obsidianspitze von der Art, die Zaquitóc genannt wird. Das ist das Kienholz von Xibalbá. Dieses Fichtenholz war spitz und scharf, und es leuchtete wie ein Knochen. Sehr hart das Holz derer von Xibalbá.
Einsjäger und Siebenjäger also traten in das Dunkle Haus. Dann kam man und brachte ihnen Kienspan, einen einzigen brennenden Span, den Einstod und Siebentod ihnen sandten; dazu eine brennende Zigarre für einen jeden namens der anderen Herren. Das gab man Einsjäger und Siebenjäger.
Es hockten jene in der Dunkelheit, als die Überbringer von

Kienspan und Zigarren kamen. Hell leuchtete der Kien bei ihrem Eintritt.
»Haltet den Span und ein jeder seine Zigarre in Brand. Am Morgen sollt ihr sie zurückgeben, aber nicht aufgebraucht, sondern ganz. Diese Botschaft trugen uns die Herren auf.« So sagten sie.
Und dadurch wurden jene besiegt. Denn der Span verzehrte sich und auch die Zigarren, die man ihnen gegeben.
Zahlreich waren die Züchtigungen in Xibalbá, vielerlei Prüfungen gab es da.
Zuerst kam das Dunkle Haus, ganz schwarz war es da drinnen.
Das zweite Haus, Xuxulim genannt, ist innen schrecklich kalt, und eisiger Wind fegt über die weißen Wände.
Das dritte ist Jaguarhaus genannt, nur Jaguare sind da drinnen. Sie drängen sich, springen wie toll, fletschen die Zähne, diese im Haus eingeschlossenen Jaguare.
Fledermaushaus heißt die vierte Marterstätte, nur Fledermäuse sind in dem Haus. Sie pfeifen, piepsen und flattern durch das Haus. Eingeschlossen die Fledermäuse. Kein Entschlüpfen.
Das fünfte ist Messerhaus genannt. Da gab es einzig scharfe, spitze Obsidianmesser, mit Spitze und Schneide schimmerten sie, klirrend schlugen sie aneinander im Raum.
Viele Marterstätten gibt es in Xibalbá, aber Einsjäger und Siebenjäger gingen da nicht hinein. Wir nennen nur die Namen einiger Züchtigungsorte.
Als dann Einsjäger und Siebenjäger vor Einstod und Siebentod traten, fragten jene: »Wo sind meine Zigarren? Und wo ist der Kienspan, den man euch heute nacht gab?«
»Sie verzehrten sich, mein Fürst.«
»Es ist gut. Das wird das Ende eurer Tage. Jetzt sterbt ihr. Zerstört werdet ihr, in Stücke gerissen. Euer Nachgedächtnis wird hier verborgen bleiben. Geopfert werdet ihr!«
So sprachen Einstod und Siebentod.

Darauf wurden sie geopfert und beigesetzt an einem Ort, Pucbal-Chah genannt.
Vor dem Begräbnis schnitten sie Einsjäger den Kopf ab. Dann begruben sie den älteren Bruder neben dem jüngeren.
»Nehmt seinen Kopf und setzt ihn in jenen Baum da am Wege«, sagten Einstod und Siebentod.
Aber kaum hatte man den Kopf in den Baum gesetzt, da bedeckte sich dieser mit Früchten. Niemals hatte der Frucht getragen, bevor man den Kopf Hun Hunahpús in seine Äste gesetzt hatte. Darum nennen wir heute die Jicara-Frucht »den Kopf Hun Hunahpús«. So wird sie genannt.
Voll Staunen betrachteten Einstod und Siebentod die Frucht des Baumes. Der ganze Baum war mit runden Früchten bedeckt, aber der Kopf von Einsjäger unterschied sich nicht mehr: er war wie alle anderen Jicara-Früchte. Und so erschien es allen von Xibalbá, die vor dem Baum zusammenliefen.
Große Furcht erweckte in aller Herzen dieser Baum, denn in einem Augenblick war alles geschehen, als man Einsjägers Kopf in die Äste gesetzt hatte.
So befahlen die Herren von Xibalbá: »Daß niemand hinzutrete, eine Frucht dieses Baumes zu pflücken! Daß niemand sich unter diesen Baum lagere!«
So sprachen sie. Und solches Verbot erging für ganz Xibalbá.
Das Haupt von Einsjäger erschien aber nie wieder, denn es hatte sich in die Frucht selbst verwandelt, in die Frucht des Baumes, der Jicara heißt.
Indessen hörte eine Jungfrau die wundersame Geschichte. Davon werden wir nun erzählen.

DIE GÖTTLICHEN ZWILLINGE

Dies ist die Erzählung einer Jungfrau, Tochter eines Herren namens Cuchumaquic. Diese Tochter eines Herren hatte alles vernommen. Der Name des Vaters war Cuchumaquic, die Tochter hieß Ixquic.

Als sie die Kunde von dem Baum mit den Früchten vernahm, sprach sie darüber zu ihrem Vater, denn sie wunderte sich sehr über die Geschichte.

»Warum nicht hingehen und sich den beredeten Baum ansehen?« rief sie. »Sicher sind die Früchte, von denen ich höre, köstlich.«

Am Ende machte sie sich allein auf und gelangte an den Fuß des Baumes, der sich über dem Grabhügel erhob.

»Hiiyá!« rief sie. »Was für Früchte sind das an diesem Baum? Ist es nicht wunderbar, wie er sich mit Früchten bedeckte? Werde ich sterben, wird mir etwas zustoßen, wenn ich eine pflücke?«

So fragte sich die Jungfrau.

Da sprach der Schädel, der zwischen den Zweigen des Baumes war, und sagte: »Was wünschest du? Diese runden Dinge an allen Ästen sind nichts als Schädel.«

So sprach der Kopf von Einsjäger zur Jungfrau.

»Gelüstet es dich danach?«

»Ja, mich gelüstet es«, sagte die Jungfrau.

»Es ist gut«, sagte der Schädel. »Strecke mir nur deine rechte Hand entgegen. Zeige her!«

»Wohl!« sagte die Jungfrau, erhob ihre rechte Hand und streckte sie dem Schädel entgegen.
Da spritzte der Schädel einen Strahl Speichel mitten auf die Handfläche der Jungfrau. Die schaute nachdenklich in ihre Hand, aber der Speichel des Schädels war verschwunden.
»Mit diesem Wasser, diesem Speichel habe ich dir mein Liebespfand gegeben. Nun hat mein Haupt keinen Wert mehr, nichts als Knochen ohne Fleisch bleibt es. So sind die Schädel der Großen Herren: nur das schöne Fleisch gibt ihnen Ansehen. Doch wenn sie sterben, erschreckt ihr Gebein die Menschen. So auch ist die Art ihrer Söhne: Flüssiges und Speichel sind sie, seien es gleich Söhne eines Fürsten, eines Weisen, eines Redners. Aber ihr Wesen verliert sich nicht, wenn sie hingehen: es vererbt sich. Es verlöscht nicht, es vergeht nicht das Bild des Fürsten, Weisen oder Redners. Es bleibt vielmehr in den Töchtern und Söhnen, die sie erzeugen. Eben dies habe ich mit dir getan. Steige nun empor zur Erde. Du wirst nicht sterben. Bewahre diese Kunde in deinem Herzen!«
So sprach der Kopf von Einsjäger, Siebenjäger. Und alles, was sie vollbracht hatten, geschah auf Befehl des dreieinigen Huracán.
Und es kehrte nach dieser Rede die Jungfrau sogleich heim. Und schon war sie schwanger an Söhnen, allein durch den Speichel. So geschah die Zeugung von Hunahpú und Ixbalanqué.
Die Jungfrau kehrte nach Hause zurück. Und nach sechs Monaten merkte ihr Vater ihren Zustand, er, der Cuchumaquic heißt. Seine Augen heftete der Vater auf die Jungfrau, als er das kommende Kind bemerkte.
Und es berieten sich die weisen Beisitzer und Einstod, Siebentod mit Cuchumaquic.
»Meine Tochter hat ein Kind, meine Herren. Sie ist eine Dirne.«
So sprach Cuchumaquic vor den Herren.
»Wohlan!« sagten jene. »Erforsche ihren Mund. Und wenn sie

nicht reden will, so werde sie gezüchtigt. Weit von hier soll sie geopfert werden.«
»Sehr wohl, würdige Herren«, antwortete er.
Darauf fragte er seine Tochter: »Woher kommen die Kinder in deinem Leib, meine Tochter?«
Und sie antwortete: »Ich trage kein Kind, mein Vater. Keines Mannes Antlitz habe ich angeschaut.«
»Wohlan«, sagte er. »Du bist wirklich eine Dirne. Nehmt sie, opfert sie, ihr Herren der Matte, bringt mir ihr Herz in einer Jicara hierher. Erscheint heute noch vor den Herrschern.« So sprach er zu den Eulen.
Die vier Boten nahmen die Jicara und trugen die Jungfrau in ihren Fängen davon; auch das Feuersteinmesser nahmen sie mit, um sie zu opfern.
Und jene sagte zu ihnen: »Das kann nicht sein, daß ihr mich töten wollt, ihr Boten. Denn nicht als Dirne trage ich diese Leibesfrucht. Erzeugt wurde sie, als ich das Haupt von Einsjäger bewunderte, dort auf dem Grabhügel. Darum denn sollt ihr mich nicht töten, ihr Boten.« Mit diesen Worten wandte sich die Jungfrau an sie.
»Und womit sollen wir dein Herz ersetzen? Dein Vater sagte uns: ›Bringet das Herz, erscheint vor den Herren, tut das Aufgetragene, ihr alle zusammen; sputet euch mit der Jicara, und legt das Herz auf den Boden der Schale.‹ Hat er nicht so zu uns gesprochen? Was sollen wir in die Schale legen? Auch wir wünschen deinen Tod nicht.« Also sprachen die Boten.
»Wohl denn! Jenen gehört nicht mein Herz, so sei es! Hier ist nicht eure Stätte, niemand ist zu überwältigen, zu töten. Später, wahrlich, werden die wirklichen Buhler euch zufallen, ich aber werde über Einstod und Siebentod kommen. Saft denn, nur Saft soll ihrer sein, soll ihnen gegeben werden. Nie soll mein Herz vor ihrem Angesicht verbrannt werden. So sei es! Nehmet von diesem Baum!«

Roter Saft rann aus dem Baum, fiel in die Schale. Zu etwas Rundem wurde er, wie ein Herz geformt. Saft wie Blut rann heraus, wie wirkliches Blut. Dann gerann das Blut, der Saft des roten Baumes sei gesagt, und bedeckte sich mit einer glänzenden Kruste, drinnen in der Schale, wie geronnenes Blut.

Gepriesen wurde der Baum durch der Jungfrau Werk. »Rotschaumbaum« hieß er; seither »Blutbaum« genannt, weil sein Saft Blut geheißen wird.

»Hier auf Erden wird man euch lieben, und alles, was euch zukommt, werdet ihr erhalten.« So sprach die Jungfrau zu den Eulen.

»Es ist gut, Mädchen. Wir werden dahin kommen, zu deinem Dienst werden wir heraufkommen. Du, gehe nur deinen Weg. Wir werden indessen den Saft statt deines Herzens vor das Antlitz der Gebieter bringen.«

So sprachen die Boten. Als sie vor der Gebieter Antlitz kamen, waren alle voller Erwartung.

»Das ist erledigt?« fragte Einstod.

»Alles ist vollbracht, ihr Herren. Hier ist das Herz auf dem Boden der Schale.«

»Sehr gut. Laßt uns sehen!« rief Einstod. Und wie er es mit den Fingern emporhob, brach die Kruste und begann Blut leuchtend rot zu fließen.

»Facht das Feuer gut an und legt das über die Glut«, sagte Einstod. Sogleich warfen sie es aufs Feuer, und die von Xibalbá begannen den Duft zu spüren, und alle erhoben sich und traten näher. Wahrlich, köstlich dünkte ihnen der Geruch des Blutes.

Und während jene tief in Gedanken blieben, brachen der Jungfrau Diener, die Eulen, auf; im Fluge wiesen sie ihr den Weg aus dem Abgrund zur Erde. Und die vier wurden ihre Diener.

So wurden die Herren von Xibalbá bewältigt. Durch die Jungfrau wurden sie alle verblendet.

Es waren nun Einsaffe und Einsmeister bei ihrer Ahnin, als die Frau kam, die Ixquic hieß.
Als denn die Frau Ixquic vor der Ahnin von Einsaffe und Einsmeister erschien, trug sie ihre Söhne im Leibe, und es fehlte wenig bis zur Geburt von Hunahpú und Ixbalanqué, wie sie genannt werden sollten.
Als die Frau vor die Alte trat, da sagte die Frau zur Großmutter: »Ich bin gekommen, Frau Mutter. Ich bin Eure Schwiegertochter und Eure Tochter, Frau Mutter.«
So sprach sie, als sie in das Haus der Ahnin trat.
»Woher kommst du? Und wo sind meine Söhne? Starben sie etwa nicht in Xibalbá? Siehst du nicht diese hier, ihre Nachkommenschaft und ihr Geschlecht, Einsaffe, Einsmeister genannt? Gleichwohl kommst du? Hebe dich fort!«
So schrie die Alte die Jungfrau an.
»Gleichwohl bin ich in Wahrheit eure Schwiegertochter, seit einiger Zeit bin ich es. Dem Einsjäger, Hun Hunahpú, gehöre ich. Das von ihm Abstammende lebt. Nicht gestorben sind Einsjäger, Siebenjäger. Klar wird sich zeigen, wofür sie litten. Ihr seid meine Schwiegermutter, und bald wird vor Eurem Angesicht sein, was ich in mir trage.«
So sagte sie der Alten.
Da entrüsteten sich Einsaffe, Einsmeister. Mit Flötenspiel und Gesang verlustierten sie sich, mit Malerei und Steinschneiderei vertrieben sie sich die Tage. Der Alten Tröstung waren sie.
Darauf sprach die Alte und sagte: »Ich wünsche dich nicht zur Schwiegertochter. Frucht der Hurerei steckt in deinem Leib. Eine Betrügerin bist du. Tot sind die Söhne, von denen du sprichst.«
Die Alte fügte hinzu: »Das ist die reine Wahrheit, sage ich dir. Aber gut. Vielleicht bist du meine Schwiegertochter. Gehe denn und bringe Nahrung für die, welche essen müssen. Gehe und pflücke ein Maisnetz voll und komm dann wieder. Denn dann werde ich sehen, ob du meine Schwiegertochter bist.«

So sprach sie zur Jungfrau.
»Es ist gut«, sagte die Jungfrau. Darauf ging sie zum Feld, das Einsaffe und Einsmeister besaßen. Den Weg darin hatten jene gereutet, so kam sie zum Feld. Aber da fand sie nur eine einzige Maisstaude, nicht zwei, nicht drei gab es, nur eine Staude mit ihrem Kolben. Da füllte sich mit Angst das Herz der Jungfrau.
»Verworfene ich! Unglückliche ich! Woher nehme ich ein Netz voll Mais, wie man mir aufgetragen?« So rief sie.
Und darauf rief sie Chahál, den Hüter der Saaten, an.
»Überflußbringer! Reifegott! Bereiter des Maisbreies! Du, Chahál, Hüter der Saaten von Einsaffe, Einsmeister!« So rief die Jungfrau.
Und darauf ergriff sie den Bart, die roten Fäden des Kolbens, riß sie ab, ohne den Kolben zu brechen, und bettete sie im Netz wie Kolben. Und das große Netz füllte sich ganz.
Darauf kehrte die Jungfrau zurück. Und die Tiergeister des Feldes trugen das Netz. Und als sie angekommen waren, ließen sie das Netz in einer Ecke der Hütte, gleich als ob sie das hergetragen habe.
Da kam die Alte. Und als sie all den Mais in dem großen Netz sah, rief sie: »Woher holtest du diesen Mais? Hast du etwa unser Maisfeld geplündert und alles hierhergebracht? Augenblicklich werde ich nachsehen«, sagte die Alte. Und sie machte sich auf den Weg, um das Feld zu sehen. Aber die einzige Maisstaude stand noch immer dort, und man bemerkte an ihrem Fuß die Stelle, wo das Netz gelegen hatte.
Eilends kehrte die Alte darauf zur Hütte zurück. Sie sagte zur Jungfrau: »Das ist der wahre Beweis, daß du meine Schwiegertochter bist. Jetzt werde ich deine Werke sehen, jene, die du trägst. Und auch die werden Zaubermänner sein!«
So sprach sie zur Jungfrau.

Wir werden nun erzählen, wie Hunahpú und Ixbalanqué geboren wurden. Hier denn die Geschichte ihrer Geburt.
Als der Tag ihrer Geburt da war, kam die Jungfrau, Ixquic genannt, nieder. In einem Augenblick geschah die Geburt der zwei Knaben, Hunahpú und Ixbalanqué genannt. Draußen im Wald wurden sie geboren.
Darauf kamen sie zur Hütte. Aber kein Schlaf war möglich.
»Geh und setze sie aus!« sagte die Alte. »Denn wahrlich, sie schreien zuviel.«
Und man legte sie auf einen Ameisenhaufen. Dort schliefen sie in Frieden. Darauf nahm man sie von dort fort und legte sie auf Dornen. Das nämlich wünschten Einsaffe und Einsmeister: daß jene verdürben auf dem Ameisenhaufen, daß sie stürben über den Dornen. Aus Haß und Neid gegen jene wünschten das Einsaffe und Einsmeister.
Von Anfang an weigerten sie sich, ihre jungen Brüder in der Hütte zuzulassen. Sie verleugneten sie. Und so wuchsen jene auf dem Felde auf.
Sie waren große Flötenspieler und Sänger, Einsaffe, Einsmeister. Unter Mühsal und Entbehrung waren sie groß geworden, unter vielen Leiden. Doch wurden sie Kundige: zugleich waren sie Flötenspieler, Sänger, Maler, Bildhauer. Alles vollbrachten sie.
Sie kannten ihre Abstammung, sie wußten, daß sie die Stelle ihrer Väter einnahmen, die nach Xibalbá gegangen und dort gestorben waren. Große Weise waren darum Einsaffe, Einsmeister. In ihrem Herzen wußten sie alles über die Geburt ihrer jüngeren Brüder. Aber ihre Einsicht zeigten sie nicht: Neid erfüllte sie, ihre Herzen bargen Böses gegen jene, obwohl Hunahpú und Ixbalanqué ihnen kein Leid getan hatten.
Diese taten nichts, als mit dem Blasrohr auszuziehen, Tag für Tag. Geliebt waren sie nicht, weder von der Großmutter noch von Einsaffe und Einsmeister. Man gab ihnen erst zu essen, wenn das Mahl beendet war und Einsaffe, Einsmeister gespeist

hatten. Dann erst waren sie an der Reihe. Aber sie erzürnten sich nicht, sie begehrten nicht auf: schweigend ertrugen sie es, denn sie kannten ihren Wert und sahen alles hell wie Licht.

Jeden Tag brachten sie ihre Vögel heim, und Einsaffe, Einsmeister aßen sie auf, ohne Hunahpú oder Ixbalanqué etwas abzugeben.

Einsaffe, Einsmeister taten nichts anderes als Singen und Flötespielen.

Einmal kamen Hunahpú und Ixbalanqué ohne einen einzigen Vogel nach Hause, und es erzürnte sich die Alte.

»Warum habt ihr keine Vögel mitgebracht?« fragte sie Hunahpú und Ixbalanqué.

Und jene antworteten: »Es geschah, Großmutter unser, daß die Vögel im Baum hängengeblieben sind, und wir können nicht hinaufklettern und sie herunterholen, liebe Großmutter. Wenn unsere älteren Brüder sich dazu verstehen wollten, mit uns zu gehen, könnten sie die Vögel herunterholen.« So sagten sie.

»Es ist gut«, sagten die älteren Brüder zur Antwort, »in der Frühe werden wir mit euch gehen.« In ihr Verderben gingen sie.

Nämlich die beiden anderen berieten sich über den Untergang von Einsaffe, Einsmeister.

»Wir werden diesem Leben-für-den-Bauch ein Ende setzen. Unser Versprechen soll sich erfüllen, um der vielen Drangsale willen, die wir erlitten. Untergang und Verderben wünschten sie uns, ihren jüngeren Brüdern. Wie Knaben waren wir vor ihrem Herzen. Dafür werden wir über sie kommen, ein Mahnzeichen werden wir setzen.«

So sprachen sie. Und dann gingen sie zum Fuß des Canté-Baumes. Unterwegs schossen sie mit dem Blasrohr. Und ihre älteren Brüder begleiteten sie. Es war unmöglich, all die Vögel zu zählen, die droben im Baum sangen. Und die älteren Brüder wunderten sich sehr, so viele Vögel zu sehen. Es gab die Vögel – aber nicht ein einziger fiel zu Boden.

»Unsere Vögel fallen nicht zur Erde, geht und holt sie«, sprachen sie zu ihren älteren Brüdern.
»Es ist gut«, antworteten diese. Und sogleich stiegen sie auf den Baum. Der aber wurde immer höher, immer dicker. Einsaffe und Einsmeister wünschten herabzusteigen, aber schon fanden sie nicht mehr aus der Krone des Baumes hinab.
Da riefen sie von der Höhe des Baumes: »Was ist uns geschehen, ihr Brüder? Unglückliche wir! Schrecken erregt dieser Baum denen, die ihn sehen. O, unsere Brüder!«
Und Hunahpú und Ixbalanqué antworteten: »Löst eure Schambinden. Schlagt sie um die Hüften und laßt die langen Enden hinten herunterhängen. Dann könnt ihr euch besser bewegen.«
So sprachen zu ihnen die jüngeren Brüder.
»Es ist gut«, antworteten jene. Aber als sie die Enden der Binde hinten knüpften, verwandelten die sich in Schwänze. Affen wurden sie selbst. Und sogleich sprangen sie durchs Geäst der Bäume, über kleine und große Gebirge hin, im Wald blieben sie, kreischend und in den Ästen sich wiegend.
So wurden Einsaffe und Einsmeister durch Hunahpú und Ixbalanqué besiegt. Nur durch Zauber gelang es.
Dann kehrten sie nach Hause zurück. Und als sie ankamen, sprachen sie zu Großmutter und Mutter: »Was kann nur unseren älteren Brüdern geschehen sein, daß sie plötzlich Tiergesichter bekamen?« So sagten sie.
»Wenn ihr euren älteren Brüdern ein Leid getan habt, so habt ihr mich verwundet und mit Trauer mein Herz erfüllt. So etwas werdet ihr euren Brüdern nicht antun, meine Kinder«, sagte die Alte zu Hunahpú und Ixbalanqué.
Und jene antworteten ihrer Großmutter: »Seid nicht betrübt, Großmutter unser. Ihr werdet wieder das Antlitz unserer Brüder sehen. Jene werden wiederkommen. Aber eine schwere Prüfung erwartet Euch, Großmutter. Hütet Euch! Wohlan, laßt uns das Schicksal versuchen!«

Und darauf begannen sie die Flöte zu blasen. Sie spielten das Lied »Hunahpú-Coy«, Hunahpús Affe. So sangen sie, flöteten sie, schlugen sie die Trommel. Flöte und Trommel ergriffen sie. Und ihre Großmutter setzte sich zu ihnen, während sie fortfuhren zu spielen und mit Gesang zu locken, das Lied spielend, das »Hunahpús Affe« heißt.
Da erschienen Einsaffe und Einsmeister, tanzend kamen sie herein. Aber als die Alte ihre häßlichen Gesichter sah, da lachte die Alte, sie konnte ihr Lachen nicht halten. Jene aber entschwanden augenblicklich. Nicht mehr gesehen ward ihr Antlitz.
»Da seht Ihr es, Großmutter unser! Fort sind sie, in den Wald. Was habt Ihr getan, Großmutter unser? Nur viermal können wir die Probe machen, nur drei bleiben noch übrig. Wir werden sie mit Flöte und Gesang rufen, aber haltet Euer Lachen zurück! Versuchen wir das Schicksal!« So sprachen Hunahpú und Ixbalanqué.
Und wiederum musizierten sie, und wiederum erschienen tanzend Einsaffe, Einsmeister; bis zur Mitte des Hofes kamen sie und trieben Unfug, so daß die Großmutter in Lachen ausbrach.
In der Tat waren sie spaßig anzusehen, wie sie da ankamen mit ihren Affengesichtern, wie sie mit geschwollenem Glied und Schwänzeschlagen ihr Herz bloßstellten. Da mußte die Alte wiederum lachen.
So entschwanden jene wiederum im Wald. Und Hunahpú und Ixbalanqué sagten: »Und was nun, Großmutter? Nur dies dritte Mal werden wir es versuchen.«
Darauf spielten sie wiederum die Flöte, und wiederum erschienen tanzend die Affen. Die Alte hielt ihr Lachen zurück.
Da kletterten sie empor zur Wärme der Hütte. Rot leuchteten ihre Augen, sie tollten herum, rieben sich ihre Schnauzen und erschreckten durch ihre Grimassen.
Als die Großmutter das sah, brach sie in lautes Lachen aus. Und

nun ward ihr Gesicht nicht mehr gesehen, wegen des Gelächters der Alten.

»Nur noch einmal werden wir rufen, Großmutter, damit sie zum viertenmal hierherkommen«, sagten die Jünglinge. Aufs neue denn bliesen sie die Flöte, aber jene kamen nicht zum vierten Mal zurück. Vielmehr verschwanden sie eilends im Wald.

Die Jünglinge sagten zur Großmutter: »Alles haben wir versucht, Großmutter. Erst sind sie erschienen, und dann versuchten wir es aufs neue. Aber seid nicht betrübt: hier sind wir, Eure Enkel. Sei auch gut zu unserer Mutter, du, Großmutter. Das Gedächtnis der älteren Brüder soll sich nicht verlieren, jene, die man bei ihrem Namen Einsaffe, Einsmeister ruft.«

So sprachen Hunahpú und Ixbalanqué. Jene aber wurden von den Flötenspielern und Sängern der Vorfahren angerufen.

Angerufen wurden sie von den Malern und Bildhauern vergangener Zeiten. Aber in Tiere wurden sie verwandelt, zu Affen gemacht, weil sie sich überhoben und der Brüder nicht achteten.

So litten ihre Herzen. Das war ihre Niederlage. Überwunden wurden sie, in Tiere verwandelt durch Hunahpú und Ixbalanqué. Immer hatten sie in der Hütte gewohnt. Flötenspieler und Sänger waren sie, und große Dinge vollbrachten sie, als sie mit Großmutter und Mutter zusammenlebten.

Die anderen gingen nun an die Arbeit, um vor dem Angesicht der Großmutter, vor dem Angesicht der Mutter zu bestehen. Als erstes bestellten sie die Milpa.

»Wir werden die Milpa säen, Großmutter unser, Mutter unser«, sagten sie. »Seid nicht bekümmert. Wir stehen euch bei, eure Enkel, wir, die wir die Stelle unserer Brüder einnehmen.«

So sprachen Hunahpú und Ixbalanqué. Darauf nahmen sie ihre

Äxte, ihre Hacken, ihren Grabstock und gingen, jeder mit seinem Blasrohr auf der Schulter. Und beim Weggehen baten sie die Großmutter, ihnen Essen zu bringen.
»Am Mittag sollt Ihr uns Essen bringen, Großmutter«, sagten sie.
»Es ist gut, meine Enkel«, antwortete die Großmutter.
Darauf gelangten sie zum Saatfeld. Und als sie die Hacke in den Boden schlugen, da brach diese die Erde; ganz allein leistete die Hacke die Arbeit.
So auch schlugen sie die Axt in die Stämme der Bäume, in die Äste; und sogleich fielen diese, und hingestreut auf den Boden blieben alle Bäume und Lianen. Schnell fielen die Bäume, gefällt von einem einzigen Axthieb.
Und viel war gleichermaßen, was die Hacke rodete. Unübersehbar die Agaven und das Dorngestrüpp, die ein einziges Ausholen der Hacke hinstreckte. Unzählbar auch, was auf den kleinen Bergen, auf den großen Bergen beim Roden fiel.
Und sie sandten ein gelehriges Tier namens Ixmucur zum Wipfel eines hohen Baumes, und Hunahpú und Ixbalanqué sagten zu ihm: »Schaue aus, ob unsere Großmutter mit dem Essen kommt. Dann fange an zu rufen, und wir werden Hacke und Axt ergreifen.«
»Es ist gut«, sagte Ixmucur.
Darauf gingen sie mit dem Blasrohr schießen; und gewiß verrichteten sie keinerlei Arbeit mehr am Maisfeld.
Nach einer Weile schlug die Taube an. Schnell kamen sie herbei und ergriffen die Hacke und die Axt, jeder das seine. Und einer umhüllte seinen Kopf und rieb sich Erde auf die Hände und ins Gesicht, um wie ein Landarbeiter auszusehen. Der andere streute sich Sägespäne aufs Haupt, als sei er ein wirklicher Holzfäller.
So sah sie die Großmutter. Und darauf aßen sie, aber in Wahrheit hatten sie das Mahl nicht verdient, da sie nicht gearbeitet hatten. Darauf gingen sie nach Hause.

»Wir sind wirklich müde, Großmutter«, sprachen sie. Und grundlos reckten und streckten sie Arme und Beine vor der Großmutter.
Am anderen Tag kehrten sie zum Feld zurück, und da sahen sie, daß alle Bäume und Lianen wieder da waren, und alle Agaven und Dornbüsche hatten sich ineinander verfitzt und verschlungen.
»Wer hat uns diesen Tort angetan?« fragten sie sich. »Sicher haben das alle kleinen und großen Tiere getan: der Löwe, der Jaguar, der Hirsch, das Kaninchen, Opossum, Coyote, Wildschwein, Dachs; die kleinen, die großen Vögel. Die haben das getan, in einer Nacht vollendeten sie es.«
Da begannen sie aufs neue das Feld zu roden, die Erde zu brechen, die Bäume zu fällen. Darauf überlegten sie, was mit dem umgeschlagenen Gehölz, was mit dem gejäteten Unkraut zu tun sei.
»Jetzt werden wir unsere Milpa bewachen. Vielleicht können wir den überraschen, der uns diesen Schaden stiftet.« So sprachen sie untereinander. Und darauf kehrten sie nach Hause zurück.
»Was dünkt Euch, Großmutter, wie man uns mitgespielt hat? Unser bestelltes Feld hat sich in eine Graswildnis und dichten Wald verwandelt. So haben wir es vorhin angetroffen, Großmutter.«
So sprachen sie zu ihrer Großmutter und ihrer Mutter. »Aber wir werden wieder hingehen und Wache halten, denn es ist nicht gerecht, was man uns antut.« So sprachen sie.
Darauf gürteten sie sich und gingen wieder zu dem Feld der gefällten Bäume. Dort verbargen sie sich, im Dunkeln blieben sie.
Da kamen alle Tiere zusammen. Eines von jeglicher Art vereinigte sich von den kleinen und großen Tieren. Das Herz der Nacht stand still, als sie raunend kamen. Und so sprachen sie in ihren Zungen: »Erhebt euch, Bäume! Erhebt euch, Lianen!«

So riefen sie, als sie ankamen und unter Bäumen und Lianen sich versammelten. Dann näherten sie sich den Blicken.
Die ersten waren Puma und Jaguar. Sie entwichen dem Versuch, sie zu fangen. Darauf kamen Reh und Kaninchen heran, und nur ihren Schwanz ließen sie ergreifen und ausreißen. In den Händen blieb der Schwanz des Rehes, und darum haben Reh und Kaninchen so kurze Schwänze.
Das Opossum, der Coyote, das Wildschwein und der Dachs ließen sich auch nicht fangen. Alle Tiere gingen an Hunahpú und Ixbalanqué vorbei. Es griff ihnen ans Herz, daß sie nichts zu fassen bekamen.
Aber da kam zuletzt mit Sprüngen etwas anderes hinzu, und das war die Maus. Sogleich ergriffen sie die und wickelten sie in ein Tuch. Sie packten sie, drehten den Kopf, trachteten sie zu erdrosseln, verbrannten den Schwanz mit Feuer. Darum hat die Maus den haarlosen Schwanz und hat diese Augen, da die Jünglinge Hunahpú und Ixbalanqué sie zu erdrosseln versuchten.
Und es sagte die Maus: »Von euren Händen soll ich nicht sterben. Auch ist es nicht eures Amtes, die Milpa zu bestellen.«
»Was sagst du uns da?« fragten die Jünglinge die Maus.
»Laßt mich ein wenig frei. In meiner Brust habe ich eine Botschaft für euch. Ich werde sie euch sagen, aber vorher gebt mir etwas zu essen.« So sprach die Maus.
»Hernach sollst du Essen haben, aber erst sprich!« So antworteten sie.
»Es ist gut. So sollt ihr denn wissen, daß eurer Väter Eigentum, jener, die Einsjäger, Siebenjäger hießen und in Xibalbá gestorben sind, daß ihr Spielgerät im Dach der Hütte hängt, Hals- und Handschutz und der Ball. Nur eure Großmutter verbirgt das vor euch, weil dadurch eure Väter zu Tode kamen.«
»Weißt du das sicher?« fragten sie die Maus. Und ihre Herzen erfüllten sich mit Freude wegen der Kunde vom Gummiball.

Und da die Maus gesprochen hatte, wiesen sie ihr das Essen an. »Das ist die Mahlzeit: Mais, Pfefferschoten, Bohnen, Kakaobrei und Schokolade. Und wenn sonst irgend etwas Eßbares da ist, nimm es dir!« So sprachen zur Maus Hunahpú und Ixbalanqué.

»Sehr schön!« sagte die Maus. »Aber was soll ich eurer Großmutter sagen, wenn die mich sieht?«

»Das soll dich nicht bekümmern. Denn wir sind dabei und wissen, was unserer Großmutter zu sagen ist. Gehen wir! Wir werden dich schnell in die Ecke des Hauses setzen, und du schlüpfst sogleich in den First, wo die Sachen hängen. Wir werden schon nach oben schauen, aber so tun, als ob wir mit dem Essen beschäftigt seien.«

Und nachdem sie die Nacht über beratschlagt hatten und ihren Plan gemacht hatten, zogen sie gegen Mittag los.

Als sie ankamen, hatten sie die Maus mit sich, aber sie verbargen sie. Einer trat sogleich in die Hütte, der andere setzte die Maus in die Ecke und ließ sie flugs hinaufklettern.

Darauf baten sie ihre Großmutter um Essen. »Bereite uns unser Fleisch, liebe Großmutter, wir möchten es gerne in einer Pfefferbrühe.«

Darauf wurde das Essen bereitet und eine Schale mit Mole vor ihnen hingestellt.

All das diente nur, um Großmutter und Mutter zu täuschen. Sie ließen das Wasser aus dem Krug rinnen. »Uns vertrocknet die Kehle, bringt uns Wasser«, sagten sie zur Großmutter.

»Schön«, sagte die und ging.

Darauf fingen sie an zu essen, aber in Wirklichkeit hatten sie keinen Hunger. Alles war nur List. In die Mole-Schale blickend, sahen sie die Maus im Hüttendach herumklettern, dort, wo der Ball hing. Und als sie die Maus in der Mole sahen, schickten sie Xan aus, ein Tier, Xan genannt, das ist eine Schnake. Die flog zum Fluß und durchstach der Großmutter die Wand des Kru-

ges. Und obwohl die das auslaufende Wasser zu halten trachtete, konnte sie das Loch im Kruge nicht schließen.
»Was überkam unsere Großmutter? Gehe doch zum Fluß, unser Mund ist schon ganz trocken vor Durst.« So sprachen sie zu ihrer Mutter und schickten sie fort. Da biß die Maus den Ball ab, er fiel vom Dach der Hütte mit Halsschutz, Händeschutz und allem Lederwerk. Die Jünglinge ergriffen die Sachen und versteckten sie in aller Eile auf dem Wege, der zum Ballspielplatz führte.
Dann machten sie sich zum Fluß auf. Da trafen sie Großmutter und Mutter, beschäftigt, das Loch im Krug zu stopfen.
Mit ihren Blasrohren am Fluß erscheinend, sagten sie: »Was tut ihr denn? Wir sind ungeduldig, darum sind wir gekommen.« So sprachen sie.
»Seht nur das Loch in meinem Krug, es läßt sich nicht schließen«, sagte die Großmutter.
Sogleich stopften sie das Loch. Und zusammen kehrten sie heim. Jene aber gingen ihrer Ahnin voran.
So geschah die Wiederauffindung des Balles.

BALLSPIEL UND NOCHMALS TOTENREICH

Voll guten Mutes machten sie sich zum Ballspielplatz auf. Eine geraume Weile spielten sie gegeneinander. Den Ballspielplatz ihrer Väter hatten sie gereutet.

Als das die Herren von Xibalbá hörten, da sprachen sie:

»Wer erdreistet sich neuerdings, über unseren Häuptern zu spielen und hinderlichen Lärm zu vollführen? Sind vielleicht Einsjäger, Siebenjäger nicht gestorben, jene, die sich vor uns hervortun wollten? Gehet und ruft sie sogleich!«

So sprachen Einstod, Siebentod und alle Herren. Und sie sandten ihre Boten aus mit diesen Worten: »Gehet und sagt ihnen, wenn ihr sie trefft: ›Ihr sollt kommen, sagen die Herren.‹ Wir wünschen uns im Ballspiel zu messen mit ihnen, hier und innerhalb sieben Tagen wünschen wir zu spielen.« So sprachen die Herren. »Sagt ihnen das, wenn ihr sie trefft.« Das war der Befehl an die Boten.

Diese gingen den breiten Weg, den die Jünglinge bis zur Hütte gerodet hatten. Die Boten von Xibalbá trafen nur die Ahnin, da die Jünglinge beim Ballspiel waren.

»Die Herren sagen: Jene sollen bestimmt kommen.« So sprachen die Boten von Xibalbá. Auch den Tag gaben die Boten von Xibalbá an: »In sieben Tagen werden sie erwartet.« So sprachen sie zu Ixmucané.

»Es ist gut, ihr Boten«, antwortete die Alte. Und die Boten machten sich davon.

Da erfüllte sich mit Angst das Herz der Alten.
»Wen soll ich senden, meine Enkel zu holen? Ist es nicht genau so wie damals, als die Boten kamen, die Väter zu holen?«
So sprach die Alte. Allein und bekümmert trat sie in die Hütte. Da fiel eine Laus auf ihren Rock. Sie schnappte sie und legte sie auf ihre Handfläche, wo die Laus herumlief.
»Höre, mein Kind. Würdest du wohl meine Enkel vom Ballspielplatz holen?« fragte sie die Laus. »Sage ihnen: ›Vor eurer Ahnin sind Boten erschienen. In sieben Tagen sollt ihr erscheinen, so sagen die Boten aus Xibalbá. Das läßt euch eure Großmutter ausrichten.‹« So sprach sie zur Laus. Und richtig wackelte die davon.
Am Wegrand saß aber ein Jüngling namens Tamazúl, die Kröte.
»Wohin gehst du?« fragte die Kröte die Laus.
»Hier drinnen trage ich eine Botschaft. Die Jünglinge suche ich«, sagte die Laus zu Tamazúl.
»Es ist gut«, sagte zur Laus die Kröte. »Aber vorwärts kommst du nicht, wie ich sehe. Wie denn, wenn ich dich verschlucke? Du wirst sehen, wie ich renne, schnell werden wir da sein.«
»Sehr gut«, antwortete die Laus der Kröte. Und darauf verschluckte die Kröte sie. Die Kröte wanderte geraume Zeit, aber sie kam auch nicht recht vorwärts. Da begegnete ihr eine große Schlange, Zaquicax genannt.
»Wohin gehst du, junger Tamazúl?« fragte Zaquicax die Kröte.
»Ich gehe als Bote; drinnen trage ich eine Botschaft«, sagte die Kröte zur Schlange.
»Aber vorwärts kommst du nicht, wie ich sehe. Komme ich nicht schneller hin?« sagte die Schlange zur Kröte.
»Komme denn!« sagte diese. Und sogleich verschluckte Zaquicax die Kröte. Und seit damals ist das die Nahrung der Schlangen, noch heute verschlingen sie die Kröten.
Eilends machte sich die Schlange davon. Aber sie traf einen Falken, einen großen Vogel, und der verschluckte sogleich die

Schlange. Darauf flog er schnurstracks zum Ballspielplatz. Dort ergötzten sich Hunahpú und Ixbalanqué mit Ballspielen. Seitdem suchen sich die Falken dieses Fressen. Auf den Bergen suchen sie die Schlangen.

Der Falke flog also herbei und setzte sich auf die Mauer des Ballspielplatzes, wo sich Hunahpú und Ixbalanqué am Ballspiel ergötzten. Und als er sich niedergelassen, schrie der Falke: »Uác-có! Uác-có!« Der Falke ist da, meinte sein Falkenschrei.

»Wer ruft da? Her mit unseren Blasrohren«, sagten jene. Darauf schossen sie dem Falken den Bolzen mitten ins Auge, kopfüber fiel der zur Erde. Sie rannten und ergriffen ihn und fragten ihn: »Was tust du hier?« So fragten sie den Falken.

»Ich trage eine Botschaft hier drinnen. Aber heilet mir erst das Auge, dann werde ich reden.« So sprach der Falke.

»Sehr gut!« sagten jene. Sie zogen etwas Gummi von ihrem Spielball und legten das dem Falken aufs Auge. Lotzquic nannten sie das. Und sogleich wurde das Auge des Falken wieder gut.

»Nun rede!« sagten sie zum Falken. Und zugleich spie er eine große Schlange aus.

»Rede du!« sagten sie zur Schlange.

»Gut!« sagte diese und spie die Kröte aus.

»Und wo ist die Botschaft, die du bringst?« fragten sie die Kröte.

»Hier drinnen trage ich die Botschaft«, antwortete die Kröte. Und sie strengte sich an, aber konnte nicht speien. Nur füllte sich das Maul mit Speichel, aber speien konnte sie nicht. Da mißhandelten sie die Jünglinge.

»Verlogen bist du«, sagten sie und traten sie in das Hinterteil, so daß die Knochen zwischen die Schenkel gerieten. Aufs neue versuchte sie es, aber nur Speichel füllte den Mund. Da rissen sie der Kröte das Maul auf und suchten drinnen im Maul. An den Zähnen der Kröte klebte die Laus. Im Maul war sie geblie-

ben, die Kröte hatte nur so getan, als ob sie sie verschluckte. So wurde die Kröte bezwungen, und was sie frißt, weiß man nicht. Laufen kann sie nicht, und zur Speise der Schlangen wurde sie.
»Sprich«, sagten sie zur Laus, und die gab die Botschaft.
»So, ihr Jünglinge, hat eure Großmutter gesprochen: ›Gehe und rufe sie, es sind Boten von Einstod, Siebentod gekommen, um sie nach Xibalbá zu rufen, mit diesen Worten: – In sieben Tagen sollen sie zum Ballspiel zu uns kommen; auch ihr Spielgerät sollen sie mitbringen: den Ball, den Halsschutz, den Händeschutz, all das Lederzeug, um sich hier zu zerstreuen. – So sagen die Herren. Sie sind wirklich gekommen‹, läßt euch die Großmutter ausrichten. Darum bin ich gekommen. Wirklich hat das eure Großmutter gesagt. Sie weint und härmt sich. Darum bin ich gekommen.«
»Ist das wahr?« fragten sich die Jünglinge, als sie das vernahmen. Und sogleich eilten sie an die Seite ihrer Großmutter. Doch nur zum Abschied kamen sie.
»Wir gehen, Großmutter. Nur zum Abschied sind wir gekommen. Aber ein Zeichen unseres Schicksals werden wir hinterlassen: Jeder von uns wird ein Rohr pflanzen, mitten im Haus werden wir es pflanzen. Wenn es vertrocknet, so ist das unseres Todes Zeichen. ›Tot sind sie‹, werdet ihr sagen, wenn es vertrocknet. Wenn es aber wieder sproßt, wirst du sagen: ›Sie leben.‹ Und du, Großmutter, und du, Mutter, weinet nicht! Denn wir lassen euch das Zeichen unseres Bundes.« So sprachen sie.
Und bevor sie gingen, pflanzte Hunahpú ein Rohr. Ixbalanqué ein anderes. Im Hause pflanzten sie es, nicht im Feld. Und nicht in satten Grund: in dürre Erde pflanzten sie es. In des Hauses Mitte hinterließen sie die Rohre.
Sie zogen nun los, jeder mit seinem Blasrohr. Nach Xibalbá stiegen sie hinab. Rasch kletterten sie hinunter, mehrere Flüsse kreuzten sie. Zwischen Vogelscharen gingen sie dahin, Molay hieß man die.

Auch über den Eiterfluß gingen sie und über den Blutfluß, dort, wo sie nach dem Willen der Xibalbá-Herren vernichtet werden sollten. Aber sie berührten die Wasser nicht, sondern schwangen sich auf ihren Blasrohren hinüber.
Von dort kamen sie zur Kreuzung der vier Wege. Sie wußten genau, welches der Weg nach Xibalbá war von jenen vieren: Schwarzweg, Weißweg, Rotweg, Grünweg. Da denn sandten sie die Schnake, Xan genannt, aus. Als Kundschafter sandten sie jene voraus.
»Stich sie, einen nach dem anderen! Zuerst stich den auf dem ersten Platz und dann alle anderen. Denn das ist ja dein Wesen, den Leuten unterwegs das Blut auszusaugen.« So sprachen sie zur Schnake.
»Es ist gut«, sagte die Schnake. Und sogleich schlug sie den schwarzen Weg ein und flog schnurstracks zum ersten Holzbild, das da stand, mit all seinen Insignien. Sie stach den Ersten. Aber der sagte nichts. Sie stach den Zweiten, der da saß. Aber auch der sagte nichts. Darauf stach sie den Dritten.
Der Dritte war Einstod, der da saß. »Oh!« rief der.
»Hier sticht etwas«, rief Einstod. »Oho!«
»Wer, Einstod, ja wer sticht denn hier? Was ist das für eine Stecherei?« rief da der vierte Beisitzer.
»Wer, Siebentod, ja wer sticht denn hier?« rief da der fünfte Beisitzer.
»Oh! Oh!« rief jetzt Reißender Habicht.
Und Siebentod fragte ihn: »Sticht dich etwas?« So fragte er.
Da wurde der sechste Beisitzer gestochen: »Oh!«
»Wer, Cuchumaquic?« rief da Reißender Habicht.
»Wer sticht denn hier?« rief da der siebte Beisitzer, als er gestochen wurde.
»Oh!« rief er.
»Wer, Ahalpú?« fragte Cuchumaquic.

»Wer sticht denn da?« rief nun der achte Beisitzer, als er gestochen wurde. »Oh«, rief er.
»Wer, Ahalganá?«, fragte ihn Ahalpú.
»Wer sticht denn hier?« rief der neunte Beisitzer, als er gestochen wurde.
»Oh!« rief er.
»Wer, Knochenbrecher?« fragte ihn Ahalganá.
»Wer sticht denn hier?« rief der zehnte Beisitzer, als er gestochen wurde. »Oh!«
»Wer, Schädelzertrümmerer?« fragte ihn Knochenbrecher.
»Wer sticht denn hier?« rief der elfte Beisitzer, als er gestochen wurde. »Oh!« rief er.
»Wer?« fragte Schädelzertrümmerer.
»Wer sticht denn hier?« rief der zwölfte Beisitzer, als er gestochen wurde. »Oh!« rief er.
»Wer, Patán?« fragte man ihn.
»Wer sticht denn hier?« rief der dreizehnte Beisitzer, als er gestochen wurde. »Oh!«
»Wer, Blutflügel?« fragte ihn Patán.
»Wer sticht denn hier?« rief der vierzehnte Beisitzer, als er gestochen wurde. »Oh!«
»Ja, wer sticht denn hier?« rief Blutklaue, rief Blutzahn.
So gaben sie ihre Namen preis, als sie einander anriefen. So zeigten sie ihr Gesicht, ihre Namen preisgebend, die Herren anrufend, einen nach dem anderen. So gaben sie, ein jeglicher auf seinem Platz, ihre Namen preis. Nicht ein einziger Name wurde ausgelassen. Alle nannten sie ihre Namen, als man sie mit einem ausgerissenen Schenkelhaar Hunahpús stach. Denn damit wurden sie gestochen. Es war nicht wirklich der Schnake Stachel, der sie stach. Zur Erforschung aller Namen war sie Hunahpú und Ixbalanqué vorausgeeilt.
Die langten nun an bei dem Ort, wo die Herren von Xibalbá waren.

»Grüßet den Herren, der dort sitzt!« sagte einer, um ihnen eine Falle zu stellen.
»Das ist kein Herr, das ist nur ein Bild aus Holz«, sagten sie und gingen weiter. Und dann fingen sie mit der Begrüßung an. »Heil, Einstod! Heil, Siebentod! Heil, Reißender Habicht! Heil, Cuchumaquic! Heil, Ahalpú! Heil, Ahalganá! Heil, Knochenbrecher! Heil, Schädelzertrümmerer! Heil, Blutflügel! Heil, Patán! Heil, Blutzahn! Heil, Blutklaue!«
So sprachen sie nähertretend. Sie enthüllten die Antlitze, indem sie alle Namen sagten; nicht einen Namen ließen sie aus. Aber die Herren hätten gewünscht, ihre Namen wären nicht genannt worden.
»Setzet euch«, sagte man ihnen, denn man wünschte sie auf die Bank.
»Das ist keine Bank für uns, das ist ein glühender Stein, eure Bank.« So sprachen Hunahpú und Ixbalanqué. Unbesiegbar blieben sie.
»Wohl denn! Gehet in dieses Haus«, sagten jene. Und sie traten in das Haus der Finsternis. Aber auch da wurden sie nicht besiegt.
Das war die erste Prüfung von Xibalbá. Und ihr Eintritt sollte nach dem Herzen derer von Xibalbá der Anfang ihrer Niederlage sein. So denn traten jene in das Haus der Finsternis. Darauf brachte man ihnen den brennenden Kienspan, auch brachten ihnen die Boten von Einstod die Zigarren, jedem die seine.
»Das sind die Kienspäne, sagt der Herr, und ihr sollt sie morgen zusammen mit den Zigarren zurückgeben, aber ganz, sagt der Herr.« So sprachen die Boten, als sie kamen.
»Es ist gut«, antworteten jene. Aber in Wirklichkeit verbrannten sie nicht den Kienspan, sondern steckten etwas anderes Feuerfarbenes an seine Stelle: die Schwanzfedern des Arara. Das hielten die Wächter für den brennenden Kienspan. Und an die Enden der Zigarren steckten sie Glühwürmchen.

Die ganze Nacht lang glaubte man sie überwunden.
»Verloren sind sie«, sagte der Wächter der Nacht. Aber die Kienspäne waren nicht verbrannt, wie vordem waren sie; auch die Zigarren hatten nicht gebrannt, sie waren wie vordem.
Das berichtete man den Herren.
»Wer sind diese? Woher sind sie gekommen? Wer hat sie gezeugt, wer sie geboren? Wahrlich, unser Herz brennt, denn was die tun, ist vom Übel. Seltsam ist ihr Gesicht, seltsam ihr Wesen.« So sprachen sie untereinander.
Darauf hießen sie jene kommen.
»Oho! Wir wollen Ball spielen, ihr Jünglinge«, sagten sie. Und zugleich fragten Einstod, Siebentod: »Wo kommt ihr denn her? Sagt es uns, Jünglinge!« So sprachen die Herren von Xibalbá.
»Wer weiß, woher wir kommen? Wir wissen es nicht«, sagten sie und sonst nichts.
»Es ist gut. Laßt uns Ball spielen, Jünglinge!« sagten die Xibalbá-Herren.
»Gut«, sagten sie.
»Wir wollen unseren Ball nehmen«, sagten die Herren von Xibalbá.
»Aber nein! Nur unseren Ball werden wir nehmen«, antworteten die Jünglinge.
»Nicht den, unseren Ball werden wir nehmen«, beharrten die von Xibalbá.
»Es ist gut«, sagten die Jünglinge.
»Ja. Und im Nu wird alles vorbei sein«, sagten die Herren von Xibalbá.
»Das nicht! Aber das Haupt des Puma wird sein Wort sprechen«, sagten die Jünglinge.
»Das nicht!« sagten die Herren von Xibalbá.
»Schon gut«, sagte Hunahpú.
Da schleuderten die Herren von Xibalbá den Ball genau auf den Halsschutz Hunahpús. Und es sahen die von Xibalbá, wie

die Obsidianspitzen aus dem Ball traten. Klirrend fielen sie zur Erde.
»Was ist das?« riefen Hunahpú und Ixbalanqué. »Ihr wollt uns töten? Habt ihr uns nicht etwa rufen lassen? Sind nicht eure eigenen Boten gekommen? Wahrhaftig! Unheil sehen wir. Wir werden weggehen!« So sprachen zu ihnen die Jünglinge.
Eben das wünschten jene den Jünglingen: daß sie sogleich hier auf dem Platz durch Obsidianspitzen stürben und dergestalt besiegt würden. Aber das geschah nicht. Und so wurden die von Xibalbá von den Jünglingen geschlagen.
»Geht nicht fort, Jünglinge, wir müssen spielen. Wir werden euren Ball nehmen«, sagten jene zu den Jünglingen.
Und deren eigener Ball wurde zum neuen Spielbeginn genommen.
Darauf setzten sie die Preise fest.
»Welchen Lohn werden wir also gewinnen?« fragten die von Xibalbá.
»Ihr selbst sollt es bestimmen«, antworteten die Jünglinge.
»Dann werden wir vier Jicaras mit vier verschiedenen Blüten gewinnen«, sagten die von Xibalbá.
»Sehr gut! Aber was für Blumen?« fragten die Jünglinge jene von Xibalbá.
»Einen Strauß roten Ginsters. Einen von weißem Ginster. Einen von gelbem Ginster. Und einen von großen Blüten«, sagten die von Xibalbá.
»Sehr gut!« sagten die Jünglinge.
Als das Spiel begann, verlief es ausgeglichen, denn die Jünglinge waren sehr behende im Spiel. Es war einzig ihr eigener Wille, daß die Jünglinge ihre Niederlage zuließen.
Da erfüllte Freude die von Xibalbá über ihren Sieg.
»Das haben wir gut gemacht! Zum erstenmal haben wir gesiegt.« So sagten die von Xibalbá. »Wohin aber werden sie gehen, um die Blumen zu pflücken?« fragten sie in ihrem Herzen.

»Gewiß werdet ihr uns heute nacht die Blumen verschaffen, denn wir haben sie gewonnen«, sagten die von Xibalbá zu den Jünglingen Hunahpú und Ixbalanqué.
»Sehr gut! In dieser Nacht werden wir uns messen«, sagten jene Abschied nehmend.
Darauf traten die Jünglinge in den Obsidianraum, den zweiten Marterort von Xibalbá. Man wünschte sie von den Steinmessern zerstückelt. Schnell würden sie sterben, dachten jene in ihrem Herzen. Aber sie starben nicht.
Sie sprachen zu den Obsidianmessern und bestimmten: »Euer sei das Fleisch aller Tiere«, sagten sie zu den Feuersteinen. Und die bewegten sich nicht. Auf einer Stelle blieben sie in einem Haufen liegen.
Und als sie dort im Obsidianraum die Nacht verbrachten, riefen sie alle Ameisen: »Blattschneider! Nachtwanderer! Kommt und macht euch auf, uns die Blüten als Preis der Herren zu bringen.«
»Sehr gut«, sagten die. Und alle Ameisen machten sich auf, die Blumen aus den Gärten von Einstod und Siebentod zu holen. Aber es hatten die von Xibalbá vorher den Wächtern ihrer Blumen Befehl gegeben: »Achtet gut auf unsere Blumen, laßt sie euch nicht stehlen. Denn die Jünglinge haben wir besiegt, und woher werden sie unseren Preis nehmen? Bleibet die ganze Nacht wach!«
»Sehr gut«, antworteten die. Aber nichts merkten die Wächter des Gartens. Vergebens schrien sie in den Zweigen der Bäume, auf denen sie saßen. Nur durch ihre Laute konnten sie sich mitteilen. »Xpurpuék, xpurpuék«, schrie der eine. »Puhujú! Puhujú!« schrie die andere Eule.
Zwei Wächter gab es im Garten, dem Garten von Einstod und Siebentod; aber sie merkten nicht, wie die Ameisen raubten, was sie bewachten, wie die Blumenräuber in Scharen erschienen: die einen in die Büsche kletternd und die Blumen abreißend, die anderen die Blüten unter den Büschen aufsammelnd.

Und immer weiter schrien die Wächter. Aber sie merkten nicht, wie man ihnen die Schwanzfedern und die Flügel abnagte. Zahlreich fielen die Blüten von den Blütenschnittern oben im Gebüsch zu den Blütenschnittern unter dem Gebüsch. Schnell füllten sich die vier Blumenschalen. Als es dämmerte, waren sie gefüllt.

Und es kamen darauf die Boten, sie zu rufen: »Kommen sollen sie, sagen die Herren, und unverzüglich unseren Preis bringen.« So sagten sie zu den Jünglingen.

»Sehr gut«, antworteten diese. Und mit den vier Blumenschalen in den Händen machten sie sich auf, und herrliche Blumen brachten sie vor das Antlitz des Herren und seiner Mitregenten.

So denn wurden die von Xibalbá immer wieder geschlagen. Die Jünglinge hatten nur die Ameisen ausgesandt, in einer einzigen Nacht hatten diese alles gesucht und in die Schalen gelegt. Da erbleichten alle die von Xibalbá, die Farbe wich aus ihren Wangen angesichts der Blumen.

Darauf riefen sie die Blumenwächter.

»Warum habt ihr unsere Blumen stehlen lassen?« fragten sie die Wächter. »Das sind unsere Blumen, seht ihr das?«

»Wir haben es nicht gemerkt, Herr, aber ein gleiches ist sogar unseren Schwanzfedern zugestoßen.« So antworteten sie. Da wurde ihnen der Schnabel verbogen, zur Strafe für den Diebstahl des ihnen Anvertrauten.

So wurden Einstod, Siebentod von Hunahpú und Ixbalanqué geschlagen. So begannen ihre Taten. Und so bekamen die Eulen ihre krummen Schnäbel, krumm sind sie bis heute.

Darauf trat man zu einem neuen Ballspiel zusammen; unentschieden endete es. Aufbrechend sagten die von Xibalbá: »Bis zur nächsten Dämmerstunde.«

»Es ist gut«, sagten die Jünglinge schließlich.

Darauf traten sie in das Haus des Frostes. Unbeschreiblich war die Kälte. Voller Eis war es da drinnen im Hause des Frostes. Alsbald schwand die Kälte. Durch ehrwürdigen Zauber ließen die Jünglinge sogleich die Kälte schwinden. Nicht starben sie, munter fand sie die Dämmerung. Die Herren von Xibalbá hätten sie gerne dort tot gesehen. Aber in der Dämmerung leuchtete ihr schönes Antlitz. Leichtmütig erschienen Kundschafter. Aber da hatten sich freilich die Wächter zur Verantwortung aufzumachen. »Wie ist es möglich, daß sie nicht starben?« fragten sich die Herrscher von Xibalbá, anderenmales verblüfft durch die Taten der Jünglinge Hunahpú und Ixbalanqué.

Darauf traten jene in das Haus der Jaguare. Voller Großkatzen war das Jaguarhaus.

»Beißet uns nicht, hier ist das eurige«, sagten sie zu den Jaguaren. Und sie warfen ihnen Knochen vor. Jene fielen sogleich über die Knochen her und zermalmten sie.

»Das ist ihr Ende. Starken Herzens waren sie, aber endlich haben sie sich ausgeliefert. Die Tiger zermalmen ja ihre Knochen.« So sprachen die Wärter und freuten sich.

Aber jene starben nicht. Strahlenden Antlitzes traten sie aus dem Jaguarhaus.

»Was sind das für Männer? Woher kommen diese?«

So fragten sich alle in Xibalbá.

Darauf gingen jene ins Feuer, in ein Feuerhaus. Drinnen war alles Glut, aber sie verbrannten nicht. Glatten Leibes und schöngesichtig zeigten sie sich in der Dämmerung. Man hätte sie tot gewünscht in den Orten, die sie durchschritten. Aber das geschah nicht. Verwirrung ergriff da die von Xibalbá.

Darauf traten sie ins Fledermaushaus. Nur Fledermäuse gab es in dem Haus. Ein Haus für den Todesvampir, den großen. Wie aus Obsidian sein tödliches Gebiß; verloren war jeder, der ihm unter die Augen kam.

Da drinnen denn verweilten sie. Aber sie schliefen zwischen

ihren Blasrohren, und so wurden sie von denen im Hause nicht gebissen. Aber schließlich ließen sie sich durch einen anderen besiegen, durch jenen Todesvampir, der vom Himmel kam. Und als Offenbarung ließen sie das Folgende geschehen. Ihr weiser Nagual würde ihnen beistehen. Die ganze Nacht lauschten sie dem Flug der Fledermäuse.

»Kilitz, kilitz«, zirpten sie. So zirpten sie die ganze Nacht. Allmählich ließ das nach, und die Fledermäuse bewegten sich nicht mehr. Einer hing am Blasrohrende.

Da sagte Ixbalanqué: »Hunahpú. Siehst du, wieviel noch bis zur Dämmerung fehlt?«

»Ich werde sehen, wieviel noch fehlt«, sagte er. Und er schickte sich an, durch das Blasrohr nach der Dämmerung auszuschauen. Da riß ihm die Todesfledermaus den Kopf ab. Hingestreckt lag der Rumpf Hunahpús, des älteren Bruders.

»Dämmert es noch nicht?« fragte Ixbalanqué. Aber Hunahpú bewegte sich nicht mehr.

»Was ist das? Hunahpú ist doch nicht fortgegangen? Was ist mit dir?«

Aber jener bewegte sich nicht mehr. Wie im Schlaf lag er da. Da verzweifelte Ixbalanqué. »Töricht waren wir, das zuzulassen.« So rief er.

Der Kopf aber wurde auf Befehl von Einstod, Siebentod auf dem Ballspielplatz zur Schau gestellt. Und alle von Xibalbá ergötzten sich am Haupte von Hunahpú.

Hierauf rief Ixbalanqué alle Tiere in der Nacht zusammen: den Dachs, das Wildschwein, alle großen und kleinen Tiere. Und in derselben Nacht fragte er sie nach ihrer Nahrung: »Was ist die Nahrung von einem jeden von euch? Geht und sucht euch eure Nahrung«, sagte zu ihnen Ixbalanqué.

»Sehr gut«, sagten sie und machten sich auf Nahrungssuche. Und als sie wiederkamen, da brachten einige morsches Holz an, andere Gras, andere Steine, auch Erde brachte man. Vielfältig war die Nahrung der Wesen im großen Tierreich.

Zuletzt kam der Dachs an. Er hatte sich einen Kürbis gesucht und rollte ihn mit der Schnauze vor sich her. Und den nahm man für den Kopf von Hunahpú. Schnell waren die Augen dahineingeschnitten.

Ein großer Weiser kam vom Himmel. Es war das Herz des Himmels, Huracán. Herab strich er und ließ sich bei den anderen im Haus der Fledermäuse nieder. Und es dauerte nicht lange, bis das Antlitz wieder da war, schön formte es sich, und das Haar glänzte. Auch sprechen konnte es.

Als es zu dämmern begann und der Horizont sich rötete, da sagte man zum Opossum: »Geh hinaus, Ahne.«

»Gut«, sagte er und ging hinaus. Da dunkelte es wieder. Viermal ging der Ahne um. Noch heute sagen die Leute: »Der Tacuatzin geht um.«

»Alles gut?« fragte man Hunahpú. Er war noch zart, als er zum Leben erwachte.

»Ja, gut«, sagte der. Und er begann seinen Kopf nach allen Seiten zu drehen, als sei es ein wirklicher Kopf.

Darauf sprachen die beiden miteinander und machten einen Plan. »Du wirst nicht spielen. Du siehst dich vor. Ich werde es allein tun.« So sagte ihm Ixbalanqué. Dann befahl er einem Kaninchen: »Du wirst da oben am Ballspielplatz bei der Eiche bleiben«, sagte Ixbalanqué zu dem Kaninchen. »Wenn ich dir den Ball zuspiele, springst du los.« So wurde dem Kaninchen in der Nacht befohlen. Anderen Tags waren beide wohlauf.

Das Spiel begann aufs neue. Das Haupt Hunahpús war bei dem Spielfeld niedergelegt.

»Wir haben gesiegt, überwunden seid ihr. Ausgeliefert seid ihr«, sagten jene.

Aber Hunahpú rief da: »Werft nur den Kopf wie einen Ball. Ich fühle keinen Schmerz mehr.« So sagte er. Und so forderten sie einander heraus.
Die von Xibalbá schleuderten nun den Ball und trafen Ixbalanqué, an den Halsschutz schlug der Ball, prallte ab und flog in einem weiten Bogen aus dem Spielfeld bis in die Eiche. Da sprang das Kaninchen auf und hupfte davon. Die von Xibalbá machten sich an die Verfolgung. Sie rannten, lärmten und schrien hinter dem Kaninchen her. Alle Herren von Xibalbá rannten davon.
Da nahmen die anderen Hunahpús Haupt und setzten es wieder auf seinen Platz. Den Kürbis aber legte Ixbalanqué auf das Spielfeld. Das Haupt Hunahpús war wieder sein richtiges Haupt, fröhlich waren wieder beide.
Während die von Xibalbá nach dem Ball suchten, holten die anderen den Ball aus der Eiche und riefen: »Kommt nur! Hier ist unser Ball. Wir haben ihn gefunden«, riefen sie mit dem Ball in den Händen. Zurückkehrend fragten sich die von Xibalbá: »Was geschieht da vor unseren Augen?«
Noch einmal begannen sie ein Spiel, das unentschieden endete. Da hob Ixbalanqué den Kürbis auf und schmetterte ihn auf das Feld, vor ihnen verstreuten sich die Samenkerne.
»Was habt ihr da gemacht? Wer hat das gebracht?« riefen die von Xibalbá.
So geschah die Niederlage des Reiches Xibalbá durch Hunahpú und Ixbalanqué. Gelitten hatten sie genug. Aber an allem, was man ihnen antat, starben sie dennoch nicht.

Das ist der Tod, den Hunahpú und Ixbalanqué für sich erdachten. Hier werden wir ihren Todesbeschluß erzählen.
Überdenkend alle ihre Werke, alles Leid, allen Schmerz, ihnen

angetan, sie, die dennoch nicht an den Martern Xibalbás starben, auch nicht von den wilden Tieren Xibalbás zerrissen wurden – sie schickten nach zwei Zauberern aus, Xulú und Pacám genannt, den Weisen.

»Die Herren des Reiches von Xibalbá werden euch über unseren Tod befragen. Sie beratschlagen, weil wir nicht gestorben sind, weil wir nicht unterlagen, weil wir ihre Foltern überstanden, weil kein Tier uns anfällt. In unserem Herzen wissen wir, daß sie uns in einer glühenden Bütte töten werden. Alle die von Xibalbá sind schon versammelt, aber in Wahrheit werden wir nicht sterben.

Dieses ist der Rat, den wir euch geben, wenn jene euch über unseren Tod befragen, über unsere Zerstückelung. Was werdet ihr antworten, Xulú und Pacám, wenn sie euch fragen: ›Wäre es nicht gut, die Gebeine in die Schlucht zu werfen?‹

›Nein‹, werdet ihr sagen, ›denn sie werden wieder auferstehen.‹

Jene werden euch fragen: ›Wäre es nicht gut, sie in die Bäume zu hängen?‹

›Nein‹, werdet ihr sagen. ›Fürwahr, nein. Denn ihr Angesicht werdet ihr wiedersehen.‹

Jene werden euch zum drittenmal fragen: ›Sollen wir ihre Gebeine im reißenden Wasser verstreuen?‹ Wenn sie das fragen, werdet ihr sagen:

›Das ist ein guter Tod, das ist der beste. Ihre Gebeine sollen auf Steinen zerrieben werden wie Mais zu Mehl, jeder von ihnen soll zermahlen werden. Und das soll ins reißende Wasser gestreut werden. Und das Wasser soll das davontragen durch kleine und große Berge.‹

Dies ist der Auftrag, den wir euch mitgeben.«

So sprachen Hunahpú und Ixbalanqué. So gaben sie den Auftrag. Denn sie wußten um ihren Tod.

Darauf wurde eine große steinerne Bütte gemacht, wie eine Siedebütte machten sie die von Xibalbá und entfachten große

Glut. Und es kamen Boten, um sie abzuholen, Boten von Einstod, Siebentod. »Kommt, wir werden euch geleiten, Jünglinge. Geht zur Verwandlung! ›Holt sie mir herbei!‹ haben die Herren gesagt. O, ihr Jünglinge!« So sprachen sie.
»Es ist gut«, sagten jene. Schnell gingen sie davon und kamen zur Siedebütte.
Da trachtete man sie zu einem Spiel zu verleiten.
»Laßt uns die Chicha trinken. Viermal laßt uns ein jeder im Sprunge fliegen, oh, ihr Jünglinge!« So rief Einstod ihnen zu.
»Auch damit werdet ihr uns nicht überlisten. Oder sollten wir unseren Tod nicht wissen, ihr Herren? Ihr werdet sehen!«
So sprachen sie.
Sie legten Wange an Wange, die Arme schlangen sie umeinander, und vornüber stürzten sie sich in die Bütte.
In der starben beide.
Da freuten sich die von Xibalbá, sie pfiffen und lärmten. »Besiegt haben wir sie, obwohl sie sich lange wehrten.«
Und man rief darauf Xulú und Pacám, die jenen Auftrag erhalten hatten, und fragte sie, was man mit den Knochen tun solle. Das führten die von Xibalbá dann alles aus. Die Leiber wurden zermahlen und in fließendes Wasser gestreut. Aber sie trieben nicht davon, sondern sanken auf den Boden des Wassers und verwandelten sich in schöne Jünglinge. In dieser Gestalt erschienen sie aufs neue.

DIE BEZWINGUNG DER UNTERWELT

Am fünften Tage erschienen sie wieder, und die Leute sahen sie vom Ufer der Wasser aus. Die Form von Menschenfischen nahmen sie an, als die von Xibalbá sie erblickten. Jene suchten sie an allen Ufern.

Anderen Tages erschienen sie als Bettler, schmutzigen Angesichts, zerlumpt, in alte Lappen gehüllt. Unansehnlich dünkten sie den Leuten. Verschiedene Dinge führten sie vor: den Eulentanz; den Eichhorntanz; den Gürteltiertanz; den Ixtzul genannten Tanz und den Tanz der Säemänner. Auch verrichteten sie Wunder. So zündeten sie eine Hütte an, in richtige Flammen setzten sie sie. Darauf war die Hütte wie vorher.

Viele Leute von Xibalbá sahen zu. Darauf öffnete der eine dem anderen die Brust, und der blieb hingestreckt auf dem Boden als erster Toter. So tötete einer den anderen. Aber augenblicklich waren sie wieder auferstanden. Nur zum Staunen derer von Xibalbá machten sie das. Und alles, was sie taten, war der Anfang ihres Sieges über Xibalbá.

Der Ruf ihrer Tänze drang bis zu den Ohren der Herren Einstod, Siebentod. Als diese davon hörten, riefen sie: »Wer sind diese Armen? Sind sie wirklich vergnüglich?«

»Ihre Tänze sind wirklich sehr schön. Und was sie alles können!«

So wurde den Herren berichtet. Diese freuten sich der Kunde und schickten Boten aus, um jene zu holen.

»›Sie sollen herkommen, daß wir ihnen Beifall spenden, daß wir

sie bewundern und uns ergötzen‹, so sagen die Herren, sollt ihr sagen.«
So wurde den Boten aufgetragen. Die eilten sogleich zu den Tänzern und überbrachten ihnen den Befehl der Herren.
»Wir möchten nicht, denn wir fürchten uns wahrhaftig. Wie sollten wir uns nicht schämen, in solchem Zustand das Haus der Herren zu betreten? Haben wir nicht die großen Augen der Hungrigen? Und sind wir denn nicht einfache Tänzer? Was sollen wir unseren Brüdern in der Armut sagen, die sich so gern mit uns zusammen im Tanz vergnügen möchten? Für die Herren werden wir es nicht tun, denn wir haben dazu kein Verlangen, ihr Boten.«
So sprachen Hunahpú und Ixbalanqué. Aber schließlich machten sie sich mit finsteren, unguten Mienen auf. Störrisch gingen sie, und die Boten mußten sich große Mühe geben, um sie schließlich bis zu den Herren zu bringen.
Vor die Herren traten jene unterwürfig, mit niedergeschlagenen Augen. Demütig traten sie vor jene und verneigten sich. Und man wunderte sich über ihre geringe Kleidung und ihr ärmliches Aussehen, als sie eintraten.
Man fragte sie nach ihren Heimatbergen, nach ihrer Sippe, nach ihrem Vater, ihrer Mutter fragte man sie.
»Woher kommt ihr?« fragte man sie.
»Wir wissen es nicht, Herr. Wir kennen unsere Mutter nicht, auch nicht unseren Vater, sie starben, als wir noch Kinder waren«, so sprachen sie und nichts verrieten sie.
»Es ist gut; führt uns denn eure Künste vor. Was wünschet ihr als Belohnung?« fragte man sie.
»Wir wünschen nichts, in Wahrheit haben wir Furcht«, antworteten sie dem Herrn.
»Habt keine Furcht, schämt euch nicht! Tanzet! Führt zuerst den Tanz vor, in dem ihr euch die Brust öffnet. Dann zündet mein Haus an. Macht alles, was ihr könnt. Wir wünschen ein Schauspiel. Weil unser Herz danach verlangt, haben wir euch

rufen lassen. Und weil ihr arm seid, werden wir euch belohnen.« So sprachen sie.

Darauf begannen sie zu singen und zu tanzen. Und alle die in Xibalbá kamen herbei und setzten sich, um zuzuschauen. Sie führten alle Tänze vor. Den Eichhorntanz. Den Eulentanz. Den Tanz der Gürteltiere. Der Herr sagte darauf:

»Öffnet meinem Hund die Brust und erweckt ihn wieder.« So sagte er.

»Gut!« sagten sie, schnitten den Hund auf und erweckten ihn wieder. Der freute sich, und mit dem Schwanz wedelte er, als das Leben wiederkehrte.

Da sagte der Herr: »Jetzt zündet mir mein Haus an.« So bat er. Und sie steckten das Haus mit allen Herren darinnen gesessen in Brand, und niemand verbrannte. Und auch das Haus machten sie wie vorher, keinen Schaden litt das Haus von Einstod.

Da staunten alle Herren, und vor lauter Vergnügen tanzten sie. Nun befahl ihnen der Herr: »Tötet einen Mann, öffnet ihm die Brust, aber sterben soll er nicht.« So sprach er.

»Es ist gut«, sagten sie. Sie griffen sich einen Mann und öffneten ihm die Brust und erhoben das zuckende Herz vor das Angesicht der Herren. Erstaunen ergriff Einstod, Siebentod.

Sogleich erweckten sie den Mann wieder zum Leben. Dessen Herz erfüllte sich mit Freude, als er wieder heil war. Die Herren aber staunten sehr.

»Jetzt aber öffnet eure eigene Brust. Das möchten wir sehen. Wahrlich, unser Herz liebt eure Tänze.« So sprachen die Herren.

»Sehr wohl, Herren«, antworteten sie. Darauf öffnete der eine die Brust des anderen. Ixbalanqué öffnete die Brust Hunahpús, die Arme und Beine trennte er ab; den Kopf schlug er ab und legte ihn zur Seite; das herausgerissene Herz legte er triefend auf Blättern nieder.

Alle Herren von Xibalbá gerieten außer sich, als nur noch ein Tänzer, Ixbalanqué, da war.

»Steh auf!« sagte der. Augenblicklich stand Hunahpú auf und beide waren voller Freude. Auch die Herzen von Einstod, Siebentod füllten sich mit Begeisterung; die Jünglinge verblüfften sie so, daß sie schon meinten, sie könnten das alles auch selbst. Und ein großes Verlangen nach diesen Tänzen von Hunahpú und Ixbalanqué erfüllte ihre Herzen. Aus dem Mund von Einstod, Siebentod kam das Wort: »Tut es! Öffnet unsere Brust!« So riefen sie. »Wir wünschen, daß ihr einem nach dem anderen von uns die Brust öffnet«, so sprachen Einstod, Siebentod zu Hunahpú und Ixbalanqué. »Sehr gut. Und hernach wollt ihr wiedererstehen; gibt es denn Tod für euch? Wir sind hier, um euch zu ergötzen, ihr aber seid diejenigen, die Macht haben über unsere Töchter und Söhne.« So sprachen sie zu den Herren.
Zuerst wurde der Herr der Herren geopfert, er, der sich Einstod, Herr von Xibalbá nannte. Als er tot war, wurde Siebentod gleichfalls ergriffen. Und sie wurden nicht erweckt.
Es flohen die von Xibalbá, als sie ihre Herren tot sahen, mit zerrissener Brust, denn den Leib hatte man ihnen geöffnet.
Und das geschah zur Strafe. Jäh starb da ein Herr und wurde nicht erweckt.
Ein anderer der Herren aber hatte sich zu demütigen, vor ihr Antlitz hatte er zu kommen. Denn noch dünkte es ihnen nicht die Zeit für dessen Tod.
»Verflucht mein Angesicht!« rief er, als er begriff.
Alle anderen waren schon fort, Töchter und Söhne, zu einer tiefen Schlucht, bis zum letzten waren sie geflohen, zusammen verbargen sie sich in einem tiefen Schrund. Da waren sie aneinandergedrängt, als zahllose Ameisen erschienen, sie fanden und aus der Schlucht vertrieben. Auf den Weg wurden sie gejagt, kehrten zurück, ergaben sich und demütigten sich daselbst.
So wurde die Macht von Xibalbá gebrochen. Nur durch Wunder, nur durch Verwandlungen vollbrachten es jene.

VERKLÄRUNG DER GÖTTLICHEN ZWILLINGE

Nun erst sagten sie ihre Namen und rühmten sich vor ganz Xibalbá.

»Höret unsere Namen, die wir jetzt offenbaren werden. Auch werden wir euch die Namen unserer Väter sagen. Diese sind wir: Hunahpú und Ixbalanqué. So nennen wir uns. Und die ihr erschlugt, Einsjäger, Siebenjäger genannt, sind unsere Väter. Wir sind gerufen, die Leiden und Schmerzen unserer Väter zu rächen. Darum haben wir all eure Peinigungen erlitten. Darum werden wir euch allen ein Ende bereiten, töten werden wir euch, nicht einer von euch hat das Leben verdient.« So sprachen sie zu ihnen.

Dies hörend, entsetzten sich und weinten alle von Xibalbá.

»Habt Erbarmen mit uns, Hunahpú, Ixbalanqué! Haben wir uns auch wahrlich gegen jene vergangen, die ihr eure Väter nennt und die unter dem Grabhügel bestattet sind.«

»Gut denn! Vernehmt denn euer Urteil! Hört zu, ihr von Xibalbá, denn Ehren werden nicht euer Teil sein, noch Gunstbeweise. Ein wenig Saft der Bäume wird euer sein, nicht unser reines Blut. Irdene Töpfe und Netze werdet ihr fertigen und in der Steinbütte Maisbrei mahlen. Nur die Geschöpfe des Dickichts und der Wüste sollen euch gegeben sein. Aber die Töchter des Lichtes, die Söhne des Lichtes werden nicht euer sein: euren Anblick werden sie meiden.

Zu den Sündern, den Gewalttätigen, den Elenden, den Verfüh-

rern in schmutzigem Laster, zu denen sollt ihr euch gesellen. Niemanden werdet ihr mehr jähe (zum Opfer) wegschleppen: nur der Saft der Bäume statt Blut ist euch befohlen.«
So verkündeten sie allen von Xibalbá.
Das war der Anfang von deren Untergang, nicht mehr wurden sie angerufen. Auch vorher standen sie nicht in Ehren, denn Feindschaft brachten sie den Wesen von damals. Für Götter hatte man sie nie gehalten. Denn schrecklich und abstoßend war ihr Anblick. Kriegsüchtige Eulendiener waren sie, Verführer und Lasterhafte waren sie. Falsch waren ihre Herzen und schwarz und weiß zugleich. Neidgesichter, Unterdrücker, die Namen gab man ihnen. Auch bemalten sie ihr Gesicht.
So brach Macht und Glanz von Xibalbá zusammen, nie gewann es neue Größe. Das war die Tat von Hunahpú und Ixbalanqué.

Währenddessen weinte und klagte die Ahnin vor den Rohren, die jene beim Abschied gepflanzt hatten. Die Rohre sproßten, dann vertrockneten sie. Und das war, als jene in der Steinbütte vergingen. Danach schlugen die Rohre wieder aus.
Da machte die Ahnin Feuer und verbrannte Weihrauch vor den Rohren, zur Erinnerung an ihre Enkel tat sie es. Und es erfüllte Freude das Herz der Ahnin, als die Rohre zum zweitenmale sproßten. Die Ahnin betete sie an, und sie gab ihnen Namen: »Mitte des Hauses«, »Mitte der Körnerlese«, »Lebendiges Rohr«, »Tenne«, so waren die Namen.
»Mitte der Körnerlese«, weil die Körner in der Hüttenmitte vom Kolben gestreift werden. Und der Name »Tenne« kommt, weil die lebendigen Rohre in gestampften Boden gepflanzt wurden. Und man nannte sie »Lebende Rohre«, eben weil die Rohre wieder sproßten. So gab Ixmucané Namen für das, was Hunahpú und Ixbalanqué gepflanzt hatten, damit die Ahnin ihrer gedenke.

Jene, ihre ehemaligen Väter, waren schon längst gestorben: Einsjäger, Siebenjäger. Aber sie suchten ihre Väter drunten in Xibalbá, und ihre Väter sprachen mit ihnen, nachdem Xibalbá besiegt war.
Und sie suchten ihre Väter wieder zusammenzufügen, sie versuchten es an Siebenjäger, bei dem Grabhügel versuchten sie die Formung, sein Antlitz wollten sie zum Leben erwecken. Sie sagten alle Worte: »Mund«, »Nase«, »Angesicht«. Er fing einen Namen an, aber er stammelte nur. Nichts als »Zwillinge« brachte sein Mund hervor. Mehr sprach er nicht.
Da denn ergaben sie sich darein, daß die Herzen ihrer Väter für immer unter dem Grabhügel blieben.
»Ihr werdet angerufen werden«, sagten die Söhne zum Trost der Herzen. »Als erste werdet ihr angerufen werden, und als erste werden euch die Töchter und Söhne des Lichtes verehren. Eure Namen werden sich nicht verlieren«, so sprachen sie zum Herzenstrost ihrer Väter.
»Wir sind gerufen, euren Tod zu rächen, euren Untergang, die euch angetanen Leiden und Schmerzen.«
So nahmen sie Abschied, nachdem sie ganz Xibalbá besiegt hatten. Hierauf mitten ins Licht stiegen sie, zum Himmel erhoben sie sich sogleich. Zur Sonne wurde der eine, zum Mond der andere. Und so füllte Licht die Kuppel des Himmels und das Angesicht der Erde. Am Himmel verweilen sie.
Die ihnen vorangegangen, die vierhundert Jünglinge, die Zipacná erschlagen, sie sammelten sich als Gefährten um jene.
In Sterne verwandelten sie sich.

VOLLENDUNG DER SCHÖPFUNG

Dies ist der Anfang der Menschwerdung, der Entschluß zur Fleischwerdung.
Es sprachen Urahnin und Urahne, der Schöpfer und Former, jene auch, die sich Tepëu und Gucumátz nannten: »Schon will es Morgen werden. Lasset uns das Werk der Schöpfung schön vollenden. Erscheinen sollen, die uns erhalten und ernähren, die leuchtenden Söhne des Lichts. Es erscheine der Mensch! Belebt sei der Erde Antlitz!« So sprachen sie.
In Nacht und Dunkelheit kamen sie zusammen und erwogen alles in ihrer Weisheit. Sie überlegten, suchten, bedachten und besprachen es. Und dann gelangten sie zur Einsicht. Sie fanden dann den Lebensstoff. Die Erleuchtung kam ihnen, woraus des Menschen Fleisch zu schaffen. Und wenig fehlte, daß Sonne, Mond und Sterne über den Schöpfern und Formern erschienen.
Aus Pan Paxil und Pan Cayalá kamen die gelben und weißen Maiskolben. Die Tiere aber, die ihnen den Lebensstoff brachten, waren: die Wildkatze, der Coyote, der Papagei und der Rabe. Ihrer vier waren die Tiere, die den gelben, den weißen Mais brachten. Von Pan Paxil kamen sie und zeigten den Weg nach Paxil. So fanden jene den Lebensstoff. Aus dem schufen sie, formten sie des Menschen Fleisch. Wasser war das Blut, in Menschenblut verwandelte es sich. So ging der Mais durch der Erzeuger Werk in die Schöpfung ein.
Und da erfüllte sie Freude, denn sie hatten ein wunderschönes

Land voller Annehmlichkeiten gefunden, mit einem Überfluß an gelbem und weißem Mais, mit einem Überfluß auch von Paxtáte und Kakao, voller unzähliger Früchte und voller Honig. Überfluß an köstlicher Nahrung herrschte in jenem Ort, genannt Paxil und Cayalá.

Nahrungsmittel aller Art gab es, große und kleine, große Pflanzen und kleine. Die Tiere zeigten den Weg.

Und indem sie die gelben und die weißen Maiskolben zerrieb, machte Ixmucané neun Getränke. Und dieser Stoff verlieh Kraft und Fülle, und aus ihm schufen sie die Kraft und die Stärke des Menschen. So taten sie, die genannt werden Alóm, Caholóm, Tepëu und Gucumátz.

Und sie überlegten weiterhin die Schöpfung und Formung unserer ersten Mutter und unseres ersten Vaters. Aus gelbem und weißem Mais machten sie sein Fleisch. Aus Maisbrei machten sie die Arme und Beine des Menschen. Einzig Maismasse trat in das Fleisch unserer Ahnen, der vier Menschen, die geschaffen wurden.

Dies sind die Namen der ersten Menschen, die geschaffen und geformt wurden: Waldjaguar, der erste. Der zweite Nachtjaguar. Nachtherr war der dritte. Und der vierte Mondjaguar. Dies sind die Namen unserer Ahnen.

Man sagt, daß jene erschaffen und geformt wurden, nicht Mutter hatten sie, nicht Vater, doch nannte man sie Männer. Sie wurden nicht aus einem Weibe geboren, von Schöpfer und Former wurden sie nicht erzeugt, auch nicht von Alóm und Caholóm. Nur durch ein Wunder, durch Zauber wurden sie geschaffen und geformt, von Tzakól, Bitól, Alóm, Caholóm, Tepëu und Gucumátz. Und da sie wie Menschen aussahen, waren sie Menschen. Sie sprachen, unterhielten sich, sahen und hörten, liefen und ergriffen Dinge. Es waren gute und schöne Menschen und ihr Körper war der des Mannes.

Vernunft war ihnen gegeben. Sie schauten und sogleich sahen sie

in die Ferne; sie erreichten, alles zu sehen, alles zu kennen, was es in der Welt gibt. Wenn sie schauten, sahen sie sogleich alles im Umkreis und ringsherum sahen sie die Kuppel des Himmels und das Innere der Erde.
Alle fernverborgenen Dinge sahen sie, ohne sich zu bewegen. Sofort sahen sie die ganze Welt, und sie sahen diese von dort, wo sie standen.
Groß war ihre Weisheit. Ihr Auge reichte bis zu den Wäldern, den Felsen, den Lagunen, den Meeren, den Bergen und den Tälern. Wunderbare Menschen waren sie in Wahrheit: der Waldjaguar und der Nachtjaguar, der Nachtherr und der Mondjaguar.
Darauf fragten sie der Schöpfer und der Former: »Wie dünkt euch euer Dasein? Seht ihr nicht? Hört ihr nicht? Sind eure Sprache und euer Gang nicht gut? Schauet denn! Betrachtet die Welt! Sehet, ob die Berge und die Täler erscheinen! Versucht denn zu sehen!«
Also sprachen sie.
Und sogleich sahen jene alles, was es in der Welt gab. Und sie dankten darauf dem Schöpfer und Former.
»Wahrlich, wir danken euch, zweimal, dreimal. Erschaffen wurden wir, einen Mund hat man uns gegeben und ein Gesicht. Wir sprechen, denken, gehen. Vorzüglich erscheint uns alles, und wir kennen alles, sei es ferne oder nahe. Und was groß ist oder klein am Himmel oder auf Erden – wir sehen es. Ja, wir danken euch, daß ihr uns schufet, dir Schöpfer, dir Former; daß ihr uns das Dasein gegeben habt, Großmutter unser, Großvater unser!«
So sagten sie, dankend für die Schöpfung und Formung.
Bald kannten sie alles. Und sie erforschten die vier Windrichtungen und die vier Himmelsrichtungen und das Antlitz der Erde.
Aber der Schöpfer und der Former hörten das nicht gerne.
»Es ist nicht gut, was unsere Geschöpfe, unsere Werke sa-

gen. Alles wissen sie, das Große und das Kleine.« Also sprachen sie.
Und sie hielten neuerlich Rat mit den Erzeugern.
»Was sollen wir jetzt mit jenen tun?«
»Daß sie nur das Nahe sehen, nur ein wenig vom Antlitz der Erde.«
»Deren Rede ist nicht gut. Sind sie nicht, wie sie sind, bloße Geschöpfe und Machwerke? Sollen sie gleichfalls Götter sein? Und wenn sie nicht zeugen und sich nicht vermehren, wenn es dämmert, wenn die Sonne aufsteigt? Was, wenn sie sich nicht vermehren?«
So sprachen sie.
»Unterdrücken wir ein wenig ihre Wünsche, denn was wir sehen, ist nicht gut. Sollen sie am Ende uns gleich sein, die wir sie schufen, und die wir in weite Ferne sehen, alles wissen und alles sehen?«
So sprach des Himmels Herz Huracán, Chipí-Cakulhá, Raxa-Cakulhá, Tepëu, Gucumátz, Alóm, Caholóm, Ixpiyacóc, Ixmucané, Tzakól und Bitól.
So sprachen sie und sogleich veränderten sie die Art ihrer Werke und Geschöpfe.
Es warf das Herz des Himmels einen Schleier über die Augen. Und die trübten sich, wie wenn ein Hauch über den Spiegel geht. Ihre Augen trübten sich: sie konnten nur noch sehen, was nahe war, nur was klar war.
So wurden zerstört die Weisheit und alle Kenntnisse der vier Menschen des Ursprungs und Anfangs.
So wurden geschaffen und geformt unsere Ahnen, unsere Väter. Vom Herzen des Himmels, vom Herzen der Erde.

Dann waren auch die Gattinnen da, wurden die Weiber geschaffen. Gott selbst machte sie mit aller Sorgfalt. Und so erschienen sie während des Schlafes, die wahrhaft schönen Frauen, an der Seite des Waldjaguars, des Nachtjaguars, an des Nachtherren Seite und neben dem Mondjaguar.
Da waren ihre Frauen, als sie erwachten, und ihr Herz füllte sich sogleich mit Freude wegen der Gattinnen.
Hier sind die Namen der Frauen: Himmelswasser nannte sich die Frau des Waldjaguars. Brunnenwasser nannte sich die Frau des Nachtjaguars. Kolibriwasser war die Frau des Nachtherren. Und Papageienwasser war der Name von Mondjaguars Frau. Das sind die Namen ihrer Frauen, welche die ersten Herrinnen waren.
Sie erzeugten die Menschen, die kleinen und großen Stämme. Und sie waren der Ursprung von uns, dem Stamme Quiché. Zahlreich waren die Priester und die Opferpriester. Es waren mehr als vier, aber vier waren die Erzeuger unseres Stammes Quiché.
Verschieden waren die Namen von jeglichem, als sie sich dort im Osten vermehrten, und zahlreich waren die Namen der Stämme: Tepëu, Olomán, Cohá, Quenéch, Aháu. So nannten sich die Stämme, als sie sich dort im Osten vermehrten.
Auch die Herkunft des Stammes Tamúb und des Stammes Ilocáb ist bekannt, dorther vom Osten kamen sie gemeinsam.
Balám-Quitzé, der Waldjaguar, war der Großvater und Vater der neun großen Familien Cavéc. Der Nachtjaguar, Balám-Acáb war der Großvater und Vater der neun großen Familien Nimhaib. Mahucutáh der Großvater und Vater der vier großen Familien Ahau-Quiché.
Drei Familiengruppen gab es; aber sie vergaßen nicht den Namen ihres Großvaters und Vaters, nicht jene, die sich verbreiteten und vermehrten dort im Osten.
Auch die Tamúb und Ilocáb trafen ein und dreizehn Unter-

stämme, die dreizehn von Tecpán. Und die Rabinales, die Cakchiqueles, die von Tzikinahá. Und die von Zacahá und von Lamák, Cumatz, Tuhalhá, Uchabahá, die von Chumilahá, die von Quibahá, die von Batenabá, Acul-Uinák, Balamihá, die Canchahéles und die Balám-Colób.

Das sind nur die Hauptstämme, die Verzweigungen des Volkes, die wir nennen; nur die wichtigsten erwähnen wir. Viele andere zweigten sich von jedem Stamme ab, aber deren Namen schreiben wir nicht auf. Jene vermehrten sich gleichfalls dort im Osten.

Viele Menschen wurden gemacht, und in der Dunkelheit vermehrten sie sich. Die Sonne war noch nicht geboren und nicht das Licht, als sie sich vermehrten. Sie lebten alle zusammen, zahlreich waren sie und im Osten gingen sie umher.

Indessen unterhielten und ernährten sie nicht [ihre Götter]. Sie erhoben nur ihr Angesicht zum Himmel und sie wußten nicht, was sie dort in der Ferne tun sollten.

Da waren denn viele dunkle und helle Menschen, Menschen vieler Stände, Menschen mannigfacher Zunge, wunderbar war es, sie zu hören.

Es gibt Geschlechter in der Welt, es gibt Buschvölker, deren Antlitz man nicht sieht. Sie haben keine Häuser, einzeln gehen sie durch die Wälder, alt und jung, wie Narren. So sagte man verächtlich von den Buschvölkern.

Dort sahen sie der Sonne Aufgang. Sie hatten eine einzige Sprache. Nicht Holz noch Stein beteten sie an, und das Wort von Tzakól und Bitól, des Himmels Herz und der Erde Herz erinnerten sie.

So sagt man. Ungeduldig erwarteten sie die Morgenröte. Ihre Gebete erhoben sie, die Diener des Wortes, die Liebenden, Gehorsamen, Ehrfürchtigen; ihr Antlitz erhoben sie zum Himmel, Töchter und Söhne erbittend.

»Ihr, Tzakól, Bitól! Seht uns, hört uns! Gib uns nicht auf, verlasse uns nicht, Gott, der du bist im Himmel und auf Erden, Herz des Himmels, Herz der Erde! Gib uns unsere Nachkommenschaft, unsere Nachfolge, solange die Sonne wandert und es Licht ist! Daß es hell werde, daß die Morgenröte erscheine! Gib uns gute, ebene Wege! Gib den Völkern Frieden, vielen Frieden und Glück! Gib uns ein gutes und nützliches Leben! Du, Huracán, Chipí-Cakulhá, Raxa-Cakulhá, Chipi-Nanauác, Raxa-Nanauác, Falke, Hunahpú, Tepëu, Gucumátz, Alóm, Caholóm, Ixpiyacóc, Ixmucané, Sonnenahne, Lichtahne! Daß es hell werde, daß die Morgenröte erscheine!«

So sprachen sie, während sie den Aufgang der Sonne, die Morgenröte erwarteten. Und während sie die Sonne erwarteten, betrachteten sie den Morgenstern, den Großen Stern, ihn, der vorangeht der Sonne, die des Himmels Gewölbe erhellt und das Antlitz der Erde; die erleuchtet die Schritte des Menschen, geschaffen und geformt.

ZWEITER TEIL

GESCHICHTE EINES VOLKES

WANDERER DURCH DIE NACHT

Balam-Quitzé, Balam-Acab, Mahucutah und Iqui-Balám sprachen: »Die Morgenröte lasset uns erwarten.« So sprachen die kundigen großen Weisen, die Opferpriester und Gottesdiener. So wird überliefert.

Unsere Vorfahren, Mütter und Väter, hatten noch keine Bilder aus Holz oder Stein zum Anbeten. Aber sie waren müde vom Warten auf die Sonne. Schon waren die Stämme zahlreich und zahlreich die Yaqui, die Priester und Opferer.

»Auf denn! Laßt uns ein Zeichen der Verehrung suchen, vor dem wir ein Feuer entzünden! Denn noch haben wir niemanden, der uns behütet.« So sprachen Balam-Quitzé, Balam-Acab, Mahucutah und Iqui-Balám.

Sie hatten aber von einer Stadt gehört, und dorthin zogen sie. Der Name des Ortes aber, zu welchem Balam-Quitzé, Balam-Acab und Iqui-Balám zogen, war: die Höhle von Tula, Sieben Höhlen, Sieben Schluchten. Auch die Tamúb und Ilocáb zogen dahin. Das war der Name der Stadt, woselbst sie ihre Götter empfingen.

So denn gelangten alle nach Tula. Unmöglich, alle Zusammenströmenden zu zählen. Sehr viele waren es, und wohlgeordnet kamen sie herbei.

Und da traten ihre Götter hervor: zuerst die von Balam-Quitzé, Balam-Acab, Mahucutah. Freude erfüllte deren Herz. »Schließlich haben wir denn gefunden, was wir suchten«, so riefen sie.

Als erster erschien Tohil, wie der Gott genannt wurde. Auf dem Rücken in seiner Trage brachte ihn Balam-Quitzé. Darauf erschien der Gott des Namens Avilix, und Balam-Acab trug ihn. Den Gott Hacavitz genannt brachte Mahucutah. Und Iqui-Balam trug den Gott Nicahtacáh herbei. Und mit allen anderen Stämmen der Quichés erhielten auch die Tamúb das ihrige. Und der gleiche Tohil war es, der den Großvätern und Vätern jener gegeben wurde, die wir heute als die Fürsten der Tamúb kennen.

Und an dritter Stelle kamen die Ilocáb. Und Tohil war auch der Name des Gottes, den die Großväter und Väter derer erhielten, die wir heute als Fürsten der Ilocáb kennen.

Und so ward den drei Quiché-Stämmen ihr Name gegeben, und sie trennten sich nicht mehr, denn ihr Gott hatte denselben Namen: Tohil der Quichés, Tohil der Tamúb, Tohil der Ilocáb. Tohil war der Name des gemeinsamen Gottes und darum trennten sich die drei Quiché-Familien nicht mehr.

Groß, wahrlich, war die Wesenheit der drei Götter Tohil, Avilix und Hacavitz.

Alle Stämme kamen so zusammen: die von Rabinal, die Cakchiqueles, die von Tzikinahá und diejenigen, die wir heute Yaqui nennen. Und da war es, daß sich die Sprachen änderten, daß sie einander nicht mehr verstanden in ihren verschiedenen Sprachen, nachdem sie sich in Tulan vereinigt hatten. Es gab nämlich dort die Trennung. Ein Teil ging nach Osten, viele aber kamen hierher.

Nur Tierfelle waren ihre Bekleidung, noch hatten sie keine schönen Gewänder, nur Felle der Tiere waren ihre Hülle. Arm waren sie, nichts besaßen sie. Aber zaubermächtig war ihr Wesen. Es sagen aber die alten Berichte, daß ihr Wanderweg lang war, ehe sie Tulan-Höhle, Siebenhöhlen, Siebenschluchten erreichten.

Sie hatten kein Feuer. Nur Tohil hatte es, der Stammesgott, er machte zuerst Feuer. Man weiß nicht, wie es erschaffen wurde; denn als Balam-Quitzé und Balam-Acab es sahen, loderte es schon.

»Wehe! Wir haben kein Feuer, vor Kälte werden wir umkommen!« So sagten sie.

Da antwortete ihnen Tohil: »Fasset euch! Ihr werdet das Feuer erhalten, das euch unerreichbar scheint.« So sprach Tohil zu ihnen.

»Wahrhaftig? O Gott, du unser Zuverlaß, du unser Ernährer, du unser Gott«, sagten sie und dankten ihm.

»Es ist gut. In Wahrheit werde ich euer Gott, euer Herr sein.« So sprach Tohil zu seinen frommen Anbetern. Da rühmten sich die Stämme und erfreuten sich des Feuers.

Aber es fiel ein schwerer Regen. Das Feuer der Stämme brannte, als ein Hagelschlag auf die Stämme fiel und das Feuer unter Eiskörnern begrub.

Da hatten sie wiederum kein Feuer. Balam-Quitzé und Balam-Acab gingen wieder, Feuer zu erbitten.

»O Tohil! Die Kälte wird uns töten.« So sprachen sie zu Tohil.

»Es ist gut. Seid ohne Sorge«, sagte Tohil und schlug Feuer, indem er über die Sohle seiner Sandale strich. Und es freuten sich Balam-Quitzé, Balam-Acab, Mahucutáh und Iqui-Balám, denn wiederum wärmten sie sich.

Aber da das Feuer der übrigen Stämme auch erloschen war, vergingen diese vor Kälte im Hagelschlag, ihre Zähne klapperten, sie zitterten, durchnäßt waren sie, Knie und Hand bebten, nichts konnten sie mehr festhalten, als sie ankamen.

»Unser Stolz vor euch ist dahin. Um ein wenig Feuer bitten wir euch.« So sprachen sie, als sie ankamen. Aber man gab ihnen nicht statt.

Das zerriß den Stämmen das Herz. Und schon war die Sprache von Balam-Quitzé, Balam-Acab, Mahucutáh und Iqui-Balám verschieden.

»Wehe! Wo blieb unsere Sprache! Was ist uns widerfahren? Verloren sind wir. Woher die Verwirrung? Eine Sprache hatten wir, als wir nach Tulan kamen. Nach derselben Art wurden wir erschaffen. Das ist nicht gut, was uns überkommt.« So sprachen die Stämme unter den Bäumen und Lianen. Da trat ein Mann vor Balam-Quitzé, Balam-Acab, Mahucutáh und Iqui-Balám. Und so sprach der Bote aus Xibalbá: »Er, den ihr gesucht habt, ist ein wirklicher Gott. Er ist die Verwandlung eures erinnerungswürdigen Tzakól, eures Bitól. Verschenkt denn kein Feuer an die Stämme – denn Tohil werden sie etwas darbringen müssen. Nehmt nicht an, was jene anbieten. Fraget Tohil. Er wird die Antwort erteilen, welches der Preis des Feuers sei.«
So sprach der von Xibalbá. Und er hatte Flügel wie die Fledermaus. »Von eurem Tzakól, eurem Bitól bin ich ausgesandt.« So sprach der aus Xibalbá.
Auf diese Worte des von Xibalbá erfüllte sie Stolz und noch höher ehrten sie Tohil, Avilix und Hacavitz.
Sogleich entschwand er ihrem Angesicht, aber sie gedachten seiner, als die vor Kälte zitternden Stämme andernmales erschienen. Ein Hagelsturm tobte, weiß und schneidend kalt. Es zitterten und krümmten sich vor Kälte alle Stämme, als sie vor Balam-Quitzé, Balam-Acab, Mahucutáh und Iqui-Balám erschienen. Niedergeschlagen waren sie, bitter Mund und Gesicht. Wie Diebe schlichen sie sich vor das Angesicht von Balam-Quitzé, Balam-Acab, Mahucutáh und Iqui-Balám.
»Habt ihr kein Erbarmen mit uns? Nur ein wenig von eurem Feuer erbitten wir.«
Aber man gab ihnen nicht statt, nichts erhielten sie.
»Stammen wir nicht aus einer Wurzel, wurden wir nicht auf den gleichen Bergen geschaffen und geformt? Habt Erbarmen mit uns!« So sprachen sie.
»Was gebt ihr uns denn, damit wir Mitleid haben könnten?«
»Schön. Silber werden wir euch geben.«

»Wir wollen kein Silber«, sagten Balam-Quitzé, Balam-Acab.
»Was wünscht ihr denn? möchten wir fragen«, sagten zum anderen Mal die Stämme.
»Gut. Wir werden Tohil fragen, und danach werden wir euch Bescheid geben.« So wurde ihnen gesagt.
Darauf fragten sie Tohil: »Was sollen die Stämme geben, o Tohil? Sie bitten um dein Feuer.« So sprachen Balam-Quitzé, Balam-Acab, Mahucutáh und Iqui-Balám.
»Gut. Wollen jene mich an ihren Rippen, in ihrer Achselhöhle ruhen lassen? Will ihr Herz nicht mich, Tohil, umarmen? Wenn sie das nicht wollen, so gibt es kein Feuer«, sagte Tohil. »Aber sage ihnen, daß es später sein soll, nicht heute, daß sie mich an ihren Rippen, in ihrer Achselhöhle ruhen lassen. Das sage ihnen.« So sprach er zu Balam-Quitzé, Balam-Acab, Mahucutáh und Iqui-Balám.
Als die Botschaft Tohils überbracht wurde, sagten jene: »Es ist gut. Die Vereinigung soll sich vollziehen; gut, wir werden ihn umarmen.« So antworteten sie. Ohne sich lange zu besinnen, nahmen sie das Wort Tohils an. Sie zögerten nicht. »Gut«, sagten sie sogleich, erhielten das Feuer und wärmten sich.

Es gab aber eine Sippe, die stahl das Feuer unter dem Rauch. Das waren die vom Stamme der Tzotzil, und Große-Stille-Schlange war der Name des Gottes der Cakchiqueles.
Der durch den Rauch schlich, hatte die Gestalt der Fledermaus. Flügelflatternd raubte er das Feuer. Er erbat kein Feuer für die Cakchiqueles. Diese lieferten sich nicht aus. Aber alle anderen Stämme lieferten sich aus, als sie gestatteten, an ihren Rippen, an ihrer Achsel zu ruhen. Denn das war die Vereinigung, die Tohil meinte. Alle Stämme vollbrachten Opfer vor ihm, und die Herzen wurden unter den Rippen, unter der Achsel herausgerissen.

Bevor damit begonnen wurde, verkündigte Tohil die Machtergreifung und die Herrschaft von Balam-Quitzé, Balam-Acab, Mahucutáh und Iqui-Balám.
Als sie einst nach Tulan-Höhle gekommen waren, hatten sie sich nur des Essens enthalten, ein langes Fasten hatten sie gehalten, die Morgenröte erwartend, den Aufgang der Sonne ersehnend. Sie legten den Kopf zurück, um den großen Stern zu sehen, der Sonnenträger genannt wird, der vor der Sonne erscheint, der glänzende Sonnenträger. Immer wandten sie ihr Antlitz nach Osten, solange sie dort waren.
Tulan-Höhle nannte sich der Ort, von wannen ihr Gott kam, erst dort empfingen sie Macht und Herrschaft. Und dort wurden unterworfen und erniedrigt die kleinen und großen Stämme, und geopfert wurden sie vor dem Angesicht Tohils. Ihr Blut und Fleisch, Rippen und Achseln gaben alle Männer hin.
Aus Tulan kam ihre Macht und ihre große Weisheit. Im Dunkel der Nacht vollbrachten sie ihre Werke. Dann zogen sie aus, rissen sie sich los, ließen sie den Osten hinter sich.
»Das ist nicht unser Ort, laßt uns sehen, wo wir Hütten bauen«, sagte Tohil. Und dann sprach er wahrlich zu Balam-Quitzé, Balam-Acab, Mahucutáh und Iqui-Balám: »Jetzt sollt ihr eure Dankbarkeit beweisen. Fanget denn an, eure Ohren zu durchbohren, knieend durchbohrt eure Ellbogen. Das sollt ihr tun, um eurem Gott Dank zu sagen.«
»Es ist gut«, sagten sie. Und sie durchbohrten ihre Ohren. Und sie weinten, als sie von Tula aufbrachen, weinend zogen sie davon, voller Kummer verließen sie Tulan.
»Wehe! Hier werden wir die Morgenröte nicht sehen, die Geburt der Sonne, die der Erde Antlitz erleuchtet.« So sprachen sie, als sie hierher kamen.
Darum blieben etliche auf dem Wege; immer blieben einige zurück, wo die Stämme geschlafen hatten. Sich erhebend, blieben sie in Erwartung des Sternes, des Vorzeichens der Sonne.

Denn das würde das Zeichen der Morgenröte sein, so glaubten sie, als sie aus dem Osten aufbrachen. Und im gleichen Glauben gelangten sie bis zu dem Ort, der heute »Große Ferne« heißt.
Als sie auf den Gipfel eines Berges gelangten, versammelten sich alle Quichés und die übrigen Stämme. Dort überlegten sie und berieten sie sich. »Ratsplatz« nennt sich der Berg, bis heute ist dies der Name des Berges, wo sie zusammentraten. Und daselbst gaben sie sich ihre Namen.
»Ich bin ein Quiché-Mann und du bist ein Tamúb, das sei dein Name.« So sagte man zu Tamúb. Und man sagte auch: »Ilocáb, du bist Ilocáb, das sei dein Name. Und wir drei Quichés werden nie untergehen, denn eine Sprache sprechen wir.« So sprachen sie, als sie die Namen bestimmten.
Darauf erhielten die Cakchiqueles ihren Namen: K'ak'chéqueléb wurden sie genannt. Und auch die von Rabinal, das wurde ihr Name, und bis heute haben sie ihn nicht verloren. Auch die von Tzikinahá erhielten sich diesen Namen bis heute. Das sind die Namen, die sie sich gaben.
Dort beschlossen sie zu bleiben und die Dämmerung zu erwarten, den Aufgang des Sternes abzuwarten, der vor der Sonne erscheint.
»Von da sind wir hierher gekommen, aber wir haben uns gespalten.« So sagten sie zueinander. Der Kummer ihrer Herzen waren die schweren Leiden, die sie überstanden hatten, und daß sie weder Unterhalt noch Nahrung hatten. Am Holz ihrer Stecken rochen sie und dann war ihnen, als hätten sie gegessen. Aber sie hatten nichts zu essen, als sie dort eintrafen.
Sie merkten es kaum, wie sie das Meer kreuzten. Als ob es kein Meer gäbe, überschritten sie es; über Steine schritten sie. Aus dem Sand stiegen runde Steine, und über die Reihen der Steine schritten sie dahin. »Treibsand« nannte man die Stelle; die das sich teilende Meer überschritten, gaben den Namen. So gelangten sie hinüber.

Und während sie berieten, beklagten sie in ihrem Herzen den Nahrungsmangel: nur einige Körner aßen sie. Auf dem Gipfel des Berges, der »Ratsplatz« heißt, ruhten sie. Aber Tohil, Avilix und Hacavitz waren mit ihnen.
Ein großes Fasten hielten Balam-Quitzé und sein Weib, das Meereswasser genannt wurde. Das gleiche taten Balam-Acab und sein Weib, genannt Brunnenwasser. Auch Mahucutáh hielt ein großes Fasten mit seinem Weib, das Kolibriwasser hieß, und Iqui-Balám schloß sich an mit seinem Weib, das sich Papageienwasser nannte. Das sind jene, die in Finsternis und Nacht fasteten. Sehr traurig verblieben sie dort auf dem Bergesgipfel, der sich »Ratsplatz« nennt.

Dort sprachen ihre Götter Tohil, Avilix und Hacavitz; zu Balam-Quitzé, Balam-Acab, Mahucutáh, Iqui-Balám sprachen sie: »Auf denn, laßt uns gehen! Wir dürfen hier nicht bleiben. Verbergt uns. Bald wird es Licht werden. Das wäre ein Unheil für euch, wenn eure Feinde uns hier zurückhielten, uns dort einmauernd, wo ihr uns niedersetztet, ihr ergebenen Verehrer. Bringt jeden von uns zu einem anderen Ort.« So sprachen sie.
»Sehr gut. Wir müssen fort. Lasset uns Wälder suchen.« So sprachen alle. Und sie hoben ihre Götterbilder auf, ein jeglicher trug das seine.
Avilix brachten sie in ein Tal, das »Verborgene Schlucht« hieß, in eine Schlucht im Walde, der heute »Zuflucht des Avalix« genannt wird. Dort ließen sie ihn, in der Schlucht verbarg ihn Balam-Acab. Der Reihe nach ließen sie die Götter zurück, und Hacavitz war der Erste. Über einem großen roten Fluß blieb er, Hacavitz heißt der Berg heute. Volkreich wurde der Ort, wo der Hacavitz genannte Gott stand. Auch Ma-

hucutáh hinterließ seinen Gott, das war der zweite verborgene Gott.
Hacavitz aber wurde nicht im Wald versteckt, sondern in einem nackten Berg verschwand Hacavitz.
Dann kam Balam-Quitzé herbei, und in einem großen Wald versteckte den Tohil Balam-Quitzé. »Zuflucht des Tohil« heißt heute dieser Berg. In einer versteckten Schlucht bargen sie Tohil, voller Schlangen und Jaguare war es dort, voller Vipern und Nattern. In den Wäldern versteckten die frommen Diener ihre Götter.
Beieinander blieben Balam-Quitzé, Balam-Acab, Mahucutáh, Iqui-Balám. Gemeinsam erwarteten sie das Licht, dort auf dem Gipfel, Hacavitz genannt.
Die Götterbilder der Tamúb und der Ilocáb standen nicht weit voneinander. Amactán heißt die Stelle, wo der Gott der Tamúb stand und wo sie das Licht erwarteten. Amac-Uquincát hieß der Ort, wo die Ilocáb das Licht erwarteten. Da war der Gott der Ilocáb, nicht weit vom Gebirge.
Alle waren sie beisammen: die von Rabinal, die Cakchiqueles, die von Tzikinahá, alle kleinen Stämme, alle großen Stämme. An demselben Ort wurde es hell, an selbigem Ort erwarteten sie den Aufgang des Großen Sternes, der Sonnenbringer genannt wird, denn er muß vorangehen, ehe die Sonne erscheinen kann. So sagt man.
Beieinander blieben Balam-Quitzé, Balam-Acab, Mahucutáh, Iqui-Balám. Sie schliefen nicht, aufrecht warteten sie, an Herz und Nieren griff die Hoffnung auf Morgenröte und Licht. Demütig standen sie da, unter Leiden und mühevoll waren sie bis hierher gelangt. So waren sie gewandert.
»Zu einem traurigen Ziel sind wir gelangt, o wehe! Wenn doch die Sonne erscheinen wollte! Was haben wir getan, uns von unsresgleichen in jenen Bergen zu trennen, uns allein in die Not begebend.«

So sprachen sie untereinander.
In Trübsal und Not, unter Seufzern und Tränen sprachen sie. Denn noch tröstete ihr Herz keine Morgenröte.
»In den Schluchten sind unsere Götterbilder, in den Wäldern unter Bromelien und grauem Moos, nicht einmal einen Thron aus Holz haben sie.« So sagten sie.
Die Oberen waren Tohil, Avilix, Hacavitz: Groß-Sinnige Erhabene Doppelherzen über allen Stammesgöttern. Vielfältig ihre Geisterform, vielfältig ihr Erscheinungsort, groß ihre Erscheinung – kalter Schreck ergriff vor ihnen das Herz der Stämme. Aber es trösteten ihre Herzen Balam-Quitzé, Balam-Acab, Mahucutáh, Iqui-Balám. Denn sie sahen, daß jene nicht an ihren Göttern verzagten, die sie in Lianennetzen hierher getragen hatten, seit dem Aufbruch von der Tulan-Höhle, dort im Osten.
Zur Morgenrötestunde standen sie in den Wäldern, die heute »Zuflucht des Tohil«, »Zuflucht des Avilix«, »Zuflucht des Hacavitz« heißen. Da standen unsere Ahnen, unsere Väter, als die Dunkelheit schwand und das Licht erschien.

GEBURT DES LICHTES

Endlich denn dämmerte es, und Sonne, Mond und Sterne erschienen. So wurde es Licht durch Sonne, Mond und Sterne.
Groß war die Freude von Balam-Quitzé, Balam-Acab, Mahucutáh und Iqui-Balám, als sie den Sonnenträger sahen: schimmernden Antlitzes stieg er vor der Sonne empor.
Da holten sie den Weihrauch hervor, den sie aus dem Osten für diese Stunde mitgebracht hatten. Die drei Bündel knüpften sie auf, als Weihegabe ihres dankbaren Herzens: Weihrauch von Mixtán brachte Balam-Quitzé, Weihrauch von Cavistán wurde der von Balam-Acab dargebrachte genannt, Mahucutáh aber bot Götterweihrauch dar.
Alle drei hatten ihren Weihrauch. Den verbrannten sie und tanzten zum Osten gewendet. Unter Freudentränen tanzten sie, Weihrauch brennend, den heiligen Weihrauch. Darauf weinten sie nochmals, da es noch nicht hell wurde, da sie der Sonne Antlitz nicht sahen.
Dann erschien schließlich die Sonne. Und alle Tiere freuten sich. Alle, bis zum Geringsten, erhoben sich in den Tälern und Schluchten, auf den Höhen versammelten sie sich, und alle schauten gen Osten.
Da brüllten die Löwen und Jaguare, aber als erster erhob seine Stimme der kleine Papagei, den man Chocóyo nennt. Wahrlich, alle Tiere freuten sich. Es breiteten die Adler ihre Flügel aus und der Weißbrust-Bussard, und alle kleinen und großen Vögel.

Tiefe Freude erwärmte die Herzen von Balam-Quitzé, Balam-Acab, Mahucutáh, Iqui-Balám.
Und es knieten die frommen Verehrer nieder und mit ihnen freuten sich innig die Tamúb und Ilocáb, die Rabinales, die Cakchiqueles, die Stämme von Tzikinahá und die von Tuhalhá, Uchabahá, Quibahá, die aus Batená und der Fürst der Yaqui: alle Stämme, die es heute gibt. Unzählbar waren die Scharen. Das Morgenlicht fiel auf alle gleichermaßen.
Sogleich trocknete die Sonne der Erde Antlitz. Wie ein Menschenwesen erhob sich die Sonne mit feurigem Angesicht, und sogleich trocknete die Erdenfläche. Vor dem Sonnenaufgang war sie feucht gewesen, sumpfig war die Erde, bevor die Sonne erschien.
Wie ein Mann stieg die Sonne empor und unerträglich war ihre Hitze. So erschien sie in der Schöpfungsstunde. Heute sehen wir nur ihr Spiegelbild, nicht die Ursonne. So sagt die Überlieferung.
Und sogleich erstarrten Tohil, Avilix und Hacavitz zu göttlichen Steinbildern. Auch Löwe, Jaguar, Schlange, Natter und der weiße Waldgeist des Dickichts erstarrten, als Sonne, Mond und Sterne erschienen. Alles verwandelte sich in Stein.
Vielleicht hätten uns die reißenden Tiere vernichtet: der Löwe, der Jaguar, Schlange und Natter und der Waldschrat. Vielleicht lebten wir heute nicht im Ruhm, wenn die Sonne nicht die ersten Tiere versteinert hätte.
Freude erwärmte das Herz von Balam-Quitzé, Balam-Acab, Mahucutáh und Iqui-Balám. Fröhlich waren sie, da es Tag wurde. Viele waren es nicht, die da verblieben; nur wenige siedelten dort. Dort fiel das Licht auf sie, dort spendeten sie ihren Weihrauch, dort gedachten sie kummervoll des Ostens, von wannen sie gekommen waren. Das waren ihre Hügel gewesen, von da waren jene ausgezogen, die sich Balam-Quitzé, Balam-Acab, Mahucutáh und Iqui-Balám nannten. Aber hier,

auf des Berges Gipfel, vermehrten sie sich, das hier wurde ihre Heimat. Da waren sie, als Sonne, Mond und Sterne erschienen, als es Licht wurde und das Antlitz der Erde, das Himmelsgewölbe aufleuchtete.
Da sang man zum ersten Male die Lichtklage. Kummervollen Herzens, traurigen Sinnes sangen sie also:

»Wehe! Wir trennten uns,
Teilten in Tulan uns.
Älterer Bruder mein,
Jüngerer Bruder mein:
Wo bist du blieben?
Saget, in welchem Tal
Traf euch der Sonne Strahl,
Als der Nebel zerriß?«

Und sie fragten die Opferpriester der Yaquis: »Ist Tohil wahrlich der gleiche, den ihr Zeugeschlange und Federschlange nennt, ihr Männer vom Yaqui-Stamm?«
»Jene sind mit uns zusammen von Tula-Höhle aufgebrochen und waren unsere Wegbegleiter, die Yaqui-Brüder, denen das Licht schon in jenem Land geschenkt wurde, das heute Mexico heißt. Auch gab es Fischerleute dort im Osten, die siegreichen Olmécas; bei denen sind wir nicht geblieben.«
So sprachen sie untereinander.
Noch waren sie bekümmert in ihren Herzen, dort auf dem Berge Hacavitz. Und auch die Tamúb und Ilocáb waren traurig, dort in dem Wald, der »Stammesbleibe« hieß, als es Licht wurde über den frommen Opferpriestern und ihrem Gott.
Nur einen Gott – Tohil ist sein Name – hatten die drei Quichéstämme. Auch die Rabinales hatten denselben Gott, nur ein wenig verschieden war der Name des Gottes von Rabinal: Hun Toh wurde er genannt. Das ist der Grund, warum ihre Sprache dem Quiché so ähnelt.

Es ist aber etwas verschieden die Sprache der Cakchiqueles, denn von Tulan-Höhle hatten sie einen anderen Gott mitgeführt, der »Herr des Fledermaushauses« und »Große Schlange« hieß. Darum unterscheidet sich deren Sprache bis zum heutigen Tag. Und davon leiteten die Familien »Fledermausherr« und »Herr des Tanzes« den ihnen eigenen Namen ab. Ihres Gottes wegen änderte sich ihre Sprache, als ihnen in Tulan der Gott in Stein gegeben wurde und sie in der Finsternis von Tulan aufbrachen.
Vereinigt waren alle Stämme, als es Licht wurde. Ihre Namen aber hatten sie ein jeglicher nach seinem Gott.

DAS BLUTIGE OPFER

Jetzt werden wir vom Sein und Weilen im Gebirge erzählen, wo sich die vier versammelt hatten, die sich Balam-Quitzé, Balam-Acab, Mahucutáh und Iqui-Balám nannten. Und ihre Herzen jammerten um Tohil, Avilix und Hacavitz, deren Bilder sie zwischen Bromelien und grauem Moos zurückgelassen hatten.
So begannen die Weihrauchopfer vor Tohil. Vor Tohil und Avilix erschienen sie, um anzubeten und um für das Licht zu danken. Im Wald verborgen waren die Steinbilder, und nur in Geistergestalt offenbarten sie sich, wenn die demütigen Opferpriester vor Tohil erschienen. Große Geschenke brachten die nicht mit: nur ein Gummiharz brannten sie vor ihnen. Da sprach Tohil, in Nágual-Gestalt gab er seinen Rat den frommen Opferpriestern. So sprach er für die anderen und sagte: »Diese hier seien unsere Berge, unsere Täler. Mit euch haben wir uns verbunden. So sei denn groß unser Glanz und unser Ruhm vor allem Volk. Alle Stämme seien euch untertan. Wir hüten euch und eure Stadt, wir werden euch beraten. Setzet uns nicht den Blicken der Stämme aus, wenn wir ob ihrer Reden und Taten erzürnt sind. Laßt uns nicht in deren Hände fallen. Gebt uns die Tiere des Feldes und des Waldes. Erweiset uns auch die Gunst eures eigenen Blutes. Die Felle der Tiere aber behaltet, hütet sie, denn mit ihnen werdet ihr täuschen können: eingehüllt in deren Felle werdet ihr euch, uns gleich, vor den Stämmen zeigen. Wenn sie fragen: ›Wo ist Tohil?‹, dann zeigt euch

im Hirschgewand vor ihnen. Aber verratet euch nicht, denn eurer harren noch viele Aufgaben. Erlaucht werdet ihr sein, Beherrscher aller Stämme. Das Naß ihres Blutes sei euer Trank. Vor uns sollen sie erscheinen, uns sollen sie umarmen, unser sollen sie sein.« So sprachen Tohil, Avilix und Hacavitz.
In Gestalt von Jünglingen zeigten sie sich den Blicken, wenn man ihnen Weihrauch darbrachte. Und so begann die Jagd auf Vogelnester und Rehkitzen, mit Eifer jagten die Opferpriester. Und mit dem Blut der Rehe und der Vögel netzten sie, wenn sie diese gefangen, die steinernen Lippen: so tranken Tohil und Avilix. Und da dies der Göttertrank ist, sprachen die Steinbilder, wenn ihre frommen Diener mit Weihrauch vor ihnen erschienen.
Und so tat man auch vor jenen im Hirschgewand. Harz brannte man ihnen und Zauberkraut, und Rauschpilze brachte man ihnen dar. Ein jeglicher hatte seine Hirschverkleidung, verborgen droben auf dem Bergesgipfel. Um ihre Hütten kümmerten sie sich nicht. Durch die Berge streiften sie. Larven der Pferdefliegen aßen sie, Wespenlarven, Bienenlarven. Gute Kost, guten Trank kannten sie nicht. Niemand wußte die Wege zu ihren Hütten. Und Weiber sah man nie mit ihnen.

Schon waren die Stämme zahlreich. Manche hatten sich zu Gemeinden niedergelassen, andere kamen und gingen auf den Pfaden dahin. Wege waren geschlagen worden, aber niemand wußte, wo Balam-Quitzé, Balam-Acab, Mahucutáh und Iqui-Balám geblieben waren. Jene indessen sahen die Stämme über die Wege wandern, und da riefen sie von den Bergeshöhen. Sie heulten wie Coyotes, kreischten wie Wildkatzen und röhrten wie Löwen und Jaguare. Das taten sie, wenn sie die Stämme unterwegs sahen.
»Die Coyotes heulen, das sind die Wildkatzen, die Löwen, die Jaguare«, so sagten die Stämme. Aber sie wußten gut, daß jene

sich als Menschen verleugneten. Daß sie eine List gebrauchten. Was sie wollten, war mehr als Angst einjagen. Sie brüllten wie Löwen und Jaguare, um die Menschen zu zerreißen, wenn sie einen oder zwei auf den Wegen trafen.
Jeden Tag kamen jene zu ihren Hütten, wo ihre Frauen waren. Aber sie brachten nur Larven der Pferdefliegen, der Wespen und Bienen. Die gaben sie ihren Frauen.
Und jeden Tag traten sie vor Tohil, Avilix, Hacavitz. Untereinander sprachen sie: »Diesen, Tohil, Avilix, Hacavitz, geben wir bloß Rehblut, Vogelblut. Wir wollen unsere Ohren und unsere Ellbogen durchstechen; Manneskraft und Stärke werden wir von Tohil, Avilix und Hacavitz erbitten. Wieviel Stämme gibt es wohl zum Opfern? Wir müssen sie, einen nach dem andern, töten.« So sprachen sie zueinander.
Sie traten vor das Antlitz von Tohil, Avilix, Hacavitz, durchbohrten ihre Ohren und Ellbogen, fingen das Blut auf und salbten den Mund der Steinbilder. Aber schon waren es keine Steine mehr: als Jüngling offenbarte sich jeder der drei, denn das Blut der treuen Opferpriester labte sie.
Darauf gaben sie das Zeichen für die Wundertaten.
»Diesem Zeichen sollt ihr folgen, das wird eure Rettung sein. Aus Tula stammt es, von woher ihr uns getragen habt.«
So sprachen sie und reichten ihnen ein Fell, getränkt mit Blut, Pazilizib hieß es.
»Blut werde vergossen! Das sei das Opfer für Tohil, Avilix und Hacavitz.«
Und so begannen Balam-Quitzé, Balam-Acab, Mahucutáh und Iqui-Balám mit der Menschenjagd. So begann die Schlachtung der Stämme.
Wenn einer oder auch zwei alleine wanderten, so wurden sie plötzlich aus dem Hinterhalt überfallen und vor dem Angesicht von Tohil und Avilix geopfert. Das Blut wurde auf dem Weg versprengt und der Kopf am Rain niedergelegt.

»Der Jaguar hat sie gefressen«, sagten dann die Stämme, denn auf den Wegen gab es Tigerspuren zur Täuschung. Aus vielen Stämmen wurden Opfer geraubt. Und es dauerte geraume Zeit, bis jene sich davon Rechenschaft gaben.

»Wenn es Tohil und Avilix sind, die uns bedrängen, laßt uns dann ihre Opferpriester suchen. Wo stehen deren Hütten? Laßt uns ihren Fußspuren folgen.« So sprachen alle Stämme.

Nach dieser Beratung begannen sie nach den Opferpriestern zu suchen. Aber die Spuren waren verwirrend. Nur Abdrücke von Pranken. Auch waren die im Gegensinne gesetzt, so daß man sich verwirrte und den rechten Weg verlor. Ein Nebel kam auf, und Unwetter, Schlamm und Regen. Das alles hatten die Stämme vor sich, worob ihnen der Mut zur Verfolgung entsank. Zu groß war die Macht von Tohil, Avilix, Hacavitz. Diese verbargen sich auf der Berge Gipfel, nahe den Stämmen, die sie töteten.

So begann der Menschenraub. Einzeln zogen jene aus, die Männer auf den Wegen zu überraschen. Die opferten sie vor Tohil, Avilix, Hacavitz. Ihre eigene Sippe aber hüteten sie dort in den Bergen.

FRUCHTLOSE VERFÜHRUNG UND GÖTTERZORN

In Gestalt von drei Jünglingen zeigten sich Tohil, Avilix und Hacavitz. Als Nágual traten sie aus dem Stein.
In der Bucht eines Flusses pflegten sie zu baden, dort allein zeigten sie sich. Und so nannte man die Stelle »Badeplatz des Tohil«. Oftmals sahen sie dort die Männer, aber unsichtbar wurden jene sogleich, wenn die Blicke der Männer auf sie fielen.
Auch lief ein Gerücht über den Verbleib von Balam-Quitzé, Balam-Acab, Mahucutáh und Iqui-Balám um. Darum trat man zur Beratung zusammen, wie jene zu töten seien.
Vor allem aber berieten sich die Stämme über die Gefangennahme von Tohil, Avilix und Hacavitz. Und alle Wahrsager sprachen zu den Stämmen: »Kommt zusammen, ruft alle, nicht ein Stamm, nicht zwei Stämme dürfen fehlen.«
Auf diesen Ruf hin versammelten sich alle.
»Wer von euch will mit der Cavéc-Sippe der Quichés aufräumen? Durch deren Schuld verlieren wir unsere Söhne und Knechte. Rätselhaft ist dieses Verschwinden der Männer. Am Ende werden wir alle noch untergehen. Wenn aber die Macht von Tohil, Avilix und Hacavitz so groß ist, dann sei Tohil unser Gott! So soll es sein, damit wir nicht gänzlich vernichtet werden. Sind wir nicht viele Männer? Die Cavéc-Sippe aber ist nicht zahlreich.«
So sprachen die Versammelten zueinander.
Einige Fischer unter den Leuten fragten: »Wer sind denn jene,

die sich jeden Tag in der Bucht des Flusses baden? Wenn es Tohil, Avilix und Hacavitz sind, so müssen wir diese zuerst überwältigen. Und danach werden wir mit den Opferpriestern aufräumen.«
Und weiter fragten die Fischer: »Wie aber werden wir sie überwältigen?« Und sie schlugen vor: »Auf folgende Weise werden wir uns ihrer bemächtigen. Als Jünglinge kommen sie daher. Wenn sie sich nun dort am Wasser zeigen, sollen drei Jungfrauen dorthin gehen. Aber schöne, nette Mädchen müssen es sein, um jene zu verführen.« So sprachen sie.
»Sehr gut! Suchen wir drei liebliche Mädchen!« So beschloß man. Und darauf suchte man unter den Töchtern nach solchen mit wahrhaft sanfter Haut. Darauf gaben sie den Mädchen ihre Anweisungen.
»Ihr, unsere Töchter, werdet euch aufmachen. In der Bucht des Flusses werdet ihr Tücher waschen. Und wenn ihr die Jünglinge seht, so entblößt euch vor ihren Augen, daß Begierde ihr Herz verzehre. Winkt sie dann herbei. Und wenn sie fragen: ›Dürfen wir an eurer Seite liegen?‹, so antwortet: ›So sei es!‹ Und wenn sie zu euch sprechen und fragen: ›Woher kommt ihr? Wessen Töchter seid ihr?‹, dann sollt ihr antworten: ›Fürstentöchter sind wir.‹ Und fordert ein Geschenk, irgendein Zeichen der Begegnung. Und wenn sie anfangen, euer Antlitz zu kosen, dann gebt euch ihnen ganz hin. Wenn ihr euch nicht willig erweist, werden wir euch töten. Wir werden zufrieden sein, wenn ihr uns ein Geschenk bringt, als Zeichen, daß jene euch beilagen.«
So unterrichteten die Herren die Jungfrauen. Deren drei waren es und dies sind ihre Namen: Ixtáh, Ixpúch und Quibatzunáh.
Ausgesandt zur Schleife des Flusses wurden die drei Jungfrauen, Ixtáh, Ixpúch und Quibatzunáh genannt, zum Bad von Tohil, Avilix und Hacavitz wurden sie gesandt.
So beschlossen einstimmig die Stämme.

Reich geschmückt brachen die Jungfrauen auf, wahrlich berückend sahen sie aus, als sie sich zum Bad des Tohil aufmachten. Eine jede trug auf ihrem Scheitel ein Wäschebündel. Die Herren aber waren stolz auf die drei ausgesandten Jungfrauen.
Als sie zur Bucht des Flusses kamen, begannen sie sogleich zu waschen. Nackt hockten sie vor den flachen Steinen, als Tohil, Avilix und Hacavitz sie fanden. Als diese zum Ufer des Flusses kamen, warfen sie kaum einen Blick auf die Mädchen, und die ergriff sogleich heftige Scham vor Tohil. Tohil aber erhitzte sich nicht wegen der drei Jungfrauen. Vielmehr fragte er: »Woher kommt ihr?« So wurden sie gefragt.
»Was beseelt euch, zu unserer Bucht zu kommen?« So fragte man sie.
»Unsere Herren haben uns hierher geschickt. ›Geht, um das Antlitz Tohils zu schauen, sprecht mit ihm!‹ So befahlen uns die Herren.«
So sprachen die Jungfrauen, bekennend, daß der Auftrag der Stämme war, den Tohil-Geist zu verführen.
Da sprachen Tohil, Avilix und Hacavitz zu Ixtáh, Ixpúch und Quibatzunáh: »Schön. Wir werden euch einen Beweis unseres Treffens geben. Wartet eine Weile und wir werden euch etwas für die Herren mitgeben.«
Darauf trafen sie sich mit Balam-Quitzé, Balam-Acab, Mahucutáh und Iqui-Balám.
»Bemalt drei Mäntel, malt auf diese eure Wahrzeichen, damit dieses hier zu den Stämmen gelange und von den drei Mädchen-Wäscherinnen übergeben werde. Denen sollt ihr das geben.« So sprachen sie zu Balam-Quitzé, Balam-Acab und Mahucutáh.
Darauf setzten sich die drei zum Malen nieder. Zunächst malte Balam-Quitzé einen Jaguar. Mit Farbe setzte er ihn auf den Mantel.
Dann malte Balam-Acab einen Adler auf seinen Mantel. Und Mahucutáh füllte den ganzen Mantel mit Bienen und Wespen,

deren getreue Form er auf dem Mantel wiedergab. Die drei beendeten ihre Arbeit, drei Mäntel bemalten sie. Nachdem die drei ihre Arbeit beendet hatten, falteten sie die drei Stoffe zusammen und übergaben ihrer Hände Werk, eben diese Mäntel, denen, die sich Ixtáh, Ixpúch und Quibatzunáh nannten. Und Balam-Quitzé, Balam-Acab und Mahucutáh sagten: »Hier sind die Zeichen unserer Begegnung. Wenn ihr vor eure Herren tretet, so sagt: ›Tohil sprach wirklich mit uns. Und dies hier sind die Gaben, die wir mitbringen.‹« So sagten sie zu den Jungfrauen und schickten sie fort.

Die trugen ihre bunten Mäntel davon. Als sie zurückkehrten, freuten sich die Herren sehr, ihr Gesicht wiederzusehen, und sie blickten auf das, was jene in den Händen trugen.

»So habt ihr das Antlitz Tohils gesehen?« So fragten sie.

»Ja, wir haben es gesehen«, antworteten Ixtáh, Ixpúch und Quibatzunáh.

»Sehr gut! Und ihr bringt ein Geschenk, nicht wahr?«

So fragten die Herren. Und sie dachten, dies sei der Beweis der Hingabe.

Die Mädchen aber breiteten die bunten Mäntel aus: viel Jaguare und Adler gab es da und Schwärme von Bienen und Wespen. Alles das war auf die Mäntel gemalt und leuchtete vor aller Augen. Und das Verlangen, sie umzutun, wurde unwiderstehlich.

Keinen Harm tat der Jaguar, als der Fürst sich den ersten Bildermantel um die Schultern legte. Darauf warf sich der Fürst den zweiten, den Adlermantel um. Und eingehüllt in ihn überkam ein Wohlgefühl den Fürsten. Er drehte sich vor den Zuschauern, dann schlug er den Mantel zurück und prunkte mit nacktem Geschlecht vor aller Augen. Darauf warf er sich den dritten Mantel um: den mit den Bienen und Wespen. Und sogleich stachen die Bienen und Wespen sein Fleisch. Unerträglich brannten die Insektenstiche, und der Fürst fing laut an zu schreien.

Das machten die Abbilder der Tiere, die Mahucutáh auf den dritten Mantel gemalt hatte.
Das war die Niederlage. Zornig stellten die Herren die drei Jungfrauen zur Rede, die sich Ixtáh, Ixpúch, Quibatzunáh nannten.
»Was für Mäntel habt ihr uns da gebracht? Woher stammen die, ihr Lügnerinnen?« So fuhren sie die Mädchen an.
Und das war Tohils Sieg über alle Stämme. Sie hatten gemeint, Tohil würde sich an den Mädchen entflammen und Hurerei mit ihnen treiben. Das sollte die Versuchung sein, hatten sich die Stämme gedacht. Aber ein Sieg über jene war ihnen nicht vergönnt. Denn mit den Geistern standen im Bunde Balam-Quitzé, Balam-Acab und Mahucutáh.

AUFSTAND DER STÄMME

Darauf traten die Stämme neuerlich zusammen. »Wie können wir ihnen beikommen? Denn sie sind wahrlich sehr mächtig.« So sprachen sie im Rat.

»Lasset uns einen Hinterhalt legen, um sie zu töten. Mit Pfeil und Schild werden wir uns rüsten. Sind wir nicht viele? Und nicht einer, nicht zwei dürfen fehlen.« So sprachen sie und beschlossen sie.

Es bewaffneten sich darauf alle. Und als sich die Stämme zum Vernichtungszug versammelten, da kam eine Menge Krieger zusammen.

Währenddessen waren Balam-Quitzé, Balam-Acab und Mahucutáh auf dem Gipfel des Berges, der Hacavitz hieß. Und ihre mannbaren Söhne hatten sie auf dem Berge um sich versammelt, aber viele waren es nicht. Die Stämme waren viel zahlreicher. Darum auch hatten die Stämme beschlossen, jene zu töten, als sie sich versammelten, zum Rat versammelten und das Volk aufriefen.

Bewaffnet also mit Pfeilen und Schilden, versammelten sich alle Stämme. Unbeschreiblich funkelte ihr Silberschmuck. Großartig war die Erscheinung der Herren. Wahrhaftige Führer waren sie, denen man folgen mußte.

»Fürwahr, denen werden wir ein Ende bereiten! Tohil ist der Gott, ihn werden wir anbeten. Aber wir müssen uns seiner bemächtigen.« So sprachen sie untereinander.

Tohil aber wußte alles. Und auch Balam-Quitzé, Balam-Acab und Mahucutáh wußten es. Denn sie hatten die Beratung belauscht. Sie schliefen nicht, sondern beobachteten die Krieger, als die ihre Obsidianwaffen aufnahmen.
Und alle Krieger begaben sich auf den Marsch, denn des Nachts planten sie anzugreifen. Aber sie kamen nicht zu ihrem Tagesziel. Unterwegs nämlich überwältigte der Schlaf alle Krieger.
So zeichnete sich schon ihre Niederlage gegen Balam-Quitzé, Balam-Acab und Mahucutáh ab. Alle zusammen lagen schlafend auf dem Weg, von nichts wußten sie mehr.
Da kamen jene, schnitten ihnen Augenbrauen und Lippenbart ab, lösten den Silberschmuck von ihren Nacken; Kronen und Jadeketten raubten sie; ja sogar den Silberknauf der Regentenstäbe nahmen sie weg. Das taten sie zur Strafe und Erniedrigung. So zeigten sie die Macht der Quichés.
Beim Erwachen suchten die anderen nach ihren Kronen und Stäben, aber das Silber der Stäbe und Kronen war dahin.
»Wer hat uns beraubt? Wer hat uns den Bart abgeschnitten? Von woher sind die Silberdiebe gekommen?« So fragten sich alle Krieger. »Sollten es die Verführer sein, die unsere Männer rauben? Aber sie werden uns keine Furcht einjagen. Wir werden gleichwohl ihren Ort stürmen, unser Silber werden wir dort finden und uns wiederholen.« So sprachen alle Stämme. Eines Sinnes waren sie.
Die Herzen der Opferpriester droben in den Bergen aber waren ruhig. Balam-Quitzé, Balam-Acab, Mahucutáh und Iqui-Balám hatten einen großen Kriegsrat gehalten und beschlossen, ihren Ort zu befestigen. Um die Siedlung zogen sie einen Ring von Palisaden und spitzen Pfählen. Dann machten sie Menschenabbilder, stellten sie hinter die Palisaden, statteten sie mit Schildern und Bogen aus und drückten ihnen Silberreifen auf den Kopf. So stellten sie große Abbilder, Puppen, auf und schmück-

ten sie mit dem Silberzierat, den sie den Stämmen unterwegs abgenommen hatten. Damit statteten sie die Puppen aus.
Sie zogen einen Graben um den Ort. Dann suchten sie Rat bei Tohil. »Werden wir sterben? Wird man uns besiegen?« So fragten sie in ihrem Herzen Tohil.
»Seid getrost! Ich bin bei euch. Und mit dem hier werdet ihr euch verteidigen.« So sprach er zu Balam-Quitzé, Balam-Acab, Mahucutáh und Iqui-Balám. Und er gab ihnen Bienen und Wespen. Die nahmen sie entgegen und eilten mit den Insektenstöcken zum Ort zurück. Sie steckten sie in vier große Kürbisse. An den vier Ecken des Ortes setzten sie die vier Kürbisse mit den Bienen und Wespen nieder. Damit wehrten sie sich gegen die Stämme.
Die Kundschafter der Stämme betrachteten den Ort aus der Ferne.
»Viele sind es nicht«, sagten sie beim Anblick der Holzpuppen, die mit ihren Pfeilen und Schilden leicht schwankten und richtige Männer schienen. Sie erschienen den Stämmen wie wirkliche Krieger. Und alle Stämme freuten sich, daß jene nur so wenige waren.
In Massen kamen die Stämme, und die Zahl ihrer Kriegsleute war unabsehbar. Um Quitzé-Balam, Balam-Acab, Mahucutáh zu töten, marschierten sie auf. Die aber standen auf des Berges Spitze. Hacavitz ist der Name des Berges, wo sie standen.
Und jetzt erzählen wir den Zusammenstoß.
Balam-Quitzé, Balam-Acab, Mahucutáh und Iqui-Balám hatten also ihre Frauen und Kinder um sich geschart, als alle die Krieger und Kämpfer heranzogen. Mehr denn 20000 Stammeskrieger umzingelten den Ort. Schreiend kamen sie mit ihren Pfeilen und Schilden daher, sie sangen, Kampflieder anstimmend, sie brüllten, fluchten und pfiffen auf den Fingern. So kamen sie vor die Feste.
Aber die Vollstrecker der Opfer blieben ruhig. Durch den Pali-

sadenzaun spähten sie mit ihren Frauen und Kindern. Die Stämme aber vertrauten in ihren Sieg, als sie anrückten.
Als sie sich anschickten, die Feste zu stürmen, da wurden die Deckel von den Kürbissen an den vier Ecken des Ortes abgenommen, und die Bienen und Wespen schwärmten aus. Wie eine Wolke stiegen sie aus den Kürbissen.
So wurden die Krieger von den Insekten besiegt. In die Augenlider stachen sie, in die Nasen; Mund, Fuß und Hand suchten sie heim. Sie schlugen um sich, trachteten die Bienen und Wespen abzustreifen. Aber die stachen in die Augenlider, eine Insektenwolke hüllte jeden Krieger ein. Von den Bienen und Wespen verwirrt, konnten sie ihre Schilde und Pfeile nicht benutzen, am Boden wälzten sie sich. Auf den Hängen des Berges lagen sie, hilflos den Pfeilen und Äxten ausgesetzt, den Bäumen, die Balam-Quitzé und Balam-Acab auf sie herabrollen ließen. Sogar die Frauen beteiligten sich am Gemetzel.
Die Fischer entflohen eilends. Die übrigen Stämme aber erlitten alsbald ein Gemetzel. Nicht wenig Männer starben da. Nicht sowohl durch jene, die sie vermeintlich verfolgt hatten, als vielmehr durch die Insektenwolken. Sie fielen nicht durch Mannestat, nicht durch Pfeil und Schild.
So denn unterwarfen sie sich. Es erniedrigten sich die Stämme vor Balam-Quitzé, Balam-Acab und Mahucutáh.
»Erbarmt euch unser! Tötet uns nicht!« So riefen sie.
»Gut. Des Todes wäret ihr würdig, aber unsere Sklaven sollt ihr sein, euer Leben lang.«
So vollzog sich die Niederlage aller Stämme, dank unseren Vorvätern. Dort auf dem Berggipfel geschah sie, der heute Hacavitz heißt. Dort war ihre erste Niederlassung, dort zeugten sie und vermehrten sie sich. Töchter und Söhne hatten sie auf dem Berge Hacavitz.
Glücklich waren sie, als sie alle Stämme droben auf dem Berge besiegt hatten. Die Niederlage der Stämme, aller vereinigten

Stämme, vollbrachten sie. Danach ruhten ihre Herzen aus. Und ihren Söhnen erzählten sie, wie sie dem Tode entgingen, den sie schon vor Augen hatten.
Wir aber wollen jetzt den Tod von denen erzählen, die Balam-Quitzé, Balam-Acab, Mahucutáh und Iqui-Balám genannt wurden.

HINGANG DER ERZVÄTER

Als sie ihr Ende nahe fühlten, riefen sie ihre Söhne herbei. Sie waren nicht krank, sie seufzten nicht unter Schmerzen, sie lagen nicht erschöpft darnieder, als sie den Söhnen ihr Vermächtnis hinterließen.
Dieses sind die Namen ihrer Söhne: Co Caib war der Name des ersten, Co Cavib der des zweiten Sohnes von Balam-Quitzé, dem Erzeuger und Vater des Hauses Cavéc.
Auch Balam-Acab hatte zwei Nachkommen; deren Namen sind: Co Acul nannte sich der erste, Co Acuték der zweite Sohn von Balam-Acab. Von ihm stammt das Haus Nihaib.
Mahucutáh zeugte einen Sohn namens Co Ahau.
Nur drei hatten Söhne. Iqui-Balám hatte keine Söhne: er war ein wirklicher Opferpriester.
Das also sind die Namen der Söhne, denen sie ihr Vermächtnis hinterließen.
Traurig sangen die vier zusammen, ihr Herz weinte in dem Lied. Camacú hieß dieses ihr Lied. Dann eröffneten sie ihren Söhnen: »O, ihr Söhne! Wir brechen zur Heimkehr auf. Guten Rat und weise Grundsätze werden wir euch hinterlassen.«
Und zu jeder ihrer Frauen sagten sie Abschied nehmend: »Von unsern fernen Hügeln seid ihr mit uns gezogen, o, ihr Gattinnen. Zu den Unsrigen kehren wir zurück. Schon erscheint Unser-Herr-der-Hirsch: am Himmel steht er. Heimkehren werden wir, unser Werk ist getan, unsere Tage haben sich erfüllt, gehen müs-

sen wir. Haltet uns im Gedächtnis, vergeßt uns nicht. Suchet, wo ihr eure Hütten baut, sucht euch eine Bergheimat. Aber dann werdet ihr noch einmal das Land unserer Herkunft sehen.«
Das waren ihre Abschiedsworte. Und dann hinterließ Balam-Quitzé ein Erinnerungszeichen.
»Das hier wird euch beistehen, wenn ihr mich anruft. Das hier ist das Zeichen des Bundes. Jetzt aber habe ich schweren Herzens zu gehen.« So sprach er und hinterließ als Zeichen seiner Erdentage das Bündel, das seither Pisom K'ak'al genannt wurde. Niemand wußte, was es war. Eine Rolle aus vielen Tüchern war es. Aber es war unmöglich, es zu öffnen. Keine Naht war zu sehen. Niemand hatte gesehen, wie das eingewickelt wurde.
Das war ihr Abschied. Über die Höhen des Berges Hacavitz entschwanden sie. Von ihren Frauen und Kindern wurden sie nicht bestattet, niemand sah ihren Weggang. Nur ihre Weisungen blieben und das Bündel. Das wurde heilig gehalten. Ein Zeichen der Väter war es. Und vor ihm verbrannten sie Weihrauch, ihrer Väter gedenkend.
Von diesen Herren also stammte das Volk ab, von Balam-Quitzé, der die Erzeuger und Väter der Cavéc zeugte. Und das Geschlecht der Söhne erlosch nicht, jene, die Co Caib und Co Cavib genannt wurden. Wohl aber starben die ersten vier, unsere ersten Ahnen und Väter. Ihre Söhne ließen sie bei ihrem Hingang auf dem Berge Hacavitz. Dort blieben die Söhne zurück.
Die Stämme aber waren unterworfen, ihre Macht gebrochen. Ausgeliefert waren sie und nur zur täglichen Dienstleistung lebten sie.

FAHRT GEN OSTEN UND STÄDTEGRÜNDUNG

Ihre Väter hielten sie in Ehren und groß war der Ruhm des Bündels. Sie öffneten es nie, sondern verhüllt bargen sie es. »Verhüllte Kraft« nannten sie ihren Besitz und »Geheimes Erbe der Väter« nannten sie es. Denn es war das einzige Zeichen ihres Erdenwandels, das jene hinterlassen hatten.
So verschwanden und gingen dahin Balam-Quitzé, Balam-Acab, Mahucutáh und Iqui-Balám, die ersten Menschen, die über das Meer vom Aufgang der Sonne her kamen. Vor langer Zeit kamen sie hierher. In hohem Alter starben sie. Und man nannte sie »Gottesdiener«, »Opferpriester«.
Es wurde nun beschlossen, gen Osten zu ziehen, des Rates der Väter im Herzen gedenkend und bewahrend. Es war schon eine geraume Zeit seit dem Hingang der Väter verstrichen, als sie Gattinnen erhielten. Mit den Stämmen versippten sich die drei, als sie Frauen nahmen.
Aufbrechend sagten sie: »Wir gehen dahin, wo die Sonne gemacht wird: von dort kamen unsere Väter.« So sprachen die drei Söhne beim Aufbruch. Co Caib war der Name des Sohnes von Balam-Quitzé: er war über allen vom Hause Cavéc. Co Acutéк nannte sich der Sohn von Balam-Acab: das Geschlecht der Nihaib. Co Ahau war der Name des anderen, des Sohnes von Mahucutáh: Herr der Quichés. Das waren jene, die zur anderen Seite des Meeres gingen.
Drei brachen auf. Weise waren sie und von Urteil, sie waren

nicht wie gewöhnliche Menschen. Sie nahmen von ihren Eltern und jüngeren Brüdern Abschied. Frohen Mutes zogen sie aus. »Wir werden nicht sterben, wir kommen zurück«, so sprachen beim Weggang die drei. Und dann gingen sie übers Meer und gelangten dorthin, wo die Sonne entspringt.

Sie gingen, um ihre Herrschaft zu empfangen. Das war der Name des Fürsten, des Herrn des Sonnenaufgangs, des Herrn, vor dessen Antlitz sie gelangten: Nacxit hieß der große Fürst, der des Obersten Wortes, der des Großreiches.

Er war es, der ihnen alle Würden und Würdezeichen verlieh. Die Rangzeichen des Ahpóp und des Ahpóp Camhá (zweiter Herr der Matte) kommen da her. Es kamen also die Zeichen königlicher Macht des Ahpóp und des Ahpóp Camhá. Jeglichen Königsglanz verlieh ihnen Nacxit. Dies ist die Aufzählung: der Baldachinthron, die Knochenflöten, die große Trommel, gelbes Fürstenpuder, Löwenpranken, Jaguarpranken, Hirschkopf und -läufe, Wedel, Muschelhorn, Tabakskugeln, rote Papageienfedern, weiße Reiherstandarten. Alles das empfingen sie. Und sie brachten übers Meer die Schriften von Tula. DIE SCHRIFT nannten sie die, worinnen ihre Geschichte aufgeschrieben stand.

Als sie in ihre Stadt, Hacavitz genannt, heimkehrten, strömten alle Tamúb und Ilocáb und alle übrigen Stämme zusammen, voller Freude über die Rückkehr von Co Caib, Co Acutek und Co Ahau und die Wiederkehr der Herrschaftsordnung. Und es freuten sich die Rabinales, die Cakchiqueles und der Stamm von Tzikinahá, als ihnen das Wahrzeichen, als ihnen ihre große Macht offenbart wurde. Und anderen Males erlangten sie Machtfülle, die nicht von ihnen wich, solange sie auf dem Hacavitz sich vereinigten und alles bewahrten, was aus dem Osten gekommen.

Droben auf den Bergen verweilten sie lange, und zusammen waren sie zahlreich. Es starben aber dort die Ehefrauen von Balam-Quitzé, Balam-Acab und Mahucutáh.

Betrübt zogen sie von dannen, verließen sie ihre Berge und suchten andere Berge zum Siedeln. An zahllosen Hängen ließen sie sich nieder, und zusammen zogen sie hierhin, dorthin. Viel Mühe und Arbeit hatten unsere frühen Väter und Mütter, so erzählen die Vorfahren. Und sie erzählen, wie der erste Ort, Hacavitz genannt, verlassen wurde und wie sie zu einem Berg kamen, auf dem sie die Stadt namens Chiquix gründeten.

Lange Zeit blieben sie in dieser anderen Stadt, und dort hatten sie Töchter und Söhne. Sie waren zahlreich nun, und vier Hügel trugen Orte gleichen Namens. Ihre Töchter verheirateten sie. Ihre Söhne ließen sie frei: sie bewunderten sie und waren stolz auf sie. Für die heiratsfähigen Töchter aber bestimmten sie den Preis: so schafften sie sich ein gutes Leben.

Von dort verbreiteten sie sich über einige weitere Orte. Dieses sind die Namen: Chiquix, Chichác, Humetahá, Kulbá und Cavinál. So nannten sich die Niederlassungen. Alle Höhen prüften sie auf Siedlungsmöglichkeiten. Einsame Höhen suchten sie, denn sie waren zusammen schon zahlreich.

Die nach Osten gezogen waren, ihre Titel zu empfangen, die waren nun gestorben. Sie waren schon alt gewesen, als man von Ort zu Ort zog, und sie hatten sich nicht an die vielen neuen Orte gewöhnen können. Viel Mühsal und Not erlitten Ahnen und Väter, bis sie einen fernen Platz für ihre Stadt fanden.

Chi Izmachi war der Name der Hügelstadt, in der sie sich nun vereinigten, von der aus sie ihre Macht erweiterten. Unter der vierten Königsreihe begann man, Kalk und Mörtel zu verwenden. Diese Herrscher waren Conaché, Neun Hirsch und Calel Ahau. Dann regierten Co Tuhá und Iztayúl, die die Titel Ahpóp und Ahpóp Camhá führten. In Izmachi regierten sie und unter ihnen blühte die Stadt auf.

Nur drei große Familien gab es in Chi Izmachi, die vierundzwanzig anderen großen Häuser gab es noch nicht. Nur drei große Häuser gab es: das große Haus Cavéc, das große Haus

Nihaib und dazu das Haus Ahau Quiché. Nur zwei Schlangenpaläste zweier Großfamilien gab es in dem Ort Chi Izmachi. Aber eines Herzens waren sie, es gab weder Streit noch Zank, Frieden herrschte unter ihnen, keine Gewalttat kam vor, keine Auseinandersetzung; friedvoll waren ihre Herzen, weder Neid noch Eifersucht kannten sie. Noch war ihre Macht klein: an Ausbreitung und Zuwachs dachten sie noch nicht.

Aber dann erhoben sie Schilde dort in Chi Izmachi als Zeichen ihrer Herrschaft, Macht und Größe. Als das die Ilocáb sahen, begann der Krieg, angestiftet von den Ilocáb. Den König Co Tuhá trachteten sie umzubringen. Nur einen König wollten sie haben. Dem König Co Tuhá wollten sie zuleibe, umbringen wollten ihn die Ilocáb. Aber ihre üblen Pläne gegen den König Co Tuhá scheiterten: er kam beizeiten über sie, bevor die Ilocáb ihn töten konnten.

So begannen die Aufstände, die Kriege. Zuerst überfielen sie die Stadt, die Krieger drangen ein, die Quiché-Rasse wollten sie ausrotten, denn Alleinherrschaft wünschte ihr Herz. Aber sie liefen in ihren Tod. Und wenn sie überwältigt und gefangen wurden, so rettete sich keiner. Denn damals begann die Sitte, sie zu opfern: vor den Götterbildern öffnete man den Ilocáb die Brust. Das war der Lohn, den ihnen König Co Tuhá für ihre Ränke gab.

Viele auch gerieten in Knechtschaft und Sklaverei. Wenn sie den Krieg gegen die Fürsten und die Stadt unternommen hatten, so sprang für sie nur Gefangennahme und Niederlage dabei heraus. Vernichtung und Untergang der Quiché-Rasse und ihres Königs hatten sie im Herzen gewünscht. Sie erreichten es nicht.

So begannen die Menschenopfer vor den Götterbildern. Mit dem »Krieg der Schilde« begann das. Und von da ab führte die Stadt Chi Izmachi Schilde.

Das war der Anfang ihrer Macht, und wahrlich groß wurde das

Reich der Quiché-Könige. Sie waren ein Rat von außerordentlichen Herren. Keinen Schaden konnte man ihnen antun, niemand war imstande, sie zu erniedrigen, immerfort wuchs ihre Herrschaft. In Chi Izmachi nahm alles seinen Anfang. Dort nahm der Götterkult seinen Aufschwung. Furcht befiel alle kleinen und großen Stämme, sie drängten sich, die Ankunft der Opfergefangenen zu sehen. Zum höheren Ruhm der Könige Co Tuhá und Iztayúl wurden sie geopfert für die Häuser Nihaib und Ahau Quiché.

Nur drei Sippen bestimmten über die Stadt namens Izmachi. Damals begannen sie auch die Gelage und Trinkfeste, wenn man um ihre Töchter anhielt. Das war der Anlaß für Zusammenkünfte jener, die sich selbst die Drei Großen Häuser nannten. Da tranken sie ihre Getränke, verzehrten sie ihre Mahlzeit als Preis für ihre Schwestern und Töchter. Ihr Herz schwoll ihnen, wenn sie in ihren Palästen tafelten.

»Das ist unsere Erkenntlichkeit; das ist unsere Art, unsere Nachkommenschaft und unseren Nachruhm kundzutun; es ist das Zeichen unseres Ehesegens.« So sprachen sie.

Da auch einigten sie sich. Denn sie erklärten sich als eine Sippe, einen Stamm, ein Haus.

»Vereinigen wir uns, wir Cavéc, wir Nihaib, wir Ahau Quiché!«

Lange verblieben sie in Chi Izmachi. Dann suchten sie einen anderen Ort und zogen von Chi Izmachi weg.

GRÜNDUNG DER STADT QUICHÉ

Nachdem sie von dort weggezogen, kamen sie zu dem Ort Cumarcaáh. So nannten ihn die Quichés, als sie unter den Königen Co Tuhá und Gucumátz mit den übrigen Fürsten dort eintrafen. Schon drängte die fünfte Generation herauf, seit dem Beginn von Licht, Stamm, Leben, Volk.

Da denn schlugen sie ihre Hütten auf, da errichteten sie den Tempel ihres Gottes: in der Mitte des Ortes errichteten sie ihn, als sie dahinkamen und blieben.

Bald breitete sich ihre Macht aus. Sie waren schon sehr zahlreich, als die großen Familien zum Rat zusammentraten. Man schloß sich zusammen, aber später trennte man sich wieder. Denn Zwist und Neid war um den Brautpreis der Schwestern und Töchter entstanden. Da hob man denn die gemeinsamen Trinkgelage auf.

Daraus entstand die Trennung. Sie kehrten sich gegeneinander und bewarfen sich mit Gebeinen und Totenschädeln. Und darauf teilten sie sich in neun Familien.

Und nachdem sie den Zwist um die Schwestern und Töchter beigelegt, führten sie den Plan der vierundzwanzig Unterabteilungen des Reiches aus. Das ist lange her, seit ein jeglicher, nach der Teilung in vierundzwanzig Bezirke, in Cumarcaáh zu seinem Wohnsitz gelangte. Die Stadt hat der Bischof geweiht. Daraufhin wurde sie verlassen.

Dort vermehrten sie sich. Dort errichteten sie ihre reichen

Throne und Königlichen Sitze. Dort erhoben sie die Herren, einen jeglichen in seinen Rang. Die neun Fürsten des Hauses Cavéc regierten die Ihren; neun Fürsten hatten die Nihaib, vier Fürsten die Quiché und zwei Fürsten die Zaquic.
Sehr zahlreich wurden sie, und viel Volk war um jeden Herrn. Hatten sie im Anfang nur ihre Töchter und Söhne, so schuf jeder Fürst eine große Sippe.

LISTE DER TITEL

Wir werden jetzt die Titel aller Fürsten aller großen Häuser geben. Zuerst die der Herren Cavéc.
Der Ratskönig. Der Vizekönig. Der Priester des Tohil. Der Priester des Gucumátz. Der Große Erwählte der Cavéc. Der Schatzmeister. Der Verwalter der Tribute. Der Verwalter des Großen Ballspielplatzes. Der Oberhofkämmerer.
Das waren also die neun Ersten unter den Cavéc. Deren jeder hatte seinen Palast. Davon wird noch zu reden sein.
Nun folgen die ersten Herren des Hauses Nihaib. Die Hauptfürsten waren: Fürst-König. Fürst-Stellvertreter. Regierender Fürst. Großer Verwalter. Schatzverwalter. Der Große Erwählte der Nihaib. Der Priester des Gucumátz. Der Ratsleiter. Der Große Tributeinnehmer.
Das waren die neun Herren der Nihaib.
Und bei den Quiché-Fürsten gab es diese Titel: Der Königliche Sprecher. Der Königliche Tributeinnehmer. Der Große Königliche Erwählte. Fürst Hacavitz. Von den drei großen Familien wurden sie gestellt. Und die zwei Sippen der Zaquic hatten zwei Herren: Tzutuhá und Fürst Zaquic. Diese beiden Fürsten hatten nur einen Palast zusammen.

MACHTZUWACHS UND KRIEG

So bildeten sich die vierundzwanzig Herrschaftstitel und die vierundzwanzig regierenden Häuser heraus. So wuchs Größe und Macht der Quichés. Und es wuchs das Ansehen der Quiché-Söhne und ihre Überlegenheit, als sie die Stadt über den Schluchten mit Kalk und Mörtel festigten. Die kleinen und großen Stämme erschienen vor dem viel besprochenen König.
Die Quichés aber waren stolz auf die Ausbreitung ihrer Macht. Tempel errichteten sie und Adelspaläste. Aber sie legten nicht selbst Hand an, sie leisteten keine Arbeit, sie bauten weder ihre Paläste noch den Tempel, vielmehr überließen sie das ihrer zahlreichen Gefolgschaft. Sie brauchten nicht zu bitten, nicht zu rauben, nicht Gewalt anzuwenden, denn ein jeder war aufrichtig bereit, seinem Herrn zu dienen. Auch die Zahl der älteren und jüngeren Brüder hatte zugenommen. Und wie sie zunahmen, wuchs auch das Ansehen eines jeden Fürsten. Sie waren verehrt und wirklich groß war ihr Einfluß. Und alles Volk hielt den Geburtstag des Fürsten in hohen Ehren. Und alle – die in den Tälern lebten und die Stadtbewohner – vermehrten sich.
Es war nicht so, daß all diese Stämme unterworfen wurden oder daß die Talbewohner und Städter in Schlachten überwunden wurden, vielmehr alles wuchs unter der wunderbaren Herrschaft der Könige Gucumátz und Co Tuhá. Gucumátz war in Wahrheit ein Zauberer. Sieben Tage lang stieg er zum Himmel auf und sieben Tage wanderte er auf den Wegen von Xibalbá.

Sieben Tage lang nahm er Schlangengestalt an und war wirklich eine Schlange. Für sieben Tage verwandelte er sich in einen Adler, und für andere sieben in einen Jaguar. Und er war wirklich Adler und Jaguar. Auch verwandelte er sich sieben Tage in einen Brunnen voller Blut, in geronnenes Blut verwandelte er sich. Seinem Wesen nach war er ein wirklicher Nágual-Meister. Alle anderen Fürsten erbleichten vor seinem Antlitz. Sein Ruhm lief durchs Land, und alle Stammesfürsten hörten vom Zauber-König.

Das also war der Anfang von Quichés Größe, als der König Gucumátz seine Großen Zeichen gab. Sein Bild kam auf Kind und Kindeskinder. Niemals hätte er einen anderen Zauber-König zugelassen. Er beherrschte alle Stämme, und alles, was er tat, geschah, damit es nur ein Haupt der Stämme gäbe.

Er, der Zauber-König, war der vierte in der Königsliste. Gucumátz hieß er und er führte die beiden Titel Ahpóp und Ahpóp Camhá.

Er hinterließ Nachfolger und Ansehen. Es wurde regiert und verwaltet, Söhne wurden gezeugt, viele Dinge geschahen. Es wurden Tepepúl und Iztayúl gezeugt. Deren Regierungszeit war die fünfte Königsfolge. Und so hatte jede Königsgeneration ihre Nachfolger.

Dies sind die Namen der sechsten Königsgeneration. Der erste der beiden großen Könige nannte sich Cak-Quicab, der andere Cavizimáh. Sie vollbrachten Heldentaten und vergrößerten das Quiché-Reich, denn auch sie hatten Zaubermacht. Unter ihnen erfolgte die Eingliederung und Verteilung in Tal und Stadt, unter kleinen und großen Städten. Da war der Ort, der in alten Zeiten »Berg der Cakchiqueles« genannt wurde und heute Chuvilá ist. Die Stadt der Rabinal: Pamacá. Der Ort der Caóques war Zac-caba-há. Die Städte der Leute von Sac-Uléu heißen heute Chuvi-Mequiná, Xelaju, Chuva-Tzak und Tzoloj-ché.

Alle diese haßten Quicab. Der machte ihnen den Krieg und er-

oberte und zerstörte in der Tat Felder und Orte der Rabinal, der Cakchiqueles und der Mames. Er kam und siegte, und weithin trug Quicab den Tod. Wenn ein oder zwei Gemeinden den Tribut schuldig blieben, fiel er über alle her, und vor das Antlitz von Quicab und Cavizimáh mußten sie den Tribut bringen. Man verleibte sie darauf dem Stamm ein, aber man schlug sie blutig und band sie an Bäume, ruhmlos, machtlos. So kam die Vernichtung über die Städte, in einem Augenblick wurden sie dem Grund gleichgemacht. Wie ein Donnerstrahl niederfährt und den Fels spaltet, so fuhr Furcht in die unterworfenen Stämme.
Vor Colché, als Mahnzeichen einer von ihm zerstörten Stadt, steht noch heute ein Steinmal wie mit der Axt gehauen. Das ist dort an jener Küste, die Petatayúb heißt. Und kein vorbeiziehender Wanderer kann diese Mahnung an Quicabs Mannesmut übersehen.
Man konnte ihn weder töten noch besiegen. Er war wirklich ein ganzer Mann. Alle Stämme leisteten ihm Tribut.
Nach einem Kronrat ging man daran, alle Täler und Orte zu befestigen, die man den anderen Stämmen abgenommen hatte.
Und die Wachen zogen aus, die Späher. Wachmannschaften wurden gebildet, Feldwachen.
»Für den Fall, daß die andern zu ihren Heimatorten zurückkehren sollten.« So sprachen die Fürsten in der Ratsversammlung.
Viele marschierten aus.
»Da geht unser Schild, unsere Rasse. Unsere Mauer, unser Schutz. Da zeigt sich unser Mut, unser Mannestum.«
So sprachen die Fürsten, als sie die Mannschaftsgruppen für die Begegnung mit dem Feind zusammenstellten.
Darauf führten die Fürsten den Ratsbeschluß aus, indem sie alle Täler und Orte befestigen ließen.
»Ziehet nun aus! Das ist jetzt unser Land! Habt keine Furcht! Falls noch Feinde auftauchen, um euch zu töten, so gebet rasch Nachricht, dann werde ich unter denen aufräumen.« So sprach

Quicab, als er sie in Gegenwart des Fürsten und des Vizekönigs entließ.

Es zogen denn die aufgerufenen Bogenschützen und Schleuderer aus. Auch verteilten sich die Ältesten und die Väter über die Hügelstellungen. Sie waren die Verwalter der Pfeile und Schleudern, Feldzeugmeister waren sie. Sie trieben keinen Müßiggang, nicht einmal der Götter gedachten sie, nur an die Befestigung der Orte dachten sie.

Sie zogen denn auch nach Chichicastenango, nach Chulimal, Zaquiyá, Chi-Temáh, zum Ort »Achtzehn Herrscher« und nach Cabricán und Chabicac-Chi-Hunahpú. Nach Zacualpa zogen sie und Joyabaj, nach Zac-caba-há, Ixtahuacán, nach Totonicapán auch und Quetzaltenango. Auch die Küste besetzten sie. Kriegsspäher waren sie und Feldhüter. Auf Befehl des Viererrates zogen sie aus: des Königs Quicab und des Vizekönigs Cavizimáh und des regierenden Fürsten und seines Stellvertreters.

Ausgesandt wurden sie, um die Feinde der Könige Quicab und Cavizimáh, der zwei Könige des Hauses Cavéc, zu überwachen und auch die Gegner von Queemá, dem Oberhaupt der Nihaib, und von Achac-Iboy, dem Oberhaupt der Ahau-Quiché. Das waren die Namen der Fürsten, die sie aussandten, als ihre Söhne und Untertanen in die Berge zogen, ein jeglicher zu seinem Berg. Zusammen zogen sie aus und machten Gefangene. Die Gefangenen brachten sie vor Quicab und Cavizimáh und den Fürsten nebst seinem Stellvertreter. Die Bogenschützen und Schleuderer scharmützelten und brachten die Kriegsgefangenen vor Quibac und Cavizimáh, vor den Fürsten und seinen Stellvertreter. Die Vorpostentruppen erwiesen sich als tüchtige Krieger. Ihr Ansehen stieg beständig, und die Fürsten zeichneten sie auch aus.

Später trat man auf Anordnung der Herren, des Königs und Vizekönigs, des Fürsten und seines Stellvertreters zur Beratung zusammen und entschied also:

»Wir müssen, als Führer der verschiedenen Gruppen, unsere

Amtspflichten abgrenzen. Ich bin Ahpóp. Ich bin der Ahpóp Camhá, also ein Ahpóp ebenfalls. Du, ehrenwerter Calél, wirst mit dem Calél-Amt betraut werden.« So sprachen und beschlossen die Herren.

So gingen auch die Tamúb, die Ilocáb und die drei Quiché-Gruppen vor. Auch sie gaben ihren ersten Söhnen Titel. Das war der Beschluß. Aber verkündet wurde er nicht in Quiché. Vielmehr hat der Berg der Söhneerhebung seinen Namen. Aus allen Bergen wurden die Weitverstreuten zu einem Gipfel gerufen, der »Stiftung der Ränge und Stände« genannt wird, die Stelle der Bekleidung aber heißt »Setzung der Ordnung«.

So geschah die Ernennung, Erhöhung und Auszeichnung der zwanzig Calél, der zwanzig Ahpóp. Der König, der Vizekönig, der Heerführer und der Volksvertreter. Die vollständige Rangliste war: Oberster Befehlshaber und Hoher Berater. Elf Großräte. Ein Calél-Ahau und ein Calél-Zaquic. Der Befehlshaber zu Felde und der Zeugmeister. Zwei Festungskommandanten.

Das waren die Titel und Würdezeichen der Krieger, als die ersten Söhne des Volkes Quiché ihre Throne und Ehrensitze einnahmen. Als Auge und Ohr waren sie über den Bogenschützen und Schleuderern, über den Bambussperren, Toren, Palisaden und Wällen rund um Quiché.

Die Tamúb und Ilocób taten ein gleiches. Damals ernannten und erhöhten sie die Ersten ihres Volkes, einen jeglichen an seinem Ort.

Das ist also der Ursprung der Calél-Ahpóp und aller Ränge, die es heute in den verschiedenen Orten gibt. Das fing an, als sie Ahpóp und Ahpóp Camhá nachahmten. Da kamen die Calél und Volksführer auf.

RUHM DER GÖTTER

Jetzt nun sei von den Tempeln die Rede. Jeder Tempel trug den Namen seines Gottes.
»Großer Tempel des Tohil« nannte sich das Gebäude für den Tohil der Cavéc.
Avilix hieß der Tempel für den Avilix der Nihaib.
Hacavitz nannte sich der Tempel, in dem der Gott der Ahau Quiché wohnte.
Das »Maisblütenhaus«, das an dem Opferplatz steht, ist ein großes Gebäude, in welchem sich ein Stein befand, den alle Quiché-Herren und alle Stämme verehrten.
Das Volk verbrannte Weihrauch vor Tohil. Wenn dann der König und der Vizekönig zur Anbetung kamen, brachte man als Geschenke Federn des Quetzalvogels, denn das war der Tribut an den HERRN. Diesen, ihren HERRN, betreuten und ernährten König und Vizekönig.
Städtegründer, große Fürsten, des Zaubers mächtige Männer, Zauber-Könige waren Gucumátz und Co Tuhá; auch Quicab und Cavizimáh waren außergewöhnliche Herrscher.
Die wußten Kriege voraus, offenbart wurde es ihnen, alles wußten sie. Ob Krieg, Hunger, Zerwürfnis bevorstand – sie wußten es gewiß. Denn sie hatten eine Schrift, POPOL VUH bei uns genannt.
Keiner war ihnen zu vergleichen. Übermächtig war ihr Wesen. Und so war auch ihr Fasten groß. Dankleistung für die Erschaf-

fung, Dankleistung für unsere Macht war das. Lange fasteten sie und kasteiten sich vor dem Götterbild.
Dies war die Art des Fastens: neun Männer fasteten, andre neun kasteiten sich und spendeten Weihrauch. Weitere dreizehn Männer fasteten, während andre dreizehn sich vor dem Götterbild peinigten und Tohil Weihrauch spendeten. Nur dreierlei Frucht durften sie essen und keine Maisfladen. Und wenn siebzehn Männer sich kasteiten, so waren siebzehn da, die fasteten. Nichts aßen die.
Da war wahrlich ein großes Vorbild und das Zeichen ihres Königtums. Auch gesellte sich ihnen kein Weib zu: abgesondert hielten sie sich und fasteten. Im Tempel blieben sie mehrere Tage: die Zukunft erforschend, Weihrauch und ihr Blut spendend. So verbrachten sie die Nacht, von der Abenddämmerung bis zur Morgendämmerung.
Aus heißem Herzen in der Brust baten sie um Glück für ihres Volkes Söhne und ihr Land.
Ihr Antlitz erhoben sie zum Himmel. So flehten sie ihren Gott an, so war der Ruf ihrer Herzen: »O du schönes Licht! du Herz des Himmels, Herz der Erde. Du Spender des Überflusses! Du Spender von Söhnen und Töchtern! Spende uns von deiner Macht, deinem Reichtum! Leben und Wachstum spende den Kindern meines Volkes. Laß sie sich mehren und blühen, daß sie dir dienen, dir Nahrung geben, daß sie dich anrufen auf Weg und Steg, auf den Wasserfahrten, in Schlucht, Wald und Lianenwildnis.
Gib ihnen Töchter und Söhne! Unglück, Schuld möge ihnen nicht widerfahren. Daß kein Lüstling sie von hinten oder von vorn verführe! Behüte sie vor Fall und Wunden. Behüte sie vor Unzucht, Verurteilung, vor Sturz beim Aufstieg und Abstieg! Behüte sie vor Gegnerschaft und Hinterhalt! Gib ihnen gute Pfade, gute Wege! Laß kein Unheil, keine Schuld auf sie fallen, Göttliche Kraft! Möchten sie wahrlich eifrig dienen vor dei-

nem Mund, deinem Antlitz! Du Herz des Himmels, Du Herz der Erde, Du Verborgene Kraft, Du Tohil, Avilix, Hacavitz im Himmel und auf Erden, an den vier Ecken, an den vier Seiten der Welt! Daß Friede und Eintracht herrsche auf der Welt vor deinem Angesicht, o Gott!«

So sprachen die Fürsten, während die neun, die dreizehn, die siebzehn Männer mit ihnen fasteten. Den Tag über fasteten sie, und ihre Herzen schrieen für ihre Kinder und ihr Volk, für ihre Frauen und Nachkommen, wenn ein jeder der Herren sein Opfer darbrachte.

Das war der Preis für ein glückliches Leben, für Macht und Ansehen der Ahpóp, Ahpóp Camhá, Calél und Ahtzic-Vinác. Paarweise traten sie in ihr Amt und wechselten sich ab, die Bürde für die Stämme und alles Volk von Quiché zu tragen.

Aus einer einzigen Quelle stammte die Überlieferung, die Art der Gottesdienste. Nur eine Überlieferung gab es. Nach diesem Vorbild verfuhren die Tamúb, die Ilocáb, die von Rabinal, die Cakchiqueles, die von Tzikinahá, Tuhulhá und Uchabahá. Aus einer einzigen Wurzel kam alles. In allem, was sie taten, hörten sie auf die Quichés.

Diese regierten nicht mit leichter Hand. Die Opfergaben für jene, die sie verehrten und ernährten, schenkten sie nicht weg: das aßen und tranken sie selbst auf. Nicht für nichts hatten sie Herrschaft, Macht und Fürstenrang erlangt, an sich gerissen. Und nicht gering war, was sie an Tälern und Orten, an kleinen und großen Stämmen unterjocht hatten. Großer Tribut kam ein: Jade, Gold, weißer Bienenhonig, Armringe zum Tausch und Armringe als Talismane, mancherlei Schmuck und Zierketten aus blauen Federn. Das war der Tribut all der Stämme. Vor das Angesicht der wundermächtigen Herren Gucumátz, Co Tuhá, vor das Angesicht von Quicab, Cavizimáh kam das, vor die Ahpóp, Ahpóp Camhá, Calél und Ahtzic Vinác. Keine geringen Taten haben sie vollbracht, und nicht wenig Stämme haben sie unterworfen. Gar manche Völkerschaften waren den Quichés tributpflichtig. Aber nur gegen Widerstände und nicht in kurzer Zeit kamen sie zu dieser Macht. Gucumátz begründete die Größe des Reiches. Von da ab wurden sie mächtig, wurden sie wahrlich mächtig: die Leute von Quiché.

KÖNIGSLISTEN

Hier werden wir nun die Folge der Herrscher und alle ihre Namen geben. Es begannen also die Königslisten aller Stämme mit dem Augenblick, da es Licht wurde über Balam-Quitzé, Balam-Acab, Mahucutáh und Iqui-Balám, unseren ersten Ahnen, unseren ersten Vätern, damals, als die Sonne erschien und Mond und Sterne erschienen.

Hier sind denn die Geschlechterfolgen, nach Fürstentümern geordnet, vom Anfang jedes Geschlechtes an. Paarweise regierten sie. Fürst auf Fürst trat die Herrschaft an bis zu seinem Tode. So folgten die Ahnen und Könige einander in der Herrschaft über alle Städte. Nun werden wir das Antlitz eines jeden zeigen.

Hier zeigen wir, einen nach dem andern, die KÖNIGE VON QUICHÉ:

BALAM QUITZÉ, der Ursprung der Cavéc.

CO CAVIB, die zweite Generation nach Balam-Quitzé.

BALAM-CONACHÉ. Mit ihm kam der Titel Ahpóp. Dritte Folge.

CO TUHA und IZTAYUB. Vierte Folge.

GUCUMATZ und COTUHA (II). Erste Zauberkönige. Fünfte Folge.

TEPEPUL und IZTAYUL. Sechste Folge.

QUICAB und CAVIZIMAH. Siebente Thronfolge. Wunderherrschaft.

Tepepul und Ixtayub. Achte Folge.
Tecum und Tepepul. Neunte Folge.
Acht Liane und Quicab. Die zehnte Fürstengeneration also.
Sieben Erdkraft und Schlangenberg. Schon die elfte Königsfolge.
Drei Hirsch und Neun Hund. Zwöfte Königsfolge. Sie regierten, als Pedro de Alvarado kam. Sie wurden von den Spaniern gehenkt.
Tecum und Tepepul waren den Spaniern untertan. Diese, die zur dreizehnten Königsfolge gehörten, hinterließen Söhne.
Don Juan de Rojas und Don Juan Cortés, vierzehnte Königsfolge, wurden von Tecum und Tepepúl erzeugt.

Das also waren die Generationen und die Herrscherlisten der Ahpóp, Ahpóp Camhá der Cavéc-Quichés.
Und nun werden wir von den Familien sprechen. Da war das Große Haus eines jeden Herrn, der den Ahpóp und Ahpóp Camhá nachfolgte. Hier sind die Namen der neun Cavéc-Familien, der Neun Großen Häuser. Und das sind die Namen der Herren von jedem Großen Haus:

Ahau Ahpop. Ein Großes Haus. Kuhá war der Name des Großen Hauses.
Ahpop Camhá. Sein Großes Haus hieß Tzikinahá.
Nim Chocoh Cavec. Ein Großes Haus.
Ahau Ahtohil. Ein Großes Haus.
Ahau Ah-Gucumatz. Ein Großes Haus.
Popol Uinac Chi Toy. Ein Großes Haus.
Lolmet Quehnay. Ein Großes Haus.
Tepeu Yaqui. Ein Großes Haus.

Das waren die neun Familien der Cavéc. Und sehr groß war die Zahl der Söhne und Stammesmitglieder, die diesen neun Häusern nachfolgten.

Hier sind die neun Großen Häuser der Nihaib. Aber zuerst werden wir die Königsliste geben. Aus einem einzigen Stamm kamen alle, als die Sonne erschien und es Licht wurde über den Menschen.

Balam-Acab war der erste Ahne und Vater.
Co Acul und Co Acutec. Die zweite Generation.
Co Chahuh und Co Tzibaha. Die dritte Generation.
Neun Hirsch (I.). Die vierte Generation.
Co Tuha (I.). Der fünfte König.
Affenfluss war schon die sechste Generation.
Istayul war der siebte der Herrscherreihe.
Co Tiuha war der achte unter den Herrschern.
Neun Hirsch (II.). Die neunte Folge.
Quema nannte man den zehnten Herrscher.
Ahau Co Tuha (II).). Die dreizehnte Generation.
Don Christóbal hieß der Herrscher zur Zeit der Spanier.
Don Pedro de Robles ist der Ahau Calél heute.

Hier nun alle fürstlichen Herren, die vom Ahau Calél herkommen. Hier sagen wir die Herren eines jeden Großen Hauses an:

Ahau Calel war der erste Herr unter den Nihaib. Ein Großes Haus.
Ahau Ahtzig Vinac. Ein Großes Haus.
Ahau Calel Camhá. Ein Großes Haus.
Nima Camhá. Ein Großes Haus.
Uchuch Camhá. Ein Großes Haus.
Nim Chocoh Nihaib. Ein Großes Haus.
Ahau Avilix. Ein Großes Haus.
Yacolatam. Ein Großes Haus.
Nima Lolmet Ycoltux. Ein Großes Haus.

Dies also waren die Großen Häuser der Nihaib; dies waren die Titel der neun Familien der Nihaib, wie sie genannt werden.

Zahlreich war die Sippe eines jeden Fürsten, vorhin namentlich genannt.

Hier ist nun die Abstammung der Ahau Quiché: ihre Ahnen und Großväter.

Mahucutah. Der erste Mensch.
Kaklakan.
Cocozom.
Comahcun.
Sieben Rohr.
Cocamel.
Coyabacoh.
Vinac Bam.

Das waren die Könige der Ahau Quiché. Das ist ihre Regierungsliste.
Hier nun die Titel der Herren der Großen Häuser. Es gab nur vier Große Häuser:

Ahtzic Uinac Ahau. Titel des ersten Herrn. Ein Großes Haus.
Lolmet Ahau. Zweiter Fürst. Ein Großes Haus.
Nim Chocoh Ahau. Dritter Fürst. Ein Großes Haus.
Hacavitz. Vierter Fürst. Ein Großes Haus.

Die Ahau Quiché bestanden also aus vier Großen Häusern. Die drei Nim Chocóh wurden wie Väter aller übrigen Quiché-Fürsten angesehen. Zum Rat traten die drei Nim Chocóh zusammen. Sie verkündeten das Gesetz der Mütter, das Gesetz der Väter. Groß war das Ansehen dieser drei Chocóh.
Es gab also den Nim Chocóh der Cavéc; den Nim Chocóh der Nihaib, das war der zweite; und den Nim Chocóh Ahau, das war der dritte. Jeder von den drei Chocóh vertrat seine Familie.

Hiermit schließt denn das Leben in Quiché. Es gibt nichts mehr zu sehen. Die alte Weisheit der Könige ist dahin. So ist nun alles zu Ende in Quiché, Santa Cruz genannt.

ENDE
RI QUIZIBAL

DRITTER TEIL

ERLÄUTERUNGEN - DEUTUNGEN

GOTT ALS TRÄGER DER ZEITEN

Der Zahlengott 9, durch seine Tätowierung als solcher ausgewiesen, ist im Begriff, sich mit seiner Last (*cuch*) zu erheben um den Geier (*cuch*) davonzutragen. Da der Geier einen Zyklus von 400 Jahren ausdrückt, sagt die Zeichnung in ihrem Wortspiel eine »Bürde von 3600 Jahren« aus. Ein klassisches Beispiel für die Maya-Symbolik. (Von einer Inschrift in Copán)

ERLÄUTERUNGEN, DEUTUNGEN

Aussprache

Keine Umschreibung in unsere Buchstaben, auch nicht die Einführung phonetischer Zeichen, kann die Vielfalt der Maya-Anlaute ausdrücken. Die Folge ist, daß wahrlich jede Grammatik, jeder Textdruck seine Privatorthographie pflegt. Padre Ximenez hat damit den Anfang gemacht, indem er seltsame und irreführende Zeichen erfand. Der Text des POPOL VUH lag mir in sieben verschiedenen Umschreibungen vor. Der klarsten, der von Recinos, bin ich bei Textzitaten gefolgt. Sie beruht auf der spanischen Aussprache:

ch ist danach ein scharfes tsch;
x ist danach englisches sh;
y ist das deutsche j;
qu ist das stimmlose k;
h ist im Anlaut und in der Wortmitte immer hart, wie im deutschen Bach; im Auslaut verschwebend-guttural.

Wir sprechen also Pópol Wuch; Kitsché; Kak-tschikél; Chun-Ach-Pú; Ischbalanké.

Das Apostroph bedeutet die schwierige Stockung, den Hiatus, gleich im Anlaut. Aber nur so unterscheiden sich Gleichlauter wie *cux* (kusch) = beißen und *c'ux* (k^{e}usch) = Herz. So ist *chik'in* (tschi-k^{e}in) = Westen und *xiquin* (schikin) = Ohr, *tzikin* aber Vogel.

u Seite

25 Quiché *Qui* – viel; *ché* – Baum. Also: Waldland.
Als der Conquistador Pedro de Alvarado mit seinen mexikanischen Hilfstruppen eindrang, erfolgte eine allgemeine Umtaufe auf mexikanische oder spanische Worte. *Cuauhtlemallan* ist die wörtliche aztekische Übersetzung von Quiché. Daher Guatemala.

Tzakól *Tzac* – errichten, bauen; *ol* – Pluralpostfix. In einigen Mayasprachen wie z.B. Kè'kchi ist *ah tzakol* schlicht: Maurer.

Bitól Eigentlich also: die Former, wie ja auch *elohim*, das dritte Wort der hebräischen Genesis, Plural ist. *Bit* – bilden, formen, Figuren aus Ton machen.

Alóm Die Gebärerin. Die Große Mutter.
Caholóm Der Söhne-Erzeuger. Der Große Vater.
Jagendes Opposum Im Text: *Hunahpu uúch. Uch* (Quiché); *och* (Maya): Opossum. Dem Iltis ähnliches Klettertier aus der weitverzweigten Familie der Marsupalien. Etwa katzengroß, mit langem, haarlosem Kletterschwanz. Der in Nordamerika verbreitete *Didelphis Virginianus* hat Beuteltaschen wie das Känguruh. Dem mittelamerikanischen Opossum fehlt die Tasche. – Erscheinungsform von Ixpiyacóc.
Jagender Coyote Vom mexikanischen *coyotl* – Wüstenhund (*Canis latrans*). Sein charakteristisches Heulen wird lautmalerisch in der Quiché-Vokabel *Utiu* – Coyote nachgeahmt. Er benutzt gerne die Höhlen der Dachse, um Junge zu werfen.
Hunahpú *Ahpú* ist Jäger im klassischen Maya; *hun* die Zahl Eins. Die mittelamerikanischen Religionen liebten es, ihre Götter zu numerieren. Also: Jäger Nummer Eins. – Recinos weist aber sehr hübsch darauf hin, daß »die Quichés noch einen tieferen Grund als diese Etymologie haben mußten, um der Gottheit diesen Namen zu geben« (Adrian Recinos: Popol Vuh. Neueste Ausgabe Mexico – Buenos Aires 1960. pag. 165, Anm. 3). – Tatsächlich werden sie an *Hunabku*, »der einzige (höchste) Gott«, gedacht haben, den Kronos der Vorväter, der unsichtbar über allen Göttern schwebte und kein Bild hatte. – Im Quiché-Kalender ist Hunahpú der Name des letzten, wichtigsten Tages der zwanzigtägigen Woche, sozusagen der Sonntag. Ihm entspricht der Tag Ahau, Großer Herr, im Mayakalender und der Tag Xochitl, Blume und zugleich Symbol der Sonne, bei den Azteken. – In unserem Text kann Hunahpú keineswegs der Jäger (wörtlich: ein Blasrohr-Mann) der Heroenzeit sein. Im Vorspruch des Erzählers werden die Urgötter nebst ihren Tierformen angerufen. Ixpiyacóc und Ixmucané gehen in mancherlei Verkleidungen durch den Schöpfungsbericht. Da natürlich kein Gott sein eigenes Geisttier (*nagual*) jagt, Opossum und Coyote aber Raubtiere sind, ist die Stelle mit »Jagendes Opossum« und »Jagender Coyote« zu übersetzen; eigentlich: Göttlicher Jäger Opossum; Göttlicher Jäger Coyote. Auch Recinos und Burgess fassen die Stelle so auf.
Großer Weißer Eber *Ac* (Quiché) ist das amerikanische Wildschwein Pekari (*peccary*). In den Wäldern Zentralamerikas, die sehr angriffslustige Art mit breitem weißem Halskragen, von den Lacandonen *K'ek* genannt. (*Tayassu Tajacu*). Eine Erscheinungsform von Ixpiyacóc.
Dachs *Tziis* (Quiché) – der amerikanische Dachs (*Taxidia taxis*), in Mittelamerika *tejón* genannt. Grauer Rücken, schwarzer Bauch; Kopf weiß mit zu den Ohren laufenden dunklen Streifen. Kommt auch braun-schwarz in den Wäldern Mittelamerikas vor. Nachttier. Frucht- und Wurzelfresser; der aber auch Vögel, Eier und kleine Säugetiere zur Nahrung nimmt. Das sehr spielerische Tier schließt sich leicht dem Menschen an. Es ist das

Geisttier der Ixmucané. – Als *Sac Nim Tziis*, Großer Weißer Dachs, noch heute im Quiché-Gebiet mit der strahlenden Sonne im Sternbild des Stieres identifiziert; in der europäischen Astronomie: *Alpha Tauri* (Aldebaran).
Tepëu sprich: Tē-pē-ú, aus der Náhuatl-Sprache der Tolteken-Azteken. *Tepe-uh* – Eroberer, Sieger in der Schlacht (Alonzo de Molina: Vocabulario de lengua Mexicana. México 1571). Die Mayaform ist *ahtepehual*. Auch wie »König«, »Fürst« gebraucht. Wir haben hier den *ersten* Einbruch toltekischer Elemente in unserem Buch. Auch im Yucatéco gibt es das Verbum *tepal* = regieren, seit dem Toltekeneinmarsch.
Gucumátz *Kukúm* – Feder, weithin assoziiert mit der glänzenden, blaugrünen Feder des Quetzalvogels. *Cumatz* – Schlange. Es ist der Kukulkán der Yucatán-Mayas; der Quetzalcóatl der Tolteken. Der alte Elementengott, die Harmonie von Himmel (Flügel) und Erde (Schlange), von oben und unten symbolisierend, tritt mit Fug als zentrale Figur im Schöpfungsmythos des Popol Vuh auf. – Quetzalcóatl war auch Titel der Priesterkönige der Tolteken. Der historische Quetzalcóatl, der um das Jahr 1000 den Zug der Tolteken von Tollan (Tula), nördlich von Mexico, nach Yucatán und Guatemala leitete, tritt im historischen-mythologischen Teil des Popol Vuh unter dem Namen Nacxit auf.
Die grünen Herren *Ah raxa lac* – Herr der grünen flachen Schale = Erde. *Ah raxa sel* – Herr der blauen gewölbten Schüssel = Himmel. *Ah* hat im Umgangsmaya die Bedeutung von »Kundiger im Verfertigen von etwas« angenommen: Meister. – *raxa* (Maya: *yax*) ist grün und blau. – Das Gemeinte ergibt sich jeweils aus dem Zusammenhang.
Ixpiyacóc/Ixmucané Recinos übersetzt »der Alte« und »die Alte«, nach dem Mayawort *ixnúc*, Alte, und setzt sie als Entsprechung der Mexikaner-Götter Cipactonál und Oxomóco, die nach der toltekischen Überlieferung die Rechnung und die Astronomie erfanden. – Villacorta gibt eine andere Ableitung und interpretiert die Götter als aufgehende und untergehende Sonne. Mag seine Etymologie als solche anfechtbar sein, so trifft seine Deutung des hellen und schwachen Lichtes das Rechte. Denn zweimal erhalten sie im Text den Titel *»ratit kih*, *ratit zac«* – Sonnenahne, Lichtahne. – Die zahlenstarken und traditionsfesten Mayastämme im Hochland von Chiapas (Mexiko) verehren noch heute *Chultotik*, Herr Sonne, und *Chulmetik*, Frau Mond. *Totik* (*tatik*) ist Vater, *metik* Mutter im Tzotzil-Dialekt dieser Indios. Man darf also »der Alte« und »die Alte« übersetzen, wenn man sie sich als Sonnen- und Mond-Ahnen denkt. Burgess hat »Der schnell Erscheinende« und »Die sich Verhüllende«. Die unmittelbar folgenden Titel *matzanel* und *ch'ukenel*, der Beschützer und die Verbergerin, scheinen wieder auf Sonne und Mond bezogen zu sein.
Zur Zeit der Druckproben war dem Herausgeber die Entschlüsselung der Mayaglyphen und die Lesung der Codici gelungen. Es stellt sich heraus, daß Recinos mit der Deutung der Urmutter vollkommen recht hatte. Sie

erscheint auf der ersten Textseite des Codex Dresdensis und bringt dem Gott Kukulchan, wie er da heißt, Weben und Flechten bei. Sie trägt als Kopfschmuck die Schleife des abgelaufenen Jahres, (der Leser wird sehen, daß sie die Patronin der 5 überschüssigen Tage des Mayakalenders ist). Die direkt über ihr stehende Personalglyphe besteht aus drei Elementen. Das erste sagt »*chak*«, rot oder groß, das zweite *ixnuc*, Alte, das dritte ist ein typisches Mayawortspiel, da die Glyphe ein Bündel Agavenblätter, den Sisalfaden, das Gewebe und den Titel »hochheilig« bedeuten kann (*chel*, *chelem*, *chele*). Die Glyphe spricht also doppelsinnig von der hochheiligen Urweberin Ixnuc. Die ganze Zeile lautet entschlüsselt: »*U k'uchkax kukulchán chele chak ixnúc ichbén hmen*«, es flechten Kukulkan und die hochheilige Alte, die Spender des Überflusses.

Ixmucané und Kukulkán

So finden wir gleich auf der ersten Seite des Codex Dresdensis einen linguistischen Beweis für das hohe Alter der Überlieferung und den weit zurückreichenden Zusammenhang zwischen Quichés und Yucatanmayas.

Auch im Codex Troano (Madrid) erscheint die Uralte im Zusammenhang mit Weben und Spinnen. Auf Seite CII Troano legt sie sich auf einem Tischchen Bündel von Agavenfäden (Sisal) zurecht. Der Text lautet:

Pidzbilah u kukuch sac-ixnuc oxocaan
Es zieht vom Rocken, was sie gesponnen,
die weiße Alte, die Spenderin.

Brasseur, der bekanntlich den Codex Troano entdeckte, identifizierte schon 1869 in seinem groß angelegten Kommentar die nebenstehende Figur mit Ixmucané.

Ixmucané
im Codex Troano Pag. CII

Gott Im Quiché-Text steht hier das spanische Wort *Dios*. In der Schöpfungsgeschichte des eigentlichen Buches steht für Gott: *caba-vil*, mit welchem in der heutigen Umgangssprache ein altes Götterbild gemeint ist. – Es ist hier im Text zu spüren, wie auch in dem schneidenden letzten Satz des Popol Vuh, daß der Erzähler nur widerwillig das Christentum erwähnt.

Popol Vuh Buch der Ratsversammlung oder des Rates. Abgeleitet von *popol* – Ort der Bastmatten, d. i. des Rat-Hauses, und *vuh* – Buch. In manchen Gegenden wird in einer seltsamen Koinzidenz das Wort wirklich *būh*, wie das deutsche »Buch«, ausgesprochen. Da im Text selbst darauf hingewiesen wird, daß die Schrift Gegenstand der Erläuterung, Rat-Suche und Rat-Gebung war, haben wir es doppelsinnig Buch des Rates genannt.

Überseeisches Licht Erinnerung an die Erleuchtung im Ursprungsland Tula, die Wanderung und Überquerung des Meeres.

30 Huracán *Huracán:* Der Riesige. So nach »Vocabulario de la Lengua Cakchiquel ved. Guatemalteca«. (Manuskript in der American Philosophical Society, Philadelphia. Zitiert im Popol Vuh. – English Version by Delia Goetz and Sylvanus G. Morley.) Gott des Sturmes, in die modernen Sprachen als Begriff für die Wirbelstürme der Karibischen See eingegangen. Man kann den Namen aber auch aus dem klassischen Maya ableiten, wo er dann der »Einbeinige« bedeutet. Denkt man an die Hurrikane, die oft in Form von Windhosen auf die karibischen Küsten zurasen, so ist die Konzeption des Gottes Einbein aus der Anschauung der Natur wohl einzusehen, obwohl uns diese rationalistische Deutung wenig gefällt. Jedenfalls tritt als Erdbebengott der Titan »Zweibein« auf.

Cakulhá *Cak* (*k'ak*): Feuer; *ul* drinnen, in; *ha* Wasser. Feuer-im-Wasser: Blitz.

Chipí – Cakulhá Das, was aus dem Blitz kommt: Donner.

Raxa – Cakulhá Der Blitz von unten, von der grünen Erde. Auch das Spanische unterscheidet genau zwischen *rayo*, dem Strahl, und seinem Gegen-Feuer *relámpago*. Im Cakchiquel ist *raxhaná-bib* das Wetterleuchten.

Die Uralten Es wird deutlich, daß auch Tzakól und Bitól ohne das Urpaar Alóm – Caholóm nichts vermögen. Mond und Sonne werden einst durch sie erschaffen werden, die wahren Menschen und die geistigen Fähigkeiten der Menschen. Darum werden sie in der Anrufung und in der ganzen magischen Szene mit vielen Ehrennamen, wie »Ehrwürdige, Erste« (*Mamóm*), Ahne (*mám*), »Sonnenahne« belegt. Ausdrücklich wird gesagt, daß man sie Großer Eber und Großer Dachs nennen soll. Damit sind ihre magischen Tierentsprechungen (ihr *nágual*, siehe dies Stichwort) gemeint, in die sie sich verwandeln können. – Es wird aber auch gesagt, sie seien »zweimal Erzeuger«; »zweimal Gebärerin«, womit nicht nur der inhärente Hermaphroditismus angedeutet wird, sondern die damit verbundene Verwandlungsmöglichkeit in ein zweites Nágual-Paar: Opossum und Coyote. – Den beiden Tierbenennungen geht das Wort Hunahpú voraus (*Hunahpú-vúch, hunahpú-utíu*). Die sonnenhafte Sippe der (Hun)-*Ahpús* muß noch aus den beiden Uralten hervorgehen, die als Urheber Recht auf den Titel haben, sowie auch *balám* (*balóm*) – Jaguar in der Urzeit wie später in geschichtlichen Tagen als Titel dient. Er steht hier, um die Geisttiere (*náguals*) ausdrücklich den beiden Erhabenen zuzuordnen.

Den Ixmucané einmal gegebenen Titel *Chiracán* scheint mir Villacorta richtig als Erdmutter gedeutet zu haben. Und unter diesem Aspekt versteht sich ihre Erscheinungsform als Schildkröte oder Krokodil, die Thompson weiter unten aus dem Kalender nachweist. Auch Vishnu, der indische Schöpfungsgott, erscheint als Schildkröte im Urmeer schwimmend, die Welt auf seiner Panzerschale tragend.

Maskierter Gott meißelt eine Maske

34 Toltecat Die mit offensichtlichem Stolz vorgetragene Passage gipfelt in der Nennung des Namens Tolteke. Die archäologischen Befunde bestätigen die hohe Kunstfertigkeit der Tolteken. Bei den Nachfolgevölkern, wie den Azteken, war der Name Tolteke gleichbedeutend mit »Gebildeter, Künstler«.

Tsité »*Arbol de pito*« in Guatemala (*Erythrina corallodendron*). Die Schoten dieses Baumes enthalten glänzende, feuerrote Bohnen, deren Keimpunkt von einem tiefschwarzen Fleck umgeben ist. Die Besonderheit dieser Hülsenfrucht ist, daß sie nicht altert. Der Herausgeber besitzt solche aus dem Lacandonengebiet des Rio Usumacinta, die in sieben Jahren weder schrumpften noch an Glanz verloren. Die Lacandonen fertigen aus ihnen Halsketten, vielleicht magischer Bedeutung. In der Quiché-Gegend wird diese Wunderbohne noch heute zusammen mit Maiskörnern zu Wahrsagezwecken benutzt, wie in unserem Text.

Leonhardt Schultze-Jena beschreibt ein Tsité-Orakel unter den heutigen Quichés genau in »La vida y las Creencias de los Indígenas Quichés de Guatemala«. Es handelt sich um ein Abzählungssystem, ähnlich wie die Abzählung der Schafgarbenstengel bei der Befragung des chinesischen Orakelbuches I Ging. Im magischen Ritual repräsentiert das Maiskorn die weibliche, die *Tsité*-Bohne das männliche Element. Bei den Chol-Mayas gibt es für *tsité* einen sehr derben erotischen Ausdruck. – In der folgenden Anrufung: »Du, Mais! Du, Tsité!« ist der weitere Text von allen Übersetzern verdunkelt worden. Brasseur de Bourbourg nannte die Stelle »fort lascif«. Schultze-Jena hat in seiner Übersetzung als einziger den genauen Sinn wiedergegeben. – Ob man das folgende *Kih* (*quih*) wörtlich als Sonne oder übertragen als Schicksalstag übersetzen will, ist eine Ermessensfrage. Der Himmel wird nun aufgefordert, nicht hinzusehen, wenn sich Tepëu und Gucumátz vereinigen. Die befremdliche Stelle wird sogleich verständlich, wenn wir uns des hermaphroditischen Charakters der Götter erinnern. Tepëu spielt hier den weiblichen Part. – Schultze-Jena übersetzt hier und durch das ganze Buch »Die Mächtige«, Tepëu als weibliche Gottheit nehmend. Das ist gegen jede Evidenz. Bei den Mexikanern ist *tepeuh* ein Titel, und zwar ein männlich-kämpferischer.

36 Flüssiges Harz Lava. Das Popol Vuh wurde inmitten der Vulkankette Guatemalas konzipiert.

Xecotcovách Seit der ersten Abschrift des Popol Vuh durch Padre Ximénez hatte niemand, auch der Padre nicht, eine befriedigende Deutung dieses anscheinend aus heterogenen Elementen zusammengesetzten Wortes geben können. Es gibt aber das Verbum *cotcomih* – trennen, ausreißen, abschneiden. *Vách* ist Auge, Gesicht. *Cotcovách* ist also ganz wörtlich »Der Augenausreißende«, in welcher Funktion das Tier im Text auftritt. Die Vorsilbe *xé* kann man nach Wahl von *xéc* – Befehl ableiten oder als das Vergangenheitspräfix *xe* auffassen, wodurch sich dann »Die zum Augenausreißen Bestimmten« oder »Diejenigen, die die Augen ausrissen« ergibt. Da durch das ganze Popol Vuh hin Wortspiele mit den zahlreichen Gleichlauten (Homophonen) getrieben werden, darf man wohl auf diesem Wege an die als Totenvogel erwartete *Eule*, *tecolóte*, denken.

Camalótz *Camé* (Quiché) – Tod. Die Fledermaus, *dzótz*, ist das Symbol von Tod und Wiederauferstehung. Sie erscheint auf vielen Graburnen der verschiedensten mittelamerikanischen Kulturen. Nach ihr nennt sich ein aus vielen Gründen bemerkenswerter Stamm im Hochland von Chiapas »Tzotziles«: Fledermausleute.

Cotzbalám wörtlich: der auf der Lauer liegende Jaguar. Der Jaguar ist ein Nachttier. Seine gelben und schwarzen Flecken werden mit den Mondphasen assoziiert.

Tucumbalám ist der Tapir. Aufgescheuchte Tapirherden zerstampfen alles, was ihnen in den Weg kommt. – *Balám*: Jaguar, wird sehr oft als kultischer Titel gebraucht. Die Urtiere erhalten auch sonst Titel wie »*Ah*« – Herr, Meister. *Balám* ist demnach hier als rituelle Floskel zu nehmen.

Reibesteine Viereckige, auch ovale Dreifußplatten aus dem jeweiligen Lokalstein. Auf ihnen wird mit einer Steinmangel der gekochte Mais zerrieben. In vorkolumbinischer Zeit war dies Urgerät der indianischen Haushaltung oft kunstvoll mit Skulpturen geschmückt.

Die Allbeseelung der Indios, die keine anorganischen Stoffe kennt, lebt unter den Cakchiqueles des Atitlán-Sees bis heute fort. So rücken die Frauen die drei Steine, auf denen der Maiskessel ruht, nach dem Kochen vom Herd, »um den Steinen nicht länger wehe zu tun«. Die Männer, die jeden Baum als Phallus sehen, bedeckten den abgeschlagenen Stumpf mit Laub und Erde, »damit er sich seiner Nacktheit nicht schäme«.

Federvieh Die Mayas hielten sich Truthahn, Fasan und Waldhuhn. Dr. Horkheimer weist aber die Vokabeln verschiedener vorspanischer Hühnerrassen für die Anden nach, so daß wohl die Behauptung europäischen Importes irrig ist.

Holí-holí/Hukí-hukí Lautmalerei für die Geräusche des Maismahlens.

37 Affenwelt und Diluvium Auch die Lacandonen bewahren noch eine ausführliche Überlieferung an ein Affenzeitalter und Diluvium. Bei den Hochlandindianern von Chiapas treten während des dreitägigen Frühlingsfestes fantastisch verkleidete Jünglinge als Tänzer, Spaßmacher und Bannerträger auf. Sie tragen hohe Kappen aus Affenfell und ihr Titel ist im Tzotzil-Maya »*mashes*«, Affen. – In den mexikanischen »Annalen von

Cuauhtitlán« heißt es von einer vierten Weltschöpfung: »Und viele Menschen kamen um im Wasser. Andere wurden in die Wälder geschleudert und verwandelten sich in Affen.«

38 Siebenpapagei *Uúc*: sieben; *k'ak*: Feuer; *quix*: Feder. *Uucub-k'aquix*: Sieben Feuerfeder, Siebenpapagei. Wir sind hier in die Reihe der Natur- und Kalendergötter eingetreten.

Der Mayakalender bestand aus 18 namentlich benannten Monaten zu 20 Tagen; die 5 überschüssigen Tage galten als unheilvoll und waren die »Namenlosen« (*xma-kaba-kin*). Die Reihe der zwanzig Tage, die man auch als Woche auffassen kann, da sie sich nicht mit dem Monat deckt, wurde nun von 1 bis 13 durchnumeriert, dergestalt, daß der erste Tag *Imix* (Krokodil als Welt- und Kalenderträger) seine 1 erhält. Der 13. Tag *Ben* (Rohr) ist also 13 *Ben*. Da aber nun die Zählung neu beginnt, wird der 14. Tag *Ix* (kleiner Jaguar, Ozolote) 1 *Ix*. – Der letzte Tag *Ahau* (Herr, im Kalender mit dem Sonnengott assoziiert) erhält 7 *Ahau*, ein beliebtes Datum. Nun folgt, da die »Woche« neu beginnt, 2 *Imix*.

Ein Tag Papagei ist in keinem Kalender bekannt. Die Glyphe des Monats Kayáb zeigt einen Papageienkopf, ihre symbolische Bedeutung ist aber komplizierter. Wohl ist der fünfzehnte Tag der Quichés *Tzih*: Vogel, dem *Tzikin*, Vogeltag in den Chiapaskalendern entsprechend. Die Entsprechung im Aztekenkalender ist Cuauhtli: Adler. Der Adler ist Sonnenvogel bei Tolteken und Azteken, im Mayabereich hat der Papagei diese Funktion. Es wird also hinter dem heutigen Tzih die Idee Papagei mit dem dazugehörigen Mythos stehen. – Franz Termer hat gezeigt, daß in dem Gebiet des Nachbarstammes der Quiché, dem alten Mayastamme der Mames, der Tag »*tzikin*« als Unglückstag gilt, während das Äquivalent von Hunahpú-Ahau immer ein Glückstag ist. – Nach unserem Mythos leuchtet das ein. *Uúcúb Caquix:* trägt sogar in seinem Namen Sieben Feuerfeder eine Herausforderung: er usurpiert den Titel des wahren Sonnengottes *Kin-ich K'ak-mó*: Sonnenauge-Feuervogel. Der Mythos schildert also die Züchtigung und Vernichtung des übermütig gewordenen Sonnentrabanten Papagei durch den wahren Herrn Ahau (Hunahpú). Er wird ins Reich der Schatten geschickt, nachdem ihm aller Glanz entnommen.

39 Ixbalanqué wörtlich: dem Jaguar ähnlich. Tigrillo, Ozolote. Als Ix: vierzehnter Kalendertag. Ein Aspekt des hier einsetzenden, hintergründigen Berichtes ist also die Auseinandersetzung des an magische Zahlen gebundenen Himmels mit den bloßen Naturkräften. Der Kampf der Olympier gegen die Titanen. Kosmos gegen Chaos.

Zipacná Der Starke. Der Atlas des Popol Vuh. Die Namensähnlichkeit mit den mexikanischen Erdgöttern Cipactli und Cipactonál ist nicht zu überhören.

Cabracán Der Erschütterer (wörtlich: der Zweibeinige);

Chimalmát Villacorta gibt eine sehr gezwungene Ableitung als »Böser Mund, Streitsüchtige«. Indessen ist die Hauptwurzel aus dem aztekischen

Königshaus der Chimalpopóca wohlbekannt. *Chimalli* (aztekisch) ist Schild. »*Maitl*« ist aztekisch Hand; »*ma*« bei den Quichénachbarn, den Pipiles. – Da *chimalli* auch übertragen im Sinne von Schutz, Beistand gebraucht wird (vergl. die deutsche Wendung »Schutz und Schild«), kann der Name »die helfende Hand«, Gefährtin, bedeuten. – Bei den Chorti-Indios an Guatemalas Hondurasgrenze bedeuten die beiden Titaneneltern mit ihren beiden Söhnen die vier Weltträger (ihnen entsprachen bei den alten Mayas die vier *Bacáb* oder Weltträger). Im »Baile de los Gigantes« stellen die Chorti noch heute den Mythos dar. – Im mexikanischen Mythos ist *Chimalmát* die zweite Frau des Königs von Chicomostoc und Mutter von *Quetzalcóatl*.

Die Vulkankette Sie ist in der Folge von Ost nach West genannt.

Chi-k'ak:	Feuermund,	heute »Fuego« genannt.
Hunahpú:	Jäger,	heute wegen einer Schlammeruption »Agua« genannt, während die Indios bei dem alten Götternamen bleiben
Pecúl:	Der Krater,	heute Acatenángo (alle drei unfern von Guatemala City, den Westhorizont beherrschend)
Yaxcanúl:	Der Schreckliche,	heute Sta. Maria
Macamób:	Erloschenes Blasrohr,	heute Zuñil (beide nahe der Stadt Quezaltenango)
Huliznáb:	Der »Rauchende«,	Nachbar des Tacaná, der das Mayaparadies Paxil überragt, heute mexikanisch Tajamúlco genannt.

40 **Nance** (*Byrsonima crassifolia*) Tropischer Baum mit kirschengroßen Früchten, die gerne zu einem Likör verarbeitet werden.

43 **Schutzgeister** (Nagual) Im Text *nágual*, ein Wort, das noch jedem Indio Zentralamerikas, auch wenn er katholisiert und »integriert« ist, einen magischen Schauer verursacht. Die *náguals* sind Schutzgeister, meist Tiere, die jeden Lebenden begleiten. Der Tag der Geburt bestimmt den *nágual*. Die Indios in Chiapas und Guatemala führen fast alle hinter den spanischen Namen als Drittnamen ihren *nágual*, den sie vor Außenstehenden ängstlich verbergen. Denn es genügt, das Geisttier eines Feindes, etwa ein Gürteltier, zu fangen und unter magischen Riten zu quälen, um dem Gegner Krankheit oder gar den Tod zu senden. Der *nágual* hat auch eine Tabu-Wirkung: bei einer vorgenommenen Hochzeit kommen die beiderseitigen Schwiegereltern zusammen, um zu prüfen, ob nicht etwa gleiche *náguals* im Begriff stehen, eine inzestuöse Verbindung einzugehen. Ursprünglich gab es neben dem individuellen *nágual* noch das übergeordnete Totem-Tier des Stammes. Als solche treten hier die aus der Schöpfung bekannten Alten, Eber und Opossum, für ihre Urenkel, unsere Heldenzwillinge auf. Die richtige Schreibweise wäre *náhual*, aber die durch die Spanier geschaffene Verwirrung von g für h und v für u können wir nicht mehr ändern.

44ff Vierhundert Jünglinge Der Naturmythos ist offenbar: Vernichtung eines ganzen Stammes durch ein Erdbeben. Indessen dürfen wir uns mit diesem oberflächlichen Euhemerismus nicht begnügen. Zunächst einmal kann die Zahl nicht zufällig sein. Die Mayas rechneten die Zeit in Einheiten von 20 Jahren, Katun genannt, und Baktúns von 400 Jahren. Das Ende der Zyklen war mit großen Feierlichkeiten und Setzung von Datumstelen verbunden. Es wird also ein von Katastrophen begleitetes Baktún-Ende in mythologischer Form erzählt. Aber auch der Baktún steht hier nur für eine größere Einheit. Die zentralamerikanischen Kulturen kennen vier Weltzeitalter, in dessen viertem wir heute leben.

Rafael Girard hat gemeint, daß der Untergang von Siebenpapagei und seinen Söhnen das Ende des ersten Weltzyklus bedeutet. Soziologisch gesprochen ist es der Übergang vom alleinschweifenden Jäger und Sammler (Siebenpapagei, der Fruchtesser; Zipacná, der Krebssammler) zur Gemeinschaft der Siedler: Die Jünglinge erbauen die Jungmännerhütte im Kollektiv. Und sie finden es »nicht gut«, daß Zipacná *allein* den Stamm trägt. Auch die bezeichnende Frage nach Vater und Mutter, d.h. nach Clan und *nágual*, gehört hierher; eben hierdurch entsteht die Bindung zu Gruppen und Stämmen. Zipacná, der Schweifende, ist die feindliche, die überwundene Ordnung. Er muß sterben. – Bei der Überwindung Cabracáns wird die Motivkette noch deutlicher, indem die Götterjünglinge ihrerseits Sippe und festen Wohnsitz leugnen, um das Vertrauen des Nomaden zu gewinnen.

Ein hoher Mast dient noch heute in Zeremonien zur Erinnerung an die Seßhaftwerdung. Bei dem von Rafael Girard ausführlich beschriebenen Tanz der Giganten unter den Chortis bedecken sich die Darsteller von Sonne und Mond die Gesichter, um getreu der Überlieferung die Dämmerzeit anzudeuten. Anläßlich des Festes vom 18. bis 21. Dezember in Chichicastenango wird unter vielfachen Zeremonien ein 20 bis 30 Meter langer Stamm gefällt und von »400 Jünglingen« zum Hauptplatz des Ortes geschleppt. Zwei Affenmasken versuchen dann, die Jünglinge am Besteigen des Mastes zu hindern. Deren vier gelangen schließlich bis zur Spitze und werfen sich kopfüber in den Raum, an Stricke geknotet, die über ein Rad an der Mastspitze langsam abrollen. So schweben sie zur Erde: der Triumph des Menschen über die niedere Natur. Dieses sehr bekannte Schauspiel des »*Palo Volador*« kann man auch in Papántla, an der Golfküste Mexicos, sehen. Da es sich dort um einen in vorgeschichtlichen Zeiten, vermutlich durch den Einbruch der Olmécas, von den übrigen Mayastämmen abgetrennten Zweig handelt, steht das sehr hohe Alter der Popol-Vuh-Überlieferung außer Frage. Der Nahuatologe Juan Hasler hat den Mythos der 400 Jünglinge auch unter den primitiven Otomi-Stämmen Mittelmexikos nachgewiesen. (Juan Hasler: Dąmųzá – Notas sobre una comunidad Otomi de la Huasteca. Mexico 1952.)

47 Plejaden Hier lautet der Text: »*ix cha chicut aré ri ix é coc chi chumila ri Motz u bi cumál*«, d.i. »Und man sagt von ihnen, daß sie sich zu den Sternen fügten, die Motz genannt werden.« Motz ist Kurzform des Náhua-Wortes *momótzli*: Opferaltar. Der himmlische Opferaltar ist von Brasseur de Bourbourg und anderen als die Plejaden identifiziert worden. Man kann auch von Motz – Haufen, Menge ableiten. Alle Bearbeiter weisen darauf hin, daß hier eines der beliebten Wortspiele vorliegt: *Mótz* und *omúch* (sprich: o-mútsch) vierhundert (Jünglinge).

48 Ek Eine Bromelienart, deren gezacktes Blatt mit ebensolcher roten Blüte heute »Hahnenfuß« genannt wird.

Pahác Nach Ximénez eine kleine Blattpflanze.

Meaguán Am Fuß dieses Gebirges liegt der Ort Rabinál, wo Brasseur de Bourbourg Quiché lernte.

Krebsfang Auf dem Rücken liegen (Mund nach oben) ist die Todesstellung. Der Mythos gerät immer tiefer in magische Bezüge. Ein Tzotzil-Indio aus Chiapas und, nach allem von Rafael Girard Berichteten, ein Chorti würde die Sage so interpretieren: »Der Krebs ist der *nágual* von Zipacná. Indem die Zwillinge ihn tot hinlegen (rücklings), ist das Ende des Riesen gekommen. Er stirbt aber erst, als sie ihn selbst dazu bewegen, auf dem Rücken zu schwimmen. Da erst wirkt der Zauber.« Tatsächlich wird der Krebs im Text das »Zauberding«, *cumatrib* (in Maya *mactzil*), der Zwillinge genannt. Und am Schluß heißt es ausdrücklich: nur durch den *nágual* wurde Zipacná besiegt. – Noch drastischer wird Magie an Cabracán geübt. Indem sein nicht namentlich genannter *nágual*-Vogel in der Kalkerde der Toten geröstet wird, ißt sich der Titan buchstäblich den Tod an diesem Mahl. Es ist zudem das Textwort für weiße Erde: »*Zabcáb*«, das Ritualwort für die weiße Farbe, mit der der Leib von Menschenopfern bestrichen wurde. – Das Motiv der weißen Todesfarbe erscheint auch bei den Griechen.

50 Ende der Titanen
Der Codex Vaticanus hat die Darstellung eines Vulkanberges. An seinem Fuß, in einer Höhle, beratschlagen zwei Jünglinge mit lebhaften Gesten. Draußen fliegt ein Vogel vorbei und kriecht ein Schalentier am Abhang – die zwei náguals. Unter dem Gebirge liegt, mit dem Mund nach oben, eine riesige, nackte Gestalt, durch den Text als Gigant bezeichnet. Das Ende der Titanenwelt. (Reproduziert bei Girard) Siebenpapagei erscheint im Codex Borgia: ein Arara mit dem Arm Hunahpús im Schnabel.

53 Unaufzählbare Geschehnisse Hier spricht Villacorta von »vielen bösen Taten Cabracáns« und Recinos von »zahllosen Taten der Jünglinge«. Im Text steht aber ganz einfach: »*mavi ahilan qui banoh varal chuvach uléu*«, d.i. »nicht erzählbare viele Taten auf dieser Erde«. Der Erzähler, der ja im Text wiederholt selbst hervortritt, gibt zu verstehen, daß er die irdischen Geschehnisse nun verläßt (er wiederholt im nächsten Absatz noch einmal

»varal chuvach uléu«, auf dieser Erde), weil er unter die Erde geht, sich der Unterwelt zuwendet.

54 Stammbaum der Götter und Heroen

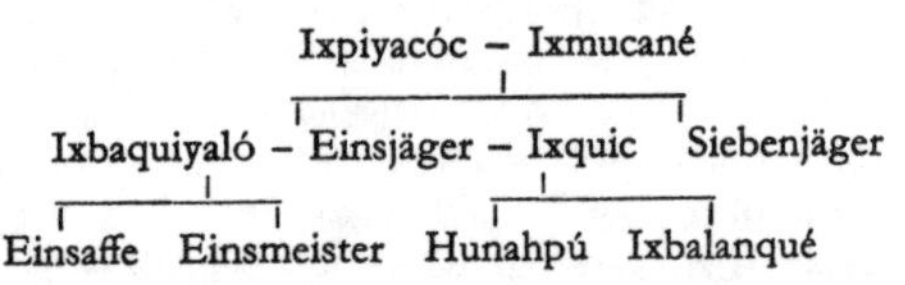

Einsjäger wörtlich *Hún Hunahpú:* 1, ein Blasrohrträger. Von seinem Sohn, dem Halbgott Hunahpú, unterscheidet ihn die Numerierung. Er hat 1, sein Bruder, der ledige Onkel Hunahpús, die Nummer 7. Mit
Ixbaquiyaló d.i. »Die den Menschen Knochen gibt« (Villacorta) erzeugt er ein Zwillingspaar neben Hunahpú und Ixbalanqué, deren Vorgeschichte zunächst im Dunkeln bleibt, nämlich:
Einsaffe und Einsmeister *Hun batz,* 1 Affe, ist der elfte Tag des Quiché-Kalenders. Ihm entspricht *chuén* im Yucatán-Kalender. Man entkommt nicht dem Eindruck, daß hier auf mythisch-astrologische Weise die Verbindung mit den Mayabrüdern der fernen Tiefebenen ausgedrückt wird. *Ah chuén* heißt dort »Kunsthandwerker«. »Kombiniert mit den Worten *k'ak* (Feuer), *kat* und *luum* (Terracotta und Ton) und *mazcáb* (Metall) bedeutet es resp. Silberschmied, Töpfer, Metallschmied« (Eric Thompson op. cit.). In dem Bemühen, die zahllosen Götter- und Heldennamen so faßbar einzudeutschen, wie sie den Mayas selbst waren, wurde das Wort »Meister« gewählt. Astrologisch galten alle Affentage als günstig für die Handwerksarbeiten im besonderen; für Lernen und Lehren im allgemeinen. Nach Schultze-Jena (»La Vida y las Creencias ...«) beginnt der Lehrgang der Zauberlehrlinge in Chichicastenango an einem Tag 13 Affe. In Momostenángo ist es 8 Affe. Die Belehrung dauert einen Tzolkin-Umlauf, also 260 Tage. In Chichicastenango begibt sich dann der neue Priester-Zauberer zu dem bekannten Steinidol auf dem Hügel *Turuk-áh*, nahe der Stadt, zu Gebet und Opfer.

55 Xibalbá Das Mayawort *xibil* bedeutet »verschwinden, sich auflösen« (wie ein Rauch, wie eine Luftspiegelung). Also das Schattenreich, der Hades.
Regenten des Hades Die obersten Unterweltgötter sind Hun Camé und Uucúb Camé – Einstod und Siebentod –. Die meisten anderen Namen drücken unmittelbar die Funktion aus und wurden entsprechend übersetzt.
Ahalpúh und Ahalganá Die Etymologie von Ahalpúh und Ahalganá ist nicht ganz klar. Jedenfalls verursacht der erste eine tropische Hautkrankheit wie Frambosis, der zweite eine Leberkrankheit oder Gelbfieber.
Chuganál bedeutet »der gelb gefärbte Körper«.

56 Xic/Patán sind der Habicht und der Stirnriemen *patán*, heute allgemein

nach dem mexikanischen Wort *mecapál* genannt, eine sehr geläufige Vokabel, da der Indio ausschließlich mittels dieses Tragriemens Lasten befördert; er hat seine Kraft im Nacken und in den Schenkeln, nicht in den Armen. Hier steht *patán-mecapál* für den Herrn Leichenträger. *Pars pro toto.*

Ballspiel Das Ballspiel war die große Leidenschaft der zentralamerikanischen Völker. Keine größere Stadt war ohne ein Stadion dafür. Das größte und eindrucksvollste befindet sich in Chichén Itzá bei Mérida (Yucatán). Obwohl das Ballspiel durchaus einen sportlich-emotionellen Aspekt hatte (es wurde sogar gewettet), trug es doch kultischen Charakter. Es kämpfte in der Regel die Partei der lichten Götter gegen die Dunklen. Der Lendenschurz der Spieler trug daher die Ostenfarbe Rot für die eine Partei, das Schwarz des Westens für die andere. Das Spiel ist am besten unserem Faustball vergleichbar, nur daß gerade Hand ein »Fehler« war. Mit Hüfte, Schenkel und Schulter wurde es gespielt, wie man noch bei den Yaquis in Sonora (Mexico) sehen kann. Gegen den harten Gummiball trug man Lederschutz um Schenkel und Hals und eine Maske wie der Fänger im heutigen Baseball.

An den Längsseiten des Spielfeldes gab es je einen in den großen Städten kunstvoll skulptierten Steinring in etwa drei Meter Höhe. Gelang es einer Partei, den Ball durch diesen Ring zu treiben, so war das Spiel entschieden und die Zuschauer ergriffen die Flucht. Die Siegerpartei und ihre Freunde und Angehörigen hatten nämlich dann das Recht, den Zuschauern ihre Zierate, Federmäntel usw. als Siegerpreis abzunehmen. Es ist uns überliefert, daß im Falle eines solchen »goals« der Ruf ertönte: »Er ist ein großer Ehebrecher! Lang wird er leben!« Dies deutet auf einen uns verlorengegangenen Ares-Aphrodite-Mythos hin. Das zweite Wort in der Aufzählung der Spielutensilien *baté* ist von jedem Übersetzer anders gedeutet worden. Es zeigen uns aber zahlreiche Tonstatuetten von Ballspielern einen Halsschutz, wie ihn deutsche Studenten bei der Mensur trugen. Nun gibt es den Mayastamm »*bat*« einhüllen, bedecken. *Baté* dürfte demnach ein lederner Halsschutz sein.

Würdige Helfer Im Text steht: *ahpóp achih.* Im ersten Wort erscheint wieder die Matte *póp* der Ratsversammlung, auf die sich der Unterführer *ah* setzen darf. *Achih* – Mann, Krieger; ein Würdentitel. Die *ahpóp achih* sind also Beisitzer des Unterweltgerichtes.

57 Carcháh Noch immer ein Indianerzentrum (San Pedro Carchá) bei Cobán, in dem heutigen Departamento Verapaz. Die Mexikaner nannten das Gebiet Tecolotlan – Eulenland. Es scheint hier die vom Atlantik her das Usumacinta-Tal und den einmündenden Rio de la Pasión heraufziehende Toltekengruppe zuerst seßhaft geworden zu sein. Füglich treten daher die Ahnen des Volkes hier den Weg zur Unterwelt an, die Erbschaft den Söhnen überlassend. Mit den mexikanischen Quellen (Ixtlilxóchitl und Sahagún) stimmt überein, daß es noch heute dort den Eulenort *Tucurú* gibt.

Ball im Dach Die Stelle enthält eines der vielen Wortspiele, die in den Mayasprachen mit ihren zahlreichen Gleichlauten beliebt sind: »*X-chi candh cu cand va ca quic*« – »Hier bleibt (*candh*) als Pfand (*cand*) unser Ball«. Das steile Strohdach der indianischen Hütte hat in der Mitte des Firstes ein Loch zum Abziehen des Rauches, das seinerseits von einem kleinen Strohgehäuse vor dem Regen geschützt wird. Da wird der Ball versteckt. Die Helden wissen, daß sie zum Tode gehen. Aber sie entledigen sich vorher ihrer magisch-kosmischen Attribute, klüger als der tumbe Siebenpapagei. So können die Herren der Unterwelt sie zwar als Person vernichten, aber sich nicht ihrer Funktionen bemächtigen, d.h. Gewalt über die Erde erringen. Die magischen Requisiten bleiben als Unterpfand für die Erben zurück. Wobei zu erwähnen ist, daß Ball »*quic*« auch Blut bedeutet. Das Blut nämlich des Gummibaumes *chicozapóte* (heute gebrauchtes Náhuatl-Wort).

58 Schluchten und Wälder Es wird der Weg aus den Bergen von Verapaz in die Dschungelniederungen des heutigen Petén beschrieben. Die wilden Schluchten sind wohl das Quellgebiet des Rio de la Pasión. Die Dornenbäume »*Zimáh*« übersetzt Schultze-Jena mit »spitzen Pfählen«, was keinen Sinn ergibt. Recinos verwechselt »*zimáh*« mit »*zimá*«, dem Baum der wenig später in hochmythologischer Bedeutung auftretenden Jicara-Frucht. Gemeint ist aber ein über und über mit langen Dornen besetzter graugrüner Stamm, der jedem Wanderer im Petén-Urwald in schmerzlicher Erinnerung bleibt.

Noch heute schöpft jeder Indio beim Überschreiten eines Gewässers in ritueller Weise eine Hand voll Naß, auch wenn er sich nur die Lippen netzt. Es wird daher ausdrücklich vermerkt, daß die Helden aus dem Blutfluß nicht tranken. Damit entgehen sie einem Todeszauber.

Die vier Wege Es beginnt die Beschreibung der Weltstruktur, so wie sie die Mayas sahen. In der indianischen Lakonik werden nur Dinge und Taten berichtet, ohne Erläuterung ihres Symbolwertes. Der europäische Leser bedarf daher der Auslegung. Die vier Himmelsrichtungen wurden durch Farben angegeben: Osten – rot; Süden – gelb; Westen – schwarz; Norden – weiß. – Indem die Helden den schwarzen Weg einschlagen, sind sie schon verloren. – Der Weg von Carcháh zum Petén ist in der Tat eine Westwanderung. Recinos hat zu Recht darauf hingewiesen, daß hier, wie an manchen anderen Stellen, durch den allgemeinen Inhalt spezifische Wander- und Kampferinnerungen der Quichés durchschimmern, deren nationales Epos ja das Popol Vuh ist.

59 Heiße Steine Die Helden steigen in einer Vulkanlandschaft in den Schoß der Erde. Sie setzen sich ahnungslos auf glühende Lava.

Zigarre Wir können uns Zeus und Theseus nicht mit einer Zigarette vorstellen. Gucumátz und Hunahpú haben wir uns so zu denken. Denn wie Abbildungen rauchender Götter in präkolumbianischen Codices zeigen, ist die Erfindung uralt. Die Vokabel *Cigale* scheint von den Antillen zu kommen. *Zikár* – rauchen dann im Quiché und *Zic-Ahau*, der Tabaksgott. Die Pflanze kommt wild in Guatemala und Chiapas vor. Auch die in der Folge hintereinander auftretenden Naturprodukte, wie die wichtige Jicara-Frucht am Lebensbaum, Chilipfeffer und gewisse Kürbisarten, die Baumwolle der Schambinde der Affenbrüder etc. – entstammen sämtlich diesen Breitengraden.

Rauchender Gott auf der Erdglyphe Cabán sitzend

Zaquitóc »weißes Messer«, d.i. Opferdolch aus hellem Obsidian.

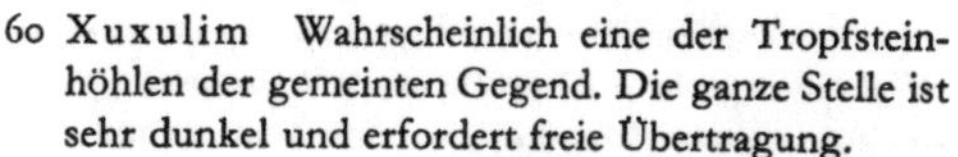

60 Xuxulim Wahrscheinlich eine der Tropfsteinhöhlen der gemeinten Gegend. Die ganze Stelle ist sehr dunkel und erfordert freie Übertragung.

Siebeneinigkeit Die Vielfalt in der Einheit – de pluribus unum – ist eine archetypische Religionsvorstellung, die sich rationalistischer Auslegung entzieht. Die Trinität ist den Mayas durchaus geläufig: wir kennen bereits Huracán in seinem dreifachen Aspekt. In jener eindrucksvollen Schöpfungsszene fügt er sich im grünleuchtenden Wasser als Siebter zu den drei Paaren Tzakól-Bitól, Alóm-Caholóm und Tepëu-Gucumátz, die magische Siebenzahl vollendend. Dort, im grünen Schlangenwasser, treffen sich noch sieben wirklich verschiedene Götter. Aber der *eine* Gott in siebenfacher Erscheinung ist ein Grundkonzept des Mayadenkens.

Schon Siebenpapagei wird mitunter wörtlich als Plural aufgefaßt: den kultischen Ballspielplatz der alten Priesterstadt Copán (Honduras) bewachen sechs Papageien, als siebter wurde die wirkliche Sonne, der hin und her fliegende Ball, gedacht. Auch das Brüderpaar der Ahpú (Jäger) meint im Grunde *einen* Jäger, der in siebenfacher Gestalt auftreten kann. Durchgehend übersetzt daher Villacorta in der Hadesszene, nicht sehr geschickt, aber den Sinn treffend: »Und die Ahpú, vom ersten bis zum siebten«, taten dies und jenes ... Die Formel, mit der die Verkündigung an Ixquic schließt, lautet ganz wörtlich: »Also sprach sein Haupt Eins ein Jäger, Sieben ein Jäger (*Ix-chá ri u holóm hun hun ahpú, uucúb hun ahpú.*)

61 Pucbal-Chah Grabhügel, wörtlich: Steinhügel-Wächter. Die Wortableitung gelang Rafael Girard aus der Topografie der Chorti-Gegend in Honduras (R. Girard: El Popol Vuh etc. pag. 122). Die Interpretationen »Aschenplatz« (Schultze-Jena) und »Opferplatz des Ballspiels« (Recinos-Morley), wobei der Quiché-Text in »*puzbal*« geändert werden muß, überzeugen nicht. Girard leitet vom klassischen Maya *puc* = Hügel ab. Er muß dabei »*bal*« als ein verstümmeltes »*abáh*« = Stein auffassen. Das Verbum »*bal*« heißt indessen: füllen, so daß man wohl korrekter »Wärter *(chah)* des Hügelinhaltes« liest.

Jicara *Crescentia cujete*, auch *Huacál* – Baum genannt, in Quiché *zimá.*

Ein kräftiger, breitkroniger Baum, der ballrunde, zwei Fäuste große Früchte hervorbringt. Ihr Fleisch ist ungenießbar. Ihre getrocknete Schale dient allgemein als Eßnapf und hat sich als *jicara* in den Wortschatz des amerikanischen Spanisch eingegliedert.

62 Mythische Weltalter Es beginnt das Weltalter der Schwarzen Herren. Im »Chilam Balám« von Chumayél heißt es: »Und erhoben wurde der Schwarze Herrscher auf seine Matte und gesetzt auf seinen Thron.« L. Schultze-Jena sagt in seinem Kommentar, hier läge ein klarer Astralmythos, und zwar die Beschreibung des Sonnenumgangs, vor. Diese Erklärung ist unzureichend und in dieser Form sogar falsch. Es gibt noch gar keine Sonne. Alles spielt sich in der Dämmerung der noch nicht beendeten Schöpfung ab. Der Sonnentitel-Usurpator Siebenpapagei ist im schwarzen Westen aufs Sonnenkreuz geschlagen. Wohl aber gibt es schon, um in der Terminologie von Karl Kerényi zu reden, sonnenhafte Jünglinge, denen alsbald mondhafte Jungfrauen zur Seite treten. Aus diesen gehen dann die wahre Sonne und der wahre Mond hervor. Bis dahin ist der Quell alles Lebens nur ein Versprechen, eine Idee. Den zu durchlaufenden Weg teilten die indianischen Kulturen rückblickend in vier Sonnenstationen oder Weltalter ein. Die Azteken sprachen schlicht von vier Sonnen. Die Mayas zählten sie nach dem Sonnenherrn Ahau. Es ist kein Zufall, daß sie den Beginn ihrer weitläufigen und komplizierten Datumsrechnung auf einen Tag 4 Ahau setzten. Das vierte, das Menschenzeitalter hat begonnen, sagten sie damit.
Der Erzähler des Popol Vuh zählt nicht ausdrücklich die Weltalter. Er deutet sie durch Kalendersymbole an. Er erzählt auch nicht in streng chronologischer Reihenfolge, sondern mit fortgesetzten Vor- und Rückgriffen. Und er erzählt schließlich auf drei verschiedenen Ebenen.
Zunächst auf einer *kosmogonischen*, wobei die Gestirne aufgrund beobachteter Verhältnisse an eherne Zahlen »angebunden werden«, wie es wirklich heißt. Des weiteren auf einer *pragmatischen* Ebene, die Entwicklung der Menschheit aus dem Nomaden über Horde und Mutterrecht zum Stamm beschreibend. Da er das Werden einer Agrargemeinschaft schildert, werden die magischen Bezüge zwischen Gestirn-Mensch-Tier und Pflanze sichtbar. In dieser Weltstunde steht das eine für das andere, und das Wahlverwandte kann sich in seine Entsprechung verwandeln. Und schließlich erzählt der Berichterstatter auf *historischer* Ebene die Geschichte der Quichés, ihren Aufstieg zu Volk und Reich. Wie diese ständig von den Vorweltaltern durch Chrono-Magie und Nagualismus beeinflußt wird, so versucht der Erzähler umgekehrt an mehreren Stellen nationale Quiché-Geschichte in die Vorzeit zu projizieren. Das alles haben wir auseinanderzuhalten und zusammenzusetzen, wenn wir mehr lesen wollen als bildreiche Fabeln.
Es ist von verschiedenen Kommentatoren darauf hingewiesen worden, daß auf den ersten Seiten des Popol Vuh alle Grundelemente zusammengerafft dargestellt werden, so wie eine Ouverture die Leitmotive aufklingen läßt,

die dann in der folgenden Lebensoper im einzelnen breit ausgeführt werden. Die erste Weltstunde ist noch kein Akt, keine »Sonne«. Erst nachdem die Ordnung hergestellt ist, die störenden Elemente ausgeschaltet sind, kann eine ordentliche Er-Zählung beginnen.

Archetypen der Vorzeit sind die Titanen: nackt, ohne Haus, ohne Geräte oder Waffen, ohne Zucht (man streitet sich mit dem Vater Siebenpapagei um physische Qualitäten; Zeugnis des Faustrechtes); ohne Sippe, ohne Schutzgeister daher und ohne Gott (man ruft sich selbst zum Gott aus), sind sie die Menschenwelt der Chaosstunde. Kalendarisch entsprechen ihnen die Tage-ohne-Namen, die fünf überzähligen *xma-kaba-kin*, die in völliger Untätigkeit, unter sexueller Enthaltung, bei ausgelöschtem Feuer und in Furcht verbracht wurden. Das Ende eines Zyklus von 52 Jahren, wenn das Rad der durchgezählten Tage und Monate sich in den gleichen Formen zu wiederholen anfing, wurde noch bis zur Zeit der Spanier in wirklicher Panik erwartet. Bei den Mayas spielten wohl auch die Zyklen *baktún* (400 Jahre) und *katún* (20 Jahre) dieselbe Rolle der möglichen Chaoswiederkehr.

Mit der Gründung der Familie hatte die Mayakultur angefangen. Und wie in allen frühen Horizonten ist es die Frau, die Ahnin, die das Feuer der Hütte hütet und die Familie zusammenhält. Im archaischen Maya der Lacandonen meint »*na*« gleichzeitig Mutter und Hütte. Unsere Ahnin ist die Uralte, Ixmucané, unter verschiedenen Namen und Titeln – so demjenigen des großen weißen Dachses – geistert sie durch die Frühzeit. Jetzt schließt sich die erste Familie um sie und ihr Haus. Der Mann, Ixpiyacóc, der eine recht passive Rolle gespielt hat, verschwindet ganz. Die Söhne, die Ahpú, sind noch Jäger, aber die Enkel treiben Hausfleiß in der Hütte. Dies ist die Schilderung der frühesten Agrarzeit, die unter Matriarchat steht. Alle Frühzeitkulturen waren magisch bestimmt, die indianischen Kulturen sind es bis zum heutigen Tage. Zeugung und Geburt sind die Urthemen menschlichen Denkens. Wohin immer wir blicken: Fruchtbarkeitszauber und Kult von Urweibern sind die ersten Zeugnisse an Höhlenwand, in Stein und Ton. In der Frühzeit ist die Vaterschaft sehr oft fraglich. Von welcher Mutter man stammt, weiß man, und von welcher Großmutter, die das junge Volk der Hütte, die wachsende Sippe, zusammenhält und in dem Sinne wirklich »regiert«. Wenn man sich von einer Ahnin herleitet, so ist das nicht ein matrilinearer Ahnennachweis ohne tiefere Bedeutung, vielmehr das Eingedenksein, daß man vom »großen weißen Dachs«, vom »Jaguar«, vom »Reh« abstammt. Der Mensch ist magisch mit Gestirn, Tier, Pflanze verbunden, die immaterielle Ordnung bestimmt sein praktisches Tun.

Inzwischen reift das zweite Weltalter heran, das der Jünglinge und Männer, die der Gängelei durch die Urmütter entspringen. Es bildet sich der straffgeorganisierte Männerbund, mit Pflichten, Rängen und Titeln. Man lebt in

Höhlen, man kennt außer Körperbemalung, Kopfputz und Knöchelzierat noch keine Kleidung; nackt sitzt man auf den Steinen der Höhle (Darstellung des Todesgottes im Dresdner Codex). Zu Beratungen und Empfängen aber versammelt man sich im Raum der Matten (*popobál*). Reichlich ist der Vorrat an Obsidianmessern. Mit der Mutterwelt lebt man im Krieg. Gefangene vierteilt man, die Kopftrophäe setzt man in einen Baum. Man ist stolz auf sein Wesen als Mann (*inik* – Huastéco –, *vinik* alle Maya-Dialekte, *vinác* in Quiché) und hat hölzerne Götter, nach eigenem Bild geschnitten. Das ist ein neues und nicht freundlicheres Weltalter. Indessen lösen sich Weltalter nicht einfach auf: sie bestehen nebeneinander weiter; oder muß man daran erinnern, daß im Atomzeitalter nicht nur die Lacandonen vom Usumacinta ihre Pfeile mit Obsidianspitzen verschießen? Man kann, etwa auf Neu-Guinea, Männerbünde studieren. Und mitten im modernen Mexiko, unter den Zapotécos am Golf von Tehuantepéc ein recht strammes Frauenregime, das zwar nichts von matrilinear und matrilokal weiß, aber im Hause bestimmt und die Männer von wichtigen Festen ausschließt.

62 Cuchumaquic Man kann dieses Wort durchaus, wie es Villacorta tut, als »alter Blutgeier« lesen, da *cuch* = Aasgeier darin steckt. Wir haben es auch so bei der Aufzählung der Hadesherren dabei gelassen. Aber es gibt auch *cuchumah* = vereinigen, zusammenhängen, in Ortsnamen oft gebraucht. Dann würde »Vereiniger des Blutes, Blutahne« herauskommen. Wir lassen den Namen daher jetzt als solchen stehen.

Ixquic *ix* = Präfix, soviel wie klein, auch Determinativum des weiblichen Geschlechts. Die Tochter des Vorigen heißt also: Frauenblut.

65 Blutbaum *Croton Sanguifluus*, auch Drachenblutbaum genannt. Tropischer Baum mit dickem, rotem Saft. In Quiché: *chuh cakché*. *Chuh* = schäumen; *k'ak* = Feuer und rot; *ché* = Baum. Rotschaumbaum ist danach die genaueste Übersetzung. Das Harz wurde als Weihrauch (*póm*) verwendet. Das Popol Vuh erzählt die mystische Herkunft des Weihrauchs. – Ixquic sagt nun vor diesem Baum im Hinblick auf die Todesherren: »*Xa quic, xa holomax rech ch'uxoc aré chicut ch'u vách*«, was Wort für Wort heißt: »Nur *quic*, nur *holomax* ihrer sein soll dort auch vor ihrem Angesicht«.

Junge Göttin

67 Drei Götter Als Helfer in ihrer Not ruft Ixquic den Maisgott in drei Funktionen an. *Ix-toh:* Überfluß-Spender; *Ix-canil:* Gott der Reife, aber auch: Kostbarer; *Ixcacawixtziya:* Vermehrer des Maisbreies.

Magische Astronomie Es leuchtet ein, daß der Kalender seine Struktur nicht den komplizierten Astralverhältnissen entlehnen kann. Feststellungen wie diejenigen, daß 13 Venusumläufe 8 Sonnenjahren entsprechen und der Stern deshalb in diesem Zeitraum fünfmal zwischen Erde und Sonne hindurchgeht und die fantastische Merkurzahl $13 \times 9 \times 7 = 819$, setzen jahrhundertelange Beobachtungen und eine hohe Kulturstufe voraus. Die Anfänge sind schlichter.

Seit jeher hat sich der Mensch als das Maß aller Dinge genommen. Der Maya zählte die Finger und Zehen seines Körpers. (Die »abstrakte« Zahlenschrift ist nichts anderes als das Loch, das 1 oder 2 Finger in den Sand machen, 5 ist die flache Handkante.) Ein Blick auf die Sprachtabellen zeigt, daß die Zahlen bis 20 zum ältesten Sprachgut gehören. *Hu-uinák* (Quiché), *hun-vinán* (Uspantéca) haben in Variationen alle Gruppen, sogar das Huastéca: »*hum-inik*« und das Mam »*hu-ink*«. (Das *hun k'al* = »eine Runde« des Yucatéco ist schon seiner abstrakten Form wegen als spätere Umschreibung erkenntlich.) *Hun vinik* ist ein (ganzer) Mann mit zwanzig Fingern. Diesen Begriff *hunuinik* wollen wir im folgenden als eine untergeteilte Einheit festhalten. Es wurde aber, sobald sich das magische Denken zu artikulieren begann, jedes einzelne Fingermännchen mit einem Gott oder *nágual* versehen, die uns heute nur noch in einigen Fällen, wie Affe, erkenntlich sind. (Auch die europäischen Chiromanten sprechen ja nach antiken Vorbildern von Jupiter-, Apollo- und Merkurfingern.) Damit waren die Bausteine für einen Kalender gegeben. Schultze-Jena nennt ihn anthropolunar und trägt ein überraschendes und überzeugendes Beweismaterial dazu bei. (»La vida y los creencias . . .«)

In der frühen Weltstunde beobachtete der Mensch ständig sein Dasein inmitten der ihn umgebenden Welt; jede auffallende Beziehung wurde benannt und magisch gedeutet. Die Monatsblutung der Frau heißt in Quiché »*rech ri ik*« = Das (Blut) vom Mond. Wenn dieses ausbleibt, so dauert es neun Monate, bis ein *vinik* ans Licht dieser Welt kommt, weshalb man auch von dem »*ah bilép ik*«, dem Neunmondemann, spricht. Damit erhielt die 9 einen magischen Rang, im klassischen Maya »*bolón-ti-ku*«, Gott Neun genannt.

Wegen der Neumondnächte war die genaue Tages- (oder Nacht-) Zahl eines Monats für den primitiven Menschen schwer festzustellen. Es durfte übrigens früher nur in Neumondnächten gezeugt werden, eine Gewohnheit, an der noch heute die Lacandonen festhalten. Der Lacandone Chankin vom Schlangenfluß Lacanhá bei Bonampák erklärte einmal dem Herausgeber damit die geringe Nachkommenschaft seines Stammes, mit drastischen und verächtlichen Worten die Sittenlosigkeit der »Leute«, d.i. Nichtlacandonen, geißelnd.

Nahm man den Monat zu 29 Tagen, so ergab sich die Zahl 261, d.h. der Tzolkin von 260 Tagen, wenn man 1 abzog. Mit dem Zuzählen und Abziehen von Einheiten regulierten die Mayas, die nicht in Brüchen rechneten, die Kommastellen der faktischen Gestirnsumläufe. Im späteren hochkomplizierten Kalender der sogenannten Großen Rechnung setzten sie Glyphen ein, die aussagten: Dieser Monat hat 29 Tage, dieser 30. In einem Tzolkin von 260 Tagen entstand also ein *ah bilép ik*, ein *uinik*, mit seinen 20 Trägern.

Sah man aber genau hin, so wurden in dem Zeitraum 13 Mondwesen *ab bilép ik* hervorgebracht: 13 × 20 = 260. Das war höchst wunderbar, und es konnte sich nur um Geister, *náguals*, Götter handeln, die den einen Zwanziger *uinik* begleiteten. Schultze-Jena bemerkt hierzu: »Fruchtbar und erfindungsreich muß der Geist dessen gewesen sein, der zum ersten Male diese zwei Ziffern teilte: 260:20, und der das Ergebnis 13 als Norm für eine Zahlensequenz nahm, die 20 aber als Zähleinheit für die Tage. Damit schließt sich der anthropolunare Zyklus.«
Nachdem man so die Ziffer 13 gefunden und in der Folge ihre wahrhaft verblüffende Wirksamkeit in kosmischen Beziehungen beobachtet hatte, wurde sie gebührenderweise in den höchsten magischen Rang erhoben: als *oxlahun-ti-ku*, Gott 13, zieht sie in den Mayaolymp ein. Wieder ist es eine Einheit aus der Pluralität, und es sind wirkliche Götter. Wenn wir uns die entsprechenden Glyphen ansehen, so tritt uns eine Reihe von Götterprofilen entgegen, ein jedes mit charakteristischen Attributen, die uns noch beschäftigen werden. Höchst aufschlußreich ist nun, daß von den Glyphen der »Kopfvariante« nur 1–13 selbständige Götterantlitze zeigen: die Nummern 14 bis 19 sind Wiederholungen der vorigen mit Variationen. So erscheint unsere Uralte, Ixmucané (5), als Nummer 15 wieder; sehr deutlich auch die Relation 6:16 und 8:18. Die zwanzigste Glyphe zeigt höchst verschiedene Götterprofile auf den erhaltenen Inskriptionen, deren Grundelement eine das Kinn bedeckende Hand ist. Oft erscheint auch die Hand allein mit einer Muschel. In den noch nicht beendeten Gelehrtenstreit, ob diese Zeichen 20 oder 0 oder »*Completion*« (Thompson) bedeuten, wollen wir hier nicht eintreten. In den, im Punkt-Strich-System vorgenommenen, Kalkulationen der Codices steht jedenfalls für 20 eine Mondglyphe, und eine stilisierte Muschel steht für Null und verleiht Positionswert.
Mythologisch befinden wir uns in keiner Schwierigkeit: wir sind wieder bei *Imix – Ixmucané* angelangt, der Ahnin, die aus dem Nichts (0) erschafft und den *uinik* (20) vollendet. Wenn die 13 *Oxlahun-ti-ku* mit jedem einzelnen Fingergott des *hun uinik* gesprochen haben (13 × 20 = 260), ist es der Tag 13 Ahau, die vier Wege sind durchschritten, und *Imix-Ixmucané* beginnt die neue Schöpfungsrunde. Selbstverständlich wurde die restierende Siebenzahl (20–13 = 7) bemerkt und erhielt ihren entsprechenden Rang, wie wir bereits bei der Behandlung der Septernitäten gesehen haben: die *Ahpu* »von 1 bis 7«, die 7 *Camés*. In Yucatán erscheint entsprechend ein Gott der Sieben Erdschichten *Ah Uúk cheknál*. – Nur im Vorbeigehen sei erwähnt, daß ein Zyklus von 91 Tagen zur Berechnung von Sonnenwende und Äquinoktien diente (13 × 7 = 91). Der Tzolkin erfüllte also alle Bedürfnisse magisch-kosmischer Interpretation; er reichte und reicht bis heute für die praktischen Bedürfnisse des Agrarjahres. Für Datierungen und Berechnungen über große Räume reichte er nicht aus. Es galt, ihn mit dem Sonnenjahr zu kombinieren.

Damit stießen die Mayas auf die im Kosmos gesetzten Widerstände der Umlaufzeiten, die auch unseren Gregorianischen Kalender zu allerlei Tricks, wie einem Monat von 28 Tagen, anderen von 31 Tagen, Schaltjahren und dem periodischen Ausfallen eines an sich erforderlichen Schaltjahres, zwingen. Unser Kalender ist weitaus willkürlicher und kosmisch »unwahrer« als derjenige der Mayas. Versucht man das Jahr von 365 Tagen aus dem Tzolkin aufzubauen, so sah das so aus:

$$\begin{array}{l} 13 \times 20 = 260 \\ 13 \times 8 = 104 \\ \hline 13 \times 28 = 364 \text{ Tage.} \end{array}$$

Abgesehen davon, daß die indifferente Zahl 8 darin eine Rolle spielte, war das aus Multiplikation und Addition gemischte System, zu welchem man noch eine Eins addieren mußte, unbrauchbar. Immerhin verwandte man die Formel 364 für die Bestimmung der vier Kardinalpunkte, Sonnenzenith und Nadir nebst den Frühlings- und Herbstzeiten, da ja neben den magischen Zahlen 13 und 7, recht aufgefaßt, auch die vier Wege oder Himmelsrichtungen vorkommen ($13 \times 7 \times 4 = 364$). *Das* war ein Teiler des Rades, dessen kleine Unstimmigkeit (plus 1) zu korrigieren war. Aber es galt nur für die Spezialformel.
Man wird nun wohl so überlegt haben: der Tzolkin bringt 13 *uiniks* hervor – wieviel das *haab*, das Sonnenjahr? Eine glatte Antwort gab es nicht, wohl aber Hilfskonstruktion: die Zwanzigzahl ging 18 mal in 360 Tagen auf. Diesen neuen Begriff 18 nannte man *uinál.* Seine Glyphe ist ein Frosch, *uo*. Aber auch »Zeichen, Symbol« ist *uo*. Davon also und nicht von *U* = Mond ist der Begriff abzuleiten, wenngleich die Wissenschaft heute die Einheit als Monat nimmt. Wir werden nur den Begriff *uinál* hantieren, der eine Recheneinheit ist und in keiner Weise mit dem Mond koinzidiert. Der Name dürfte bewußt der sakrosankten Einheit *Uinik-uinák* nachgebildet sein und die Froschglyphe ein daraus entwickeltes Wortspiel. Er steht als Singularform für eine Reihe von 18 *uináls*, deren jeder 20 Tage regiert (oder einen uinák, womit sprachlich die Gleichung $18 \times 20 = 360$ ausgedrückt ist).
Jeder der 18 *uináls* erhielt seine Glyphe und seinen Namen. In Wort und Bild erkennen wir sofort zwei wichtige náguals: *dzotz*, die Fledermaus, und *muán*, die Eule. Der 17. *uinál*, »kayáb«, ist etymologisch nicht ableitbar, aber die Glyphe zeigt einen Papagei mit einem Kreuz im großen runden Auge. Umgekehrt wird der zweite *uinál*, »uo« = Frosch, auch durch eine abstrakte Glyphe mit dem Himmelskreuz *chaan* dargestellt, das immer wieder in dieser Reihe erscheint, sie so zu einer Sonnensequenz und nicht zu »Monden« stempelnd. Nachdem noch in einer Variante des Monats *Ch'en* (ein geläufiges Wort in Yucatéco für »Teich«) Fische stehen, dürfen wir schließen, daß die 18 *uináls* alle (wie der zusammenfassende Begriff

uinál = Frosch) nach Nágual-Tieren benannt wurden. Aber náguals von wem?
Bei der Teilung von 18 in die kreative 2 und die 9 ließen die Mayas hier die *bolón-ti-ku* auftreten, und zwar als die »Neun Herren der Nacht«. Von unten her regierten sie, wahrhafte Herren der Mitternachtssonne, Erdsymbole begleiten sie. Ihre Namen sind uns nicht überliefert, ihre Entsprechungen bei den Azteken und Zapoteken kennen wir. Ihre Glyphen sind meist sehr schematisiert, eigentlich nur der Mächtigste, der Neunte, erscheint regelmäßig als Profilkopf: ein alter Mann, gekrönt von dem *k'in*-Zeichen, dieses oft in einer Form gezeichnet, so daß es die dunkle, die »schwarze Sonne« bedeutet. Jeder dieser dunklen Herren regierte über zwei Einheiten von Zwanzig, also über 40 Tage, damit 360 Tage des Sonnenjahres im Griff haltend, wie die vier Regenten des Tzolkin ihre 65 Tage überwachten ($9 \times 40 = 360$; $4 \times 65 = 260$). Von den ärgerlichen 5 überschüssigen Tagen zogen die Herren der Nacht ihre Hand ab. Diese blieben daher ohne Schutz. Man faßte sie als 19. *uinál* unter dem Namen *Uayéb* als undifferenzierte Fünfergruppe zusammen (*xma-kaba-kin*: die Namenlosen). – Uayéb wird als »Bett des Jahres« gedeutet, was seine Bestätigung bei den Chorti findet, die sagen, daß »der Herr ruht«. Die Glyphe zeigt zwei dunkle tote Papageien über dem Jahressigillum.
Indessen ruhen weder Gestirne noch Zeiten: unermüdlich dreht die Urmutter, die Ahnin Mam, die Vielbeschäftigte, die Gestaltenreiche, das Rad Tzolkin durch die Ewigkeit. Und so übernimmt sie schweigend, als Göttin 5, diese 5 ausgelieferten Tage. Der *Tzolkin* hilft dem *Haab* über den Abgrund, und am 366. Tag ist alles wieder in Ordnung: ein neuer Tzolkin hebt unter einem neuen Regenten an; ein neues Jahr beginnt mit seinen Prädikaten, die Herren der Nacht walten wieder ihres Amtes.
Damit waren Mond- und Sonnenrechnung in Übereinstimmung gebracht, und es folgten anhand der Beobachtung jene fantastischen Rechnungen, deren berühmteste die Venusgleichung ist. Die 260 Tage des Tzolkin, die 365 des Sonnenjahres und die 584 des Venusdurchgangs fallen in einen Großintervall von 37960 Tagen zusammen. Die Formel sieht so aus (nachdem $365 = 5 \times 73$ und $584 = 8 \times 73$ ist):
(Mond) $20 \times 13 = 260 \times 2 \times 73 = 37960$
(Sonne) $8 \times 13 = 104 \times 5 \times 73 = 37960$
(Venus) $5 \times 13 = 65 \times 8 \times 73 = 37960$
Dieser Reigen der heiligen Zahlen muß die Mayas aufs höchste verwundert und entzückt haben. Die erste Multiplikation ergibt den Tzolkin und seine Unterabteilungen, dann ordnen sich Sonne und Venus in das System ein, und nach 37960 Tagen fallen alle Zyklen zusammen, und die kosmischen Götter gelangen zu dem »großen Rastplatz«, wie die Mayas es nannten, zum »*lubay*«.
Für die kalendarischen Bedürfnisse numerierten sie die 18 uinals durchlau-

fend von 1 bis 19 und 0. Mit 0 begannen sie, weil in dem inzwischen verfeinerten Zeitgefühl nur die verstrichene Zeit gezählt wurde. Der erste Monat hieß passenderweise *Pop*: der Herrscher betritt die Matte. Da es aber noch niemanden zu regieren gibt, ist der erste Tag des Jahres 0 Pop. Vorausgegangen sind die fünf *xma-kaba-kin*, die Namenlosen. Diese alterieren unser neukonstruiertes Sonnenjahr *haab* in keiner Weise: die *Uinals* werden zwanzigmal durchgezählt (20 × 18 = 360), dann »ruht das Jahr« fünf Tage, um wieder mit 0 Pop neu zu beginnen. Der rastlose Tzolkin hat sich aber weiter gedreht: Wenn die Zählung 1 Imix 0 Pop begann, so ist sie, wie wir sahen, weiter im zweiten Jahr 2 Kimi 0 Pop, darauf 3 Chuén und 4 Kib mit 0 Pop. Im fünften Jahr ist wieder Imix da – aber mit dem Zähler 5. Es müssen 73 Tzolkin und 52 Haab = 18980 Tage = 52 Jahre vergehen, ehe wieder 1 Imix 0 Pop entstehen kann. Diese Rechnung nennt man heute das *Kalenderrad*, der Maya-Ausdruck ist unbekannt. Es arbeitete vorzüglich, erfüllte alle magischen und praktischen Bedingungen und war bis zur Ankunft der Spanier im Gebrauch.

Indessen war man noch nicht zufrieden. Um in leicht hantierbaren, übersichtlichen Zyklen arbeiten zu können, schuf man neben dem Kalenderrad die sogenannte »Lange Rechnung«. Man *strich* kurzerhand die lästigen *xma-kaba-kin* und setzte ein Jahr zu 360 Tagen, *Tun* genannt, das wörtlich: Stein, übertragen: Datumsstein, Zeitmarke bedeutet. Die Verbindung des Vigesimal-Systems mit der Positionswerte verleihenden 0 ergab nun in rascher Folge riesige Einheiten, einfach zu schreiben und zu verstehen. Während wir, der arabischen Schreibweise folgend, die Positionswerte von rechts nach links um je 10 erhöhen, staffelten die Mayas die Zwanzigerreihen von unten nach oben.

Einfache Begriffe begleiteten die einfache Schreibweise: das Jahr war *Tún;* 20 Jahre ein *Katún*; 400 Jahre ein *Baktún*. Diese drei Zahlenzyklen eröffneten fortan in der Zeit des »Alten Reiches« die Datumsinschriften, dann erst folgten die Namen und Ziffern des Kalenderrads, die Glyphen der regierenden Herren der Nacht, Mond- und Venusglyphen. Für Rechnungen, wahrlich astronomischer Art, konnte man sich des *Pictún* von 8000 Jahren, des *Calabtún* von 160000 Jahren bis zum *Alautún* von 64 Millionen Jahren bedienen. Tatsächlich haben wir Inschriften, die sich mit solchen Einheiten befassen; es gibt eine, die wahrscheinlich über 400 Millionen Jahre läuft.

Trotz dieser praktischen Vorteile wird der Grund für die Erfindung des Systems magischer Art gewesen sein. Eric Thompson bemerkt dazu: »Ich neige dem Gedanken zu, die Periode von 360 Tagen sei gewählt worden, weil die Mayas ein formelles Jahr wünschten, das unveränderlich mit Imix begänne und mit Ahau ende ... Zudem regieren in einem Annäherungsjahr von 360 Tagen stets dieselben Herren der Nacht dieselben Nächte in jedem Jahr.« Unter den vielen Belegen hierfür gibt es einen durch seine

Monate

Tage	Pop	Uo	Zip	Zotz	Tzec	Xul	Yaxkin	Mol	Chen	Yax	Zac	Keh	Mac	Kankin	Muan	Pax	Kayab	Cumhu	Uayeb	Monatsdatum
Imix	1	8	2	9	3	10	4	11	5	12	6	13	7	1	8	2	9	3	10	0
Ik	2	9	3	10	4	11	5	12	6	13	7	1	8	2	9	3	10	4	11	1
Akbal	3	10	4	11	5	12	6	13	7	1	8	2	9	3	10	4	11	5	12	2
Kan	4	11	5	12	6	13	7	1	8	2	9	3	10	4	11	5	12	6	13	3
Chicchan	5	12	6	13	7	1	8	2	9	3	10	4	11	5	12	6	13	7	1	4
Kimi	6	13	7	1	8	2	9	3	10	4	11	5	12	6	13	7	1	8		5
Manik	7	1	8	2	9	3	10	4	11	5	12	6	13	7	1	8	2	9		6
Lamat	8	2	9	3	10	4	11	5	12	6	13	7	1	8	2	9	3	10		7
Muluc	9	3	10	4	11	5	12	6	13	7	1	8	2	9	3	10	4	11		8
Oc	10	4	11	5	12	6	13	7	1	8	2	9	3	10	4	11	5	12		9
Chuen	11	5	12	6	13	7	1	8	2	9	3	10	4	11	5	12	6	13		10
Eb	12	6	13	7	1	8	2	9	3	10	4	11	5	12	6	13	7	1		11
Ben	13	7	1	8	2	9	3	10	4	11	5	12	6	13	7	1	8	2		12
Ix	1	8	2	9	3	10	4	11	5	12	6	13	7	1	8	2	9	3		13
Men	2	9	3	10	4	11	5	12	6	13	7	1	8	2	9	3	10	4		14
Kib	3	10	4	11	5	12	6	13	7	1	8	2	9	3	10	4	11	5		15
Caban	4	11	5	12	6	13	7	1	8	2	9	3	10	4	11	5	12	6		16
Eznab	5	12	6	13	7	1	8	2	9	3	10	4	11	5	12	6	13	7		17
Cauac	6	13	7	1	8	2	9	3	10	4	11	5	12	6	13	7	1	8		18
Ahau	7	1	8	2	9	3	10	4	11	5	12	6	13	7	1	8	2	9		19

Koordinationstabelle der Tage und Monate. Grundstellung: 1 Imix 0 Pop.
Die fünf Uayéb werden in der Monatszählung 0–19 übersehen, während die Tageszählung 1–13 sie erfaßt.

Einfachheit überzeugenden Beweis. Der Tzolkin besteht aus einer Einheit von 20 *uinák*, die dreizehnmal durchgezählt wurden und stets mit 13 Ahau schlossen. Nahm man nun den *katún* von 20 Jahren als eine Einheit, sozusagen einen Groß-*uinák* und zählte ihn dreizehnmal durch, so erhielt man nicht nur einen »Sonnen-Tzolkin« von 260 Jahren – es fanden sich auch beide Zyklen auf dem »Ruheplatz« ein. Mit anderen Worten: wenn ein katún auf 13 *Ahau* endete, so folgte ihm nach 260 Jahren ein katún 13 *Ahau*. Dergleichen Kalenderumwälzungen werden, bei dem sakralen Charakter der Materie, nicht ohne heftige Auseinandersetzungen geblieben sein. In der Tat wissen wir aus historischer Zeit von Kontroversen zweier Astronomenschulen des fünften nachchristlichen Jahrhunderts um die genaue Monatsformel.

Von den Geburtskämpfen des Kalenders sprechen in mythologischer Form die Bücher der Jaguarpriester, die *Chilám Balám*, aus Yucatán. Dort heißt es, die Neungötter, *bolón-ti-ku*, hätten die Dreizehngötter, *oxlahun-ti-ku*, bekämpft, besiegt und »all ihrer Insignien beraubt«. Ein Blick auf die drei Systeme zeigt, daß dies übertrieben ist. Der Tzolkin wurde nie besiegt. Im Kalenderrad sehen die neun Herren der Nacht grollend von den 5 überschüssigen Tagen ab und überlassen sie gar der Urmutter Imix. Auch kann es kein Zufall sein, daß die Glyphe des 13. »Monats«, *Mac*, auf manchen Monumenten und wiederholt im Codex Dresden als eine Kombination von Imix und Ahau geschrieben wird. Das ist eine offensichtliche Kompromißformel. Die eigentliche »Versöhnungsformel«, magisch-algebraisch ausgedrückt, möchten wir in folgender Gleichung erblicken, die Thompson aufzeigte.

$13 \times 360 = 4680$

$18 \times 260 = 4680$

13 Tún ergeben 4680 Tage. 18 Umdrehungen des Tzolkin ergeben dasselbe. In mythologischer Sprache heißt das: Wenn die 13 Herren des Tzolkin sich mit dem Jahr der Neun Herren der Nacht verbinden; wenn die neun Paare der Nachtherren ($2 \times 9 = 18$) sich dem Tzolkin verbinden, so gelangen sie alle zum gleichen Ruheplatz. Oder, als algebraisches Paradox: $18 = 13$. Kürzer und dunkler konnte sich auch Heraklit nicht ausdrücken.

Wir werden nun, nach Einsicht der Chrono-Magie, in der Lage sein, die zaubrischen Verhältnisse unseres astro-agrarischen Mythos zu erkennen.

Göttin 5 (die Uralte) mit Muschelkrone

68 Heldenleben Über die Bühne der vergleichenden Religionswissenschaft zieht eine Reihe archetypischer Bilder. Die Wundergeburt des Helden. Die Aussetzung und Verstoßung. Das Aufwachsen in der Wildnis. Die Heimkehr und die Besiegung der Widersacher. Dann beginnt die Reinigung der Welt von Vorzeitungetümen. Wie Herakles und Theseus erfüllen Hunahpú und Ixbalanqué die ihnen gestellte Aufgabe nach dem Befehl des »Herzens des Himmels«. Da der Erzähler des Popol Vuh diese Taten vorweggenommen hat, ist zu erinnern, daß in chronologischer Folge erst jetzt Siebenpapagei, Zipacná und Cabracán beseitigt werden. Es folgt die Überwindung der dritten Weltstunde: die der Affenära.

Zum Thema des Heldenkindes formuliert C. G. Jung: »Das ›Kind‹ hat bald mehr den Aspekt der Kindgottheit, bald den des jugendlichen Helden. Beide Typen haben die wunderbare Geburt und die ersten Kindheitsschicksale, die Verlassenheit und die Gefährdung durch Verfolger gemeinsam. Der Gott ist reine Übernatur, der Held hat menschliches, aber bis zur Grenze der Übernatur gesteigertes Wesen (›Halbgöttlichkeit‹). ... Die ›wunderbare Geburt‹ versucht die Art des Entstehungserlebnisses zu schildern. Da es sich um eine psychische Entstehung handelt, so muß alles in unempirischer Weise geschehen, also z.B. durch jungfräuliche Geburt oder durch Geburt aus unnatürlichen Organen. Das Motiv der ›Unansehnlichkeit‹, des Ausgeliefertseins, der Verlassenheit, der Gefährdung usw. versucht die prekäre psychische Existenzmöglichkeit der Ganzheit, d.h. die enorme Schwierigkeit, dieses höchste Gut zu erringen, darzustellen.« (C. G. Jung, op.cit.pag. 126 s.)

69 Canté »Gelbbaum«, *Gliricidia sepium*. Aus den Wurzeln gewannen die Mayas einen gelben Farbstoff, »*zac-yab*«.

70 Verwandlung Den Hörer des Popol Vuh wird ein heiliger Schauer durchrieselt haben, wenn er vernahm, wie die 7 Ahpú und die Sieben Tode, in zwei Brüderpaaren repräsentiert, einander begegneten. Er wird die verschiedenen Stationen der Prüfung mythologisch besser verstanden haben als wir, die wir den kulturellen Aspekt zuerst begreifen: das Auftreten von offenbar männlichen Holzbildern, große Vorräte an Feuerstein- und Obsidiangeräten, genaue Beschreibung der Opferriten bei der, verhinderten, Schlachtung von Ixquic.

Einsjäger und Siebenjäger erleiden den Opfertod, so wie ihn Osiris, der zerstückelte Dionysosknabe, Baldur und der mexikanische Frühlingsgott Xipe Tótec erlitten, als Verwandlung. Mit ihrem Blut befruchten sie die Erde, mit ihrem Speichel Ixquic. Aus ihrem Samen gehen die Sieger über die Unterwelt hervor. Ihre Köpfe verwandeln sich in die nützliche Jicara-Frucht. Dies ist ein sozusagen nationalvölkischer Zug des Quiché-Epos: der Maya-Mythos weiß vom Entstehen eines Urbaums Ceiba (*Ceiba pentranda*), des immergrünen heiligen Baumes der Mayas, *yaxché* = grüner Baum, mit seinem flaschenförmigen, hellgrauen Stamm und der breit ausladenden Krone. In Wort und Bild sind uns aus den zentralamerikanischen Kulturen überreiche Belege dafür gegeben, daß man sich die Menschen wie Früchte an den Zweigen der Ceiba wachsend dachte. Über den Weltbaum als Archetypus sei auf Mircea Eliade: *Traité d'histoire des religions* (Paris 1949) hingewiesen. In unserem besonderen Falle wollen wir noch auf die Bedeutung von *Imóx* bei den Chiapas-Indianern (Tzotziles) hinweisen. Der Kolonialschriftsteller Nuñez de la Vega schreibt 1702: »Der Tag Imóx meint die Ceiba, welche der Baum ist, den sie auf all ihren Dorfplätzen angesichts des Gemeindehauses haben. Unter ihm wählen sie ihre Alkalden, und sie spenden ihm Weihrauch. Sie halten es für sehr sicher in Bezug auf die Wurzeln, daß von der Ceiba ihr Geschlecht abstamme.«

71 Affenstunde Nach dem Zeugnis von Bartolomé de las Casas verehrten die Bildhauer und Maler in Yucatán einen *Hun-chuén* und *Hun-ahau* als Söhne der hohen Götter *Itzamná* und *Ixchil.* Wenn wir uns dazu erinnern, daß noch heute im Quiché-Gebiet die Initiation der Priesterlehrlinge an einem Affentag erfolgt, so muß man Rafael Girard beipflichten, der in dieser dritten Weltstunde die mythische Widerspiegelung der entstehenden Priesterschaft sieht. (R. Girard: El Popol Vuh, fuente historica, pag. 455 ff). Die den Affen zugeordneten älteren Brüder leben nur den schönen Künsten. Feldarbeit besorgen sie nicht: es wird ausdrücklich erwähnt, daß sie nur den Weg zum Maisfeld reinigen. Und, sozusagen in ihre eigenen Náguals verwandelt, führen sie einen phallischen Tanz auf. Die Stelle lautet: »*chic xiri ri e xe quic pam*«. Das entscheidende Wort *xiri* hat Schultze-Jena nirgends nachweisen können, wie er sagt. Es steht aber bei H. Prowe eindeutig für »*hinchazón, hinchar*«, was unserer Übertragung entspricht. Eric Thompson (op. cit. pag. 11) hebt den Sexualaspekt der Affen hervor. Auch ohne die Beschreibungen spanischer Chronisten (z.B. Fuentes y Guzman) solcher Tänze vor Götterbildern, also in später Zeit, wissen wir, daß dies dem archaischen Horizont entspricht, dem wir uns gegenübersehen. Am Anfang steht immer der Fruchtbarkeitskult (Venus von Willendorf), in Guatemala durch eine riesige Magna Mater bei Escuintla (Pazifik) und zahllose phallische Äffchen an der ganzen Küste vertreten. Der eklatanteste archäologische Nachweis für ganz Amerika liegt in der sogenannten *Tlatilco-Kultur* (Tal von Mexiko), die eine geradezu unerschöpfliche Ausbeute an kleinen weiblichen Tonfiguren zeitigt: geschmückte, nackte, schwangere, doppelköpfige Frauen. Männliche Figuren treten nur als jugendliche Tänzer auf: die Söhne. Man denkt sogleich an das Mutterreich von Kreta, an den »Prinzen im Lilienbeet«, an die Krugträger und Tänzer.

Die Gesellschaftsordnung ist, um nun einmal diese Begriffe zu gebrauchen, matrilokal (ganz eindeutig regiert Ixmucané), aber schon patrilinear: der Disput um die Abstammung Hunahpús und Ixbalanqués vom rechten Vater. Dieser Nachweis erscheint um so notwendiger, als die junge Mond-

göttin, als welche wir Ixquic im Mythos und in der Kopfvariante der Ziffer 1 identifiziert haben, ganz allgemein im Geruch sexueller Libertinage stand (Thompson op.cit.pag. 133, 231). Auch in dieser Einzelheit gleicht Ixquic der Demeter-Tochter *Kore*, der Fruchtbarkeitsjungfrau, deren indianische Entsprechung sie darstellt.
Das dreimalige Zurückrufen der Affen führt uns wiederum zum kultischen Zahlenspiel. Sie können nicht über ihren Schatten springen: in die vierte höhere Stufe können sie sich nicht verwandeln. Dieses Zeitalter zieht mit Hunahpú und Ixbalanqué herauf. Wir wollen auch nicht übersehen, daß die erwartete gelbe Farbe (Süd) des dritten Zeitalters im *can-té*, dem gelben Baum erscheint. Der Codex Borgia (pag. 13) enthält eine realistische Vorstellung des Tanzes.

72 Milpa Diese mexikanische Vokabel für Maisfeld hat sich in ganz Amerika eingebürgert, auch ins Spanische ist sie eingegangen. Als der Punkt, um den das Denken der Indios auch heute kreist, scheint uns das mit Vorstellung und Gefühl geladene Wort »*milpa*« angemessen, auch wenn im Chiché-Text noch die alte Maya-Vokabel »*abix*« steht.

73 Ixmucur Die Holztaube (Maya: *mucuy*). Ein neues Wortspiel, da die Taube Ixmucur hilft, die alte Ixmucané zu täuschen.

74f Tiere des Waldes Da der Puma, wie sich zeigen wird, das Geisttier der Ahpú ist, wird er nicht ernsthaft gejagt. Dasselbe gilt für den Jaguar. Von den anderen Tieren werden nur Reh und Kaninchen gestutzt, und es wird ausdrücklich gesagt, daß die Brüder zornig waren, als ihnen Wildkatze, Coyote, Wildeber und Dachs entsprangen. Für den Hörer des Popol Vuh muß diese hochmythologische Stelle eine besondere Bedeutung gehabt haben. Da nicht anzunehmen ist, daß die Göttlichen Zwillinge die Geistertiere ihrer Ahnen Ixpiyacóc und Ixmucané verkennen, ist zu fragen: Was geschieht hier?
Die Helden, die in einem freiwilligen Opfertod ein neues Zeitalter heraufführen, können nicht unwissend sein. Ebensowenig kann die Große Alte erachtet werden, die Reihe der Listen und Lügen nicht zu durchschauen. Wenn Ixmucané in Dachsgestalt die Milpa zerstört; wenn die Zwillinge die Nagualtiere zu fangen trachten, um sie ihrem Willen zu unterwerfen – was noch nach heutigem Glauben am Atitlan und in Chiapas durchaus möglich ist –, so wird hier offenbar, um unser modernes Vokabular zu gebrauchen, in mythologischen Bildern der Kampf Matriarchat-Patriarchat dargestellt. So wie in den »Eumeniden«, wo ein Muttermord verziehen wird, weil er zur Rächung des Vaters erfolgte.
Indianisches Denken gelangt nie bis zu solchen moralischen Extremen. Ein von höchsten Instanzen vergebener Muttermord ist da unvorstellbar. Es wird an dieser Stelle des Popol Vuh nagualistisch geplänkelt, wobei im Grunde beide Parteien wissen, daß sich die Zeiten erfüllen. Das Unvermeidliche wird sich vollziehen, die Tränen der Ixmucané werden es besiegeln.

Die alte Göttin leert den Regenkrug

76 Pfefferbrühe (*Mole*) Aus den Pfefferschoten wird eine dickflüssige, rötliche Sauce bereitet, heute »*móle*« genannt, nach dem mexikanischen »*chilmól*«. Tortilla und *chili* (Pfeffer) sind noch heute die Basisnahrung der Indios. Bei den Mayas gehörte Enthaltsamkeit von Pfeffer zu den Vorschriften für Reinigungsriten. – Daß die Jünglinge sich mit allem an die Großmutter richten, ist eine Höflichkeitsformel: die Alte wird wohl kochen, aber Maisreiben, Tortillabacken etc. besorgt die Schwiegertochter. Daß sie sich die besonders gepfefferte *Mole* bestellen, ist ein Teil der List, um die Frauen zum Wasser schicken zu können.

77 Sie gingen voran In der knappen Diktion des Popol Vuh gibt es keinen überflüssigen Satz. Dem Kommentar sind Grenzen gesetzt, aber hier sei auf den Sinn der deutlich hervorgehobenen Phrase (*é nabe chu uách catit* = als erste vor der Ahnin) hingewiesen: das Patriarchat installiert sich.

78ff Tamazul Der Text gibt hier das toltekische Wort für Kröte und fügt gleich die Übersetzung in Quiché hinzu: *xpec*. Ein nagualistisches Wortspiel, dessen Sinn uns entgeht. Einer der für die Archäologie interessantesten Plätze in El Salvador trägt diesen Namen.

Zaquicax Wörtlich: weißer Speichel (*c'ax*). Es ist die Himmelsschlange, bei den Mayas *Chicchán* genannt. Sie bedeutet die Milchstraße, die als Schlange gesehen wurde.

Lotzquic Lotz = *acedera* (H. Prowe) = Sauerampfer, *quic* = Saft. »Eine Tropenpflanze Amerikas, von den Mexikanern *Xocoyolli* genannt, nach europäischer Klassifikation *Oxalis*, wie Brasseur meint. Er fügt hinzu, daß die Indios Zentralamerikas sich damit den Grauen Star heilten.« (Recinos)

Astroboten In der Botenszene handelt es sich nicht um Nagualismus, vielmehr stehen wir hier vor einem klaren Astralmythos. Die weiße Schlange ist die Milchstraße, als Himmelsschlange *Chicchán* im Maya-Kalender erscheinend. Die Kröte (den Frosch) kennen wir als Glyphensymbol des Monats, als Wassertier gehört sie zu den Regenherren, den *Chác* der Mayas. Die Laus ist in ihrer astromythischen Form nicht zu erkennen, wir wissen nur, daß der Golfstaat Campeche sich von *Can* = Schlange und *péch* = Zecke ableitet. Nach spanischen Berichten befand sich in der so benannten Stadt ein Idol der Schlangenzecke: ein gewiß wenig erbauliches Motiv, aber es gab es.

81 Molay Vom Mayastamm »*mol*« = versammeln. Der Sinn ist: Menge, Schar, Schwarm.

82 Grünweg Auch die Heldensöhne der Ahpús gelangen zum Kreuzweg der Weltrichtungen. Wenn diesmal ein grüner Weg statt des gelben genannt wird, so erkannte jeder Maya sogleich die symbolische Bedeutung. Grün nämlich ist die fünfte kosmische Farbe: die der Erdmitte. Auch wenn die Jünglinge den schwarzen Weg gehen, so werden sie doch zur grünen Mitte gelangen. Der Sieg im Untergang, die Verwandlung, das Stirb-und-werde-Mysterium kündigt sich in einem einzigen Adjektiv an.

82ff Mückenstiche Diese bedeutsame Szene ist, wie sich versteht, mehr als eine Fabel. Sie stellt vielmehr einen klassischen Fall von Nagualismus dar. Um seinen Gegner besiegen, um ihn »seiner Insignien berauben« zu können, muß man seinen Namen kennen, »sein Gesicht enthüllen«. Und Magie kann ihr Betreiber nicht gänzlich durch Dritte vollziehen lassen: deshalb sticht nicht der Rüssel der Schnake, sondern ein Schenkelhaar Hunahpús, das die Schnake mit sich führt. Es wird mit besonderem Nachdruck darauf hingewiesen, daß kein einziger Name unbekannt blieb und wie unbehaglich sich die Herren von Xibalbá fühlen. Wie zum Hohn werden sie noch einmal namentlich aufgerufen und aufgezählt: es ist die zu erwartende *Dreizehnzahl*. Es sind Zwölf: das Holzbild steht für die 13.

85ff Technik und Symbolik des Ballspiels Diese Stelle möge wegen ihrer symbolischen Bedeutung genau analysiert werden. Brasseur erklärte sie für unverständlich. Die Verwirrung begann mit Ximénez, der den Text unrichtig teilte und einen rätselhaften Wurm *chil* erfand, der seither durch alle Übersetzungen geistert. Einzig der fließend Quiché sprechende Burgess und sein Gehilfe Xec wußten, daß *hunchil* »einen Augenblick« in der Umgangssprache bedeutet; (im Yucatéco ist es: *hun chin*). Nachdem durch die richtige, nämlich schlichteste Lesung der fatale Wurm *chil* ausgemerzt ist, bleibt zu überlegen, was die Anrufung des Puma hier zu bedeuten hat. Die Lösung kommt über den Kalender.

Patron des 16. Monats Pax ist ein Katzentier mit Sonnenemblemen in den sogenannten Introduktionsglyphen, die den Patron der folgenden Rechnung angeben. Es ist der Sonnenlöwe, der Puma. In der sonstigen Schreibung steht der Sonnengott selbst. Bischof Landa berichtet, daß in diesem Monat, dem »Vater roter Puma«, in Yucatán ein Fest gefeiert wurde. Und Thompson schließt seine Analyse mit der Feststellung, das Katzentier – Puma oder Jaguar – erscheine hier in seiner Funktion als »Nachtsonne«

(op.cit.pag. 116). Diese Formulierung im Stile Kerényis, überraschend für einen Vertreter der angelsächsischen Schule, enthält die Antwort. Wir wissen bereits, daß unser Ballspiel ein kosmisch-magischer Ritus war: oben gegen unten, das Licht gegen die Dunkelheit; der Ball als Flug der Gestirne, die roten und schwarzen Lendentücher der Parteien für Ost und West. Wir wissen auch, daß Hunahpú sonnenhaft ist und als Sonne am Himmel stehen wird. Er befindet sich in Xibalbá, im Hades, als Nachtsonne. Die Geister der Finsternis glauben, es würde nur einen Augenblick dauern, d.h. sie würden schnell siegen. Aber Hunahpú gibt ruhig zurück: das Haupt des Löwen wird sprechen, d.h. »Wir werden siegen«.
Der Text ist hier mit Wortspielen gespickt wie der verräterische Ball der Nachtherren mit Obsidianspitzen. So gibt es ein durchgehendes Spiel von *cha* = sagen, nach Prowe auch: insultieren, was hierherpaßt; von *cha* = Obsidian und *chah* = Ball spielen. Recinos macht nun darauf aufmerksam, daß eine auffällige Häufung des Füllwortes *balá* (sodenn, also) auftritt und daß auf diese Weise Bruder Jaguar (*balám*) mitgenannt sei. Da diese ganze Stelle mit allen verfügbaren Doppelsinnigkeiten der Quiché-Sprache konstruiert ist, glauben wir Recinos folgen zu sollen. Die bedeutsame Passage meint also, die Nachtsonne Löwe und ihr Mondbruder Jaguar werden nicht in den Schattenbereichen bleiben und nicht in diesem Unterweltspiel erliegen. – Ixbalanqué gehört als Nacht- und Mondjaguar so wenig zum Hades wie Sonnenlöwe Hunahpú: beide sind olympische Götter, heller und dunkler Aspekt – aber der oberen Hälfte! Wir werden sehen, wie beide sich zum Firmament erheben und Ixbalanqué sich in die Frau seines Bruders verwandelt, sein Namenspräfix *ix* = *Frau* in magischer Metamorphose erfüllend.
Zum Verständnis des Spielvorgangs zitieren wir nun im Auszug eine Beschreibung des Chronisten Sahagun: »Früher spielten die Fürsten Ball zu ihrem Zeitvertreib. Und dafür gebrauchte man einen Ball aus *ulli* ... Diese Bälle waren kompakt und aus einem gewissen Harz oder Gummi, den sie »*ulli*« nannten; sehr leicht waren sie und sprangen wie ein aufgeblasener Ball. Und sie brachten sich gute Spieler mit, die vor ihnen spielten, und andere vornehme Herren spielten auf der Gegenseite. Und sie gewannen Goldzierate ... und Türkise, und Sklaven, und reiche Mäntel, und Lendenschurze, und Kornfelder und Häuser ... Der Spielplatz wurde *tlaxtli* oder *tlachti* genannt und bestand aus zwei Mauern: zwanzig oder dreißig Fuß voneinander, und bis zu vierzig oder fünfzig Fuß lang. Die Mauern und der Boden waren eingekalkt, und sie waren achtundeinhalb Fuß hoch. Und in der Mitte des Spielfeldes war ein Trennungsstrich, der zum Spiel gehörte. In der Mitte der Mauern, im Spielzentrum befanden sich zwei ausgehöhlte Steine, wie Meilensteine, einer gegenüber dem anderen, und jeder hatte ein Loch, groß genug, um einen Ball durchzulassen. Und wer den Ball da hindurch bekam, hatte gewonnen. Sie spielten nicht mit

den Händen, sondern stießen den Ball mit ihren Hüften. Sie hatten Handschuhe an den Händen und einen Lederschurz um ihre Hüften . . .« (Fray Bernardino de Sahagun: Historia general de las cosas de Nueva Espana. Mexico 1938 in V Bänden. Zitat in Vol. II, Buch VIII, Kap. X, pag. 297). Wenn die neueste Forschung recht hat, daß wenigstens bei den Azteken das Ballspiel mit einem Enthauptungsopfer endete, so erhält der ganze Vorgang mit dem Haupt Hunahpús doppelte Bedeutung: das Kultopfer wird von den Heroen in mythologischen Bildern vor-gespielt.

86 Vier Sträuße Die Blüte *much'it* ist eine tropische Ginsterart. Die vier Weltfarben, d.h. die Weltherrschaft soll also der Preis des Spieles sein. Die eigene Farbe, Schwarz, nennen die Hadesherren gar nicht, sondern sprechen bescheiden von einem Strauß großer Blumen: »*Hu ticab k'u ri nimác*. Die von Schultze-Jena und auch Recinos vergeblich gesuchte Blume »*Carinimác*« ist ein Lesefehler!

87 Eulenschrei *Xpurpuék* und *Puhayú* sind in Quiché und Cakchiquel zwei Eulenarten. Die indianischen Sprachen sind voller onomatopoetischer Worte (Klangspiele). Etwas später werden die Fledermäuse »*kilitz, kilitz*« zirpen. Der verbogene Schnabel der Eulen ist hier nur die mythologische Erklärung einer Naturbeobachtung. In Náhuatl aber heißt Eule »*tecolótl*«, zusammengesetzt aus »*tēutli*«: Lippe, Schnabel und »*colotl*«: verbogen. Da dieses Wortspiel im Mayatext wegfällt, müssen wir auf den toltekischen Ursprung dieser Passage schließen.

89ff Magisches Kopfopfer Die Jünglinge beschließen zu einem klassischen Motiv der Mythologie: dem Scheinopfer als Offenbarungssymbol. Im Gegensatz zur Welt des Logos, die argumentiert, expliziert, stellt der Mythos Bilder hin. Der Logos erklärt. Der Mythos zeigt. Des Gelingens sind die Jünglinge sicher, denn sie haben »einen weisen Nágual zum Befragen«, d.h. Helfen (*C'o caquitz'onoh-ui ri qui naób*). Dieser ist niemand anders als der Uralte Ixpiyacóc, ihr Ahne, der in Opossum-Gestalt erscheinen wird. Das Auftauchen des Ruhmlos-Vergessenen an dieser entscheidenden Stelle ist von klarer Symbolik: durch eine Reihe magischer Akte führen die Heroen das vierte, das patriarchalische Weltalter herauf. Das ist dann auch die Stunde des Urahnen. Viermal geht er um die Weltwege und läßt es hell und dunkel werden, gleichsam eine Beleuchtungsprobe für das unmittelbar bevorstehende vierte Weltalter vornehmend, wenn uns einmal diese saloppe Ausdrucksweise gestattet ist. Das Anbrechen des wirklichen Tages verhindert er, da es noch nicht die Stunde ist. – Auch Ixmucané kommt in der Nágual-Gestalt des Dachses herbei, einen Kürbis vor sich herrollend, mit dem Huracán selbst einen großen Fruchtbarkeitszauber vollzieht.

Der Mythos selbst bedarf keiner Erläuterung. In einer Reihe von Variationen wird der Archetyp des zerstückelten Gottes vorgeführt, den jeder Kulturkreis kennt: der zerstückelte Osiris, der zerstückelte Dionysos, Tod und Auferstehung Baldurs und seines mexikanischen Gegenstückes, des Frühlingsgottes Xipe Tótec. In dem Spiel mit dem Kopf Hunahpús, der ja Helios ist, wird dem Hörer des Popol Vuh die Nachtfahrt des Sonnenballs und damit der Sinn des kultischen Ballspiels in Bildern verdeutlicht. Die Fledermaus, *dzotz*, geht aus dem Mythos nicht schlechthin als Todestier hervor, sondern auch als Symbol der Wiederauferstehung. Stolz trägt denn einer der eindrucksvollsten Stämme in Chiapas den Nágualtitel der Fledermausleute: Tzotzil. – Im geschichtlichen Teil des Popol Vuh werden wir deren Zusammenhang mit den Quichés und Cakchiqueles noch zu beachten haben.

Todesgott mit Fruchtbarkeitssymbolen vom Himmel stürzend

Hier nun wird *Cama-sotz* (Todes-Vampir) ausdrücklich von den übrigen Fledermäusen unterschieden, er stößt vom Himmel herab. Er ist niemand anders als Huracán, das Herz des Himmels, der diesmal in der Verkleidung des Todestieres das Maiskorn (Kopf) vom Stamm (dem Leib Hunahpús) trennt, um die magische Verwandlung zu vollziehen. Im Codex Tro-Cortesianus findet man die Darstellung des vom Himmel stürzenden, von fruchtbarem Regen begleiteten Vampirs mit einer Steinaxt in der Hand. Die berühmteste Darstellung ist aber die Anbetung des auf dem Ballspielplatz ausgestellten Kopfes des jungen Maisgottes aus dem Codex Dresdensis. Rechts bläst eine dunkle junge Frau (Ixquic?) die Flöte, links schlägt eine alte Frau (Ixmucané?) die Trommel. Nach indianischer Art werden die Töne der Instrumente als Spiralen angedeutet, die hier die Form von Maisstauden annehmen. Das Haupt ruht auf drei Stufen und der Glyphe *cabán* (Erde), befindet sich also in fünfter Position, womit es sich als Haupt von »Gott Fünf«, als Agrargott, zu erkennen gibt. Auf der Nase trägt dieser denn auch das keimende Maiskorn. Es sind drei Opferschüsseln aufgestellt. Eine neben der Trommlerin. Sie enthält dreimal die Glyphe »*kan*« und ist »*ox kan*«: Das sehr Kostbare (nämlich das Maiskorn) zu lesen. Rechts sehen wir ein Iguana-Opfer (»*huh-kam*«) und ein Truthahnopfer (»*Kutz-kam*«). In dem teilweise zerstörten Text oben erscheint deutlich der

Anbetung des geopferten Maisgottes

Titel »*Tzikbén yax Chak*«, verehrungswürdiger grüner Gott, und das Adjektiv »*Kanaan*«, das sehr Kostbare. Auch liest man »*u chuh-chaan*« – das ihm Verbrannte: darunter steht der Altar mit dem lodernden Feuer. Vor diesem sitzt ein anthropomorphes Kaninchen.

91 Tacuatzin das aztekische Wort für Opossum, das seither *uúch* (Quiché) und *och* (Maya) verdrängt hat. Sogar die Mestizen sprechen in ihrem Jargon von »*Tacuátsch*«. In das hier zitierte Sprichwort haben wir daher *tacuatzin* gesetzt, obwohl im Text *uúch* steht. In der Umgangssprache ist *vúch* »Abenddämmerung«. Das Sprichwort entspricht also dem deutschen: »Der Sandmann kommt«.

93 Xulú Pacám *ah-xulú* = Zauberer. Da hier das männliche Präfix *ah* fehlt, ist eine Zauberin gemeint, dem Prinzip des Popol Vuh getreu, immer Paare auftreten zu lassen. *Pacám* ist der Titel »Ausgezeichneter«.

93f Opfertod als Maiswunder Die großartige und tiefgründige Verwandlungsszene der Göttlichen Zwillinge ist textlich zugleich die schwierigste. Man kann den durchlaufenden Text des Ximénez in jeder beliebigen Weise zerhacken und beliebig viel Wurzeln ziehen. Aber so wie man ein Puzzle nicht ohne Vorlage zusammensetzen kann, so auch nicht einen Text ohne Leitbild. Das Leitbild ist der Mythos. An dieser Stelle das Mais-Mysterium. Ihrer Sendung bewußt, treten die Göttlichen Zwillinge den Opfergang an. In die Hütte setzen sie zwei Maisstauden, deren Blühen und Verdorren den Rhythmus der Natur widerspiegelt. Die astralkosmi-

sche Bedeutung des Ballspiels haben wir gezeigt. Der vorübergehende Tod Hunahpús drückt agrar-mythologisch eine Milpa-Zeit aus und findet seine Entsprechung in der Hütte der Ixmucané droben, wie wir sehen werden. Jetzt bereiten sie sorgfältig ihre magische Wandlung vor. Sie lassen die Zauberer Xulú und Pacám *kommen*, wie es richtig übersetzt heißt, und verhüten, daß sie nach den Gewohnheiten barbarischer Stämme zerstückelt oder den Geiern zum Fraß vorgeworfen werden. Sie bestimmen ausdrücklich, daß sie wie Mais zermahlen werden sollen. Dann machen sie sich expressis verbis »zur Verwandlung« auf. Das Verbum *quitáh* = verwandeln scheint niemand zu kennen. Bei Prowe ist es verzeichnet.
Die höhnisch gemeinte Aufforderung zur *Chicha* ist bereits eine deutliche Anspielung. *Chicha* wird aus gekochtem Mais fermentiert. Die barbarischen Herren des Hades fordern also ihre geschlagenen Feinde auf, das eigene Blut zu trinken. Und indem sie mit ihnen über die vier Weltwege springen wollen, glauben sie sich endgültig als Herren der Welt. Sie sagen »Laßt uns fliegen«. Im Quiché-Bereich werden am Tage *Ahmák* die Seelen der Toten verehrt, die als Insekten aus Xibalbá aufsteigen. *Ahmák* entspricht dem Maya-Tag *Kib*, der, wie wir wissen, der vierte Weltträger ist und den roten Osten des Sonnenaufgangs repräsentiert. Indem sie in der Maisverwandlung das Stirb-und-Werde-Mysterium erleiden, *führen die Zwillinge das vierte Weltalter herauf*. Beim Ballspiel sahen wir Hunahpús Kopf als Kopf des Sonnenlöwen siegen. Die Glyphe *Kib* wird als Jaguarkopf dargestellt. Ixbalanqué ist Jaguar. »Der Fall ist nicht bewiesen, aber die Annahme ist begründet, daß *Kib* der Tag der Weltträger *Bacáb* war, die nach mancherlei Tiermetamorphosen mit den erdgebundenen Seelen des Todes in Insektenform nach oben steigen.« (Thompson op.cit.pag. 86.)
Im Augenblick des Todestriumphes umarmen sich die Jünglinge. Die letzte hermaphroditische Verwandlung findet statt: Ixbalanqué verwandelt sich in die Jaguargöttin. Als Sonne und Mond werden sie am Himmel stehen, nach einer Reinigung in den Urwassern und nach der Vernichtung der Hadesherrschaft. Die dramatische Szene der Selbstopferung kann schwerlich ergreifender geschildert werden als in der knappen indianischen Diktion. Tod, wo ist dein Stachel? Hölle, wo ist dein Sieg?

95 Fünf Tänze Die Eulen *puhuy* kennen wir bereits aus der Blumenszene. *Xahóh puhuy* ist also der Eulentanz. Der zweite ist der Eichhorntanz (*cuc* statt der Verschreibung *cux*). Der dritte ist *Xahóh iboy*. Der Stamm ist *boj* = einwickeln, verhüllen, übertragen: sich wappnen. Der Name für das Gürteltier. Es ist demnach der Tanz des Gürteltiers. Der vierte Tanz heißt *Ix-tzul*. Francisco Barela sagt in seinem »*Vocabulario Kakchiquel*«, daß die Tänzer bei diesem Tanz kleine Masken trugen und Federn des großen Rotfederpapageis (Guacamaya) am Hinterkopf. Villacorta sieht richtig das Pluralpräfix *ix* und das Verbum *tzul*, das er mit »umarmen« übersetzt. Er fährt dann fort: »Der Tanz heißt gegenwärtig *manero picio*. Es führen ihn

zwei in Lumpen gekleidete Personen aus, die sich umarmen.« *Manero picio* ist vulgäres Kolonialspanisch und hat einen zweideutigen Sinn. H. Prowe hat: *tzul* = beischlafen, umarmen. Nach dem eben vorangegangenen Vereinigungstod und der bevorstehenden himmlischen Hochzeit kann der Sinn des Tanzes nicht zweifelhaft sein. Seine von Villacorta belegte, heruntergekommene Form leitet sich offensichtlich direkt aus unserem Popol Vuh ab. Ob es dabei wirklich handgreiflich zuging (Schultze-Jena übersetzt: »Tanz der Raufbolde«), muß man bei der indianischen Zurückhaltung füglich bezweifeln.

Der fünfte Tanz *Ch'itic* wird allgemein als »*Stelzentanz*« aufgefaßt. Das Verbum ist aber nur auf Umwegen von »hinken« abzuleiten, wie auch Schultze-Jena übersetzt (Tanz der Hinkenden). Villacorta leitet in seiner oft zu großzügigen Art *chitic* von einem verstümmelten *achí* = Mann und *tic* = säen ab. Aber da findet sich bei dem gründlichen H. Prowe unter *tic*: säen, pflanzen und »*estar el sol en punto de mediodia*«. Das typische Doppelspiel »säen« – »Sonne im Zenith« überzeugte sogleich und führt uns in den Maismythos zurück. Jetzt löst sich auch die etymologische Schwierigkeit. Nimmt man *ch'i* als exhortatives oder futurisches Präfix der 3. Person Pluralis, so erhält man: Die, welche säen werden (oder sollen). Die Säemänner. Es ist also tatsächlich der »Tanz der Maisaussaat«. Damit könnte es sein Bewenden haben, wenn es nicht eine entscheidende Darstellung im Codex Tro-Cortesianus gäbe. Dort erscheint ein durch riesigen Ohrschmuck als Gott gekennzeichneter Jüngling mit Fischflossen statt Händen. Über sein Haupt wölbt sich wie ein Helm ein großer Fisch, dessen Rückenflossen Maiskörner tragen. Und der Gott schreitet auf zwei Maisrohren daher – den beiden Stauden, die von den Zwillingen in der Hütte der Urmutter gepflanzt wurden. Und die Rohre sind mit Sonnenrosetten geschmückt! So enthüllt ein Bild die Bedeutung eines schwer zu durchschauenden Textes! Sonne und Wasser sind die Grundbedingungen für das Gedeihen des Mais. Indem die Sonne Hunahpú sich auch noch in den Fisch-Mann verwandelt, wie es wörtlich im Popol Vuh heißt, sind beide Elemente vereinigt. Die Zeichnung sagt in deutlicher mythologischer Sprache: dank dem Wasser wächst der göttliche Mais der Sonne entgegen und trägt Frucht. Auf Maisstengeln schreitet der Gott daher. Es wird somit die Fischsymbolik in der Glyphik begreiflich, in der immer wieder Fisch- und Wasserzeichen die Maisglyphen begleiten. Die Seite XXXVI des Codex Tro-Cortesiano (Madrid), die unseren Fischmann bringt, ist in ihrem Kalenderstreifen ausschließlich dem Tage *Muluk* gewidmet. Der Stamm *mul-* bedeutet in

Der Mais-Fisch-Gott auf Maisrohren

einer Reihe von Mayasprachen: naßwerden, untertauchen etc. Der entsprechende Tag des Aztekenkalenders ist »*atl*«, Wasser.
Thompson hat gezeigt, daß die Glyphe *Muluk* in bestimmtem Zusammenhang als Fischkopf dargestellt wird. Und Barrera Vasquez zeigt in seiner Ausgabe der Wahrsageliste des Dorfes Káua (Yucatan), daß Fisch und Jaguar die Tiere dieses Tages sind. Auf die Figur mit der Fischkrone folgt in der madrider Seite eine in Jaguarfell gehüllte Figur mit Grabestock, Mais säend. In den erklärenden Textglyphen erhalten sie den Titel: »der viel Mais spendet« (*Oxokaan*), der im Codex Dresdensis stets den Jungen Maisgott begleitet. Es sind also die Göttlichen Zwillinge dargestellt, die im Popol Vuh Hunahpú und Ixbalanqué heißen. Und es begleitet sie die Himmelsglyphe *Lakini*, Sonnenaufgang.
Die toltekische Überlieferung kennt den Fisch-Menschen *Tlaca-michin*. Im Diluvium Wassersonne, »*Atonatiuh*«, genannt, verwandelte sich die ganze damalige Menschheit in Fische.
Es sei noch an eine moderne Mais-Fisch-Gleichung erinnert. In den ersten Tagen eines Aufbruchs zu den Lacandonen trafen wir 1956 am Oberlauf des Rio Jataté eine neue Siedlung emigrierter Tzeltal-Indios. Ein Maisfeld am Flußufer trieb gerade die ersten jungen Spitzen. An dieser Stelle wimmelte es von Fischen im Fluß. Erfreut riefen meine Begleiter, ebenfalls Tzeltales: »Ah, die sind heute nacht mit dem Mais entsprossen«, und wiesen auf die junge Milpa. Im Hochland von Chiapas wird daher die Maisaussaat von dem Eingraben von Fischen in der Milpa begleitet.

95ff Überwindung der Barbarei Mit der Niederlage von Xibalbá vollendet sich nicht nur ein Astralmythos, sondern gehen auch, in historischem Sinne, frühe und barbarische Zeiten zu Ende. Ihres Sieges sicher, führen die Zwillinge einige symbolische Szenen, Tänze, vor, von denen die Zerstückelung Hunahpús vielleicht einer Erläuterung bedarf. Die Abtrennung der Glieder zeigt im Bild die Phasen der Sonnenfinsternis, bis auch der Kopf abgeschnitten und »abseits gelegt wird«: die totale Finsternis. Kurz darauf ist die Sonne wieder lebendig. Es ist im ganzen Indianerbereich bis nach Peru die Auffassung verbreitet, daß der »Jaguar die Sonne frißt«, womit der beobachtete astronomische Vorgang mythologisch beschrieben wird. Die Todesherren gehen nun in die Falle der Zwillinge, zaubersüchtig und machttrunken. Und sie werden nicht erweckt. Mit den Grundzahlen 1 und 7 bricht das ganze Nachtsystem zu einem wirren Haufen auseinander. Es wird machtlos, d.h. es kann die Sonne nicht für immer zurückhalten. Dieses ist ja die Furcht aller Naturreligionen, weshalb auch die Andenvölker die Sonnenwende als »angebundene Sonne« begingen und die Priester die Sonne an einer Säule anzubinden trachteten, damit sie nicht zu den Schatten davonliefe.
Seine große Strafrede beginnt Hunahpú mit der Demaskierung: er nennt die Namen der Sieger, wobei er sich selbst das Präfix *ix* gibt, um seine

Sohnschaft zu betonen (*Ix-Hunahpú*). Dann folgen die Namen der Väter und eine Rekapitulierung der wichtigsten mythologischen Stationen. Der Grabhügel der Väter: *Pucbal-Chah* wird erwähnt, auf die Mutter Ixquic angespielt und der Wortrebus *quic-holomax* = Baumsaft statt Blut, wird wiederholt. Den Geschlagenen wird gesagt, daß sie nicht länger Opfer rauben dürfen und daß ihnen nur noch Harz statt Blut zur Verfügung steht, daß sie anderen, den oberen siegreichen Göttern, Weihrauch zu spenden haben. Mit ihrem Sieg über die Herren der Nacht machen die Göttlichen Zwillinge den Weg frei zu ihrer eigenen Verwandlung in Lichtwesen und zur Erhellung der ganzen Welt. Zu diesem archetypischen Paradigma definiert Jung: »Die Haupttat des Helden ist die Überwindung des Dunkelheitsungeheuers: es ist der erhoffte und erwartete Sieg des Bewußtseins über das Unbewußte. Tag und Licht sind Synonyme des Bewußtseins, Nacht und Dunkel die des Unbewußten. Die Bewußtwerdung ist wohl das stärkste urzeitliche Erlebnis, denn damit ist die Welt geworden, von deren Existenz vorher niemand etwas wußte. Und Gott sprach: ›Es werde Licht!‹ ist die Projektion jenes vorzeitlichen Erlebnisses der vom Unbewußten sich trennenden Bewußtheit.« (C. G. Jung, op.cit.pag. 128.)

Eherne Gesetze Eine einzige Aufgabe gelingt den Götterjünglingen nicht: sie können ihre Väter nicht wieder erwecken. Versagten jene aus Unschuld, so sehen sich die Jünglinge vor ehernen Gesetzen des Zeitablaufes: man kann nicht die Folge der Generationen, nicht diejenigen der Zeitalter umstoßen. Wenn die Väter schon im zweiten Alter der Obsidian-Herren hilflos waren, so können sie sich noch weniger zum vierten, hellen Weltalter hin verwandeln. Aller Zauber, alles mit Namen Anrufen der neuzuerschaffenden Augen, Nasen bleibt wirkungslos. Hier versagt das schöpferische Wort, weil es nicht die rechte Weltstunde ist. Nur kläglich stammelt der Mund »*hunal-puil*«, »zusammen-aus-einem-Schoß«, wobei die genaue Bedeutung von *puy* (*velum membri atque vulvae*) die patrilineare und matrilineare Abstammung zusammenfaßt. In dem Gestammel (*hunál* statt *hunán*) dürfen wir melancholische Lautmalerei annehmen, sowie den vergeblichen Versuch: *Hunahpú* zu sagen. Wäre das Aussprechen des Namens gelungen, hätte die Wiedergeburt stattgefunden. Aber die Stunde ist vorbei. Nur Erinnerung bleibt.

99ff Erfüllung der Zeiten Mit der Himmelfahrt der Göttlichen Zwillinge schließt sich ein Zyklus, den die Völkerkunde »formative Periode« nennt. Himmel und Erde sind in Ordnung gebracht, Hausbau und Feldwirtschaft gegründet, die schönen Künste dank den Affenbrüdern erfunden. Die wichtigste Pflanze, der Mais, ist geboren. Um das Heilige Korn wird sich fortan bis zum heutigen Tage Sinnen und Trachten der Indios drehen. Die Uralte erhebt ihn zur Göttlichen Pflanze, indem sie ihn anbetet und Weihrauch spendet. Zugleich gibt sie dem Ort des Maiswunders kultische Namen. »*Nicah ha*«, Mitte des Hauses, das meint Mitte des Lebens überhaupt, ist der erste. Der zweite lautet »*Nicah bichoc*«, Mitte der Lese. Man erkennt den Stamm *bich* = entkörnen, *desgranar*; *chun* = Kerne, Samen des Kolbens *ab*; nebst dem Verbum *quit* – abreißen, abschneiden, trennen. Tatsächlich setzen sich noch heute am späten Nachmittag die Mädchen und kleinen Jungen in die Mitte der Indiohütten und streifen mit einem stumpfen Gegenstand die Körner vom Maiskolben; über die »*chatam uléu*«, die gestampfte Erde (Tenne) des Hüttenbodens springen die Körner.

Die Welt ist also bereit, den Menschen zu empfangen. Werfen wir noch einmal einen Blick auf die durchschrittenen magischen Stationen. Die Väter, die Blasrohrjäger Ahpú, aus dem ersten, noch dunkel-chaotischen Zyklus stammend, sind der Unterwelt nicht gewachsen. Sie erkennen nicht einmal Holzidole als bloße Abbilder und erliegen schon bei der ersten Prüfung. Nur Zeuger sind sie, Urzeuger: aus ihrem Blut erwächst der Lebensbaum, aus ihrem Speichel stammen die Sternensöhne. – Die Söhne bestehen die Proben dank ihrem höheren Rang: als Geschöpfen des Himmlischen Feuers kann ihnen weder die Finsternis noch die Kälte noch das Feuer etwas anhaben. Den Feuerzauber mit Kienspan und Zigarre brechen sie leicht mit der Hilfe von Lichttieren, um später, als der Sieg in ihrer Hand ist, einen eigenen und größeren Feuerzauber zu veranstalten. Auch der Jaguarzwinger kann ihnen nicht gefährlich werden: Ixbalanqué ist ja als Höherer selbst der Nágual der Raubkatzen – augenblicklich würden sie sterben, wenn sie ihn zerrissen. – So werden die Prüfungsstätten Stationen des Sieges und zugleich Szenarium der Umwertung aller Werte. Den Obsidianmessern wird das Menschenblut verboten und nur die Tiere bleiben ihnen ausgeliefert.

Thompson geht (op.cit.pag.87) ausführlich auf jene Glyphe ein, die eine geschlossene Hand darstellt, und weist nach, daß die Hand symbolisch das Opfermesser aus Obsidian vertritt, das in Yucatán »*u kab ku*« = Hand des Gottes genannt wurde. Diese Gotteshand also vergießt fortan kein Menschenblut mehr, sie verwandelt sich in die Hand einer höheren Stufe: es ist die gleiche Hand, die Abrahams Sohn und Iphigenia vom Opferaltar reißt und durch Tiere ersetzt. Und so treten auch die Tiere in neue Bezüge. Die Ameisen etwa, eben noch Verbündete Zipacnás und der tückischen Affenbrüder, werden nun bei mehreren Gelegenheiten Verbündete der Heroen.

Gott 2 mit der Opferhand als Krone

Das Kaninchen hilft Ixbalanqué bei dem dramatisch-gefährlichen Ballspiel und geht fortan als Mondtier durch die Mythologie und die Piktographie.
Nach dem Vereinigungstod erscheinen die Zwillinge am fünften Tag als Fisch-Menschen. Damit wird nicht nur die Gleichung Maiskolben = Fisch aufgestellt, die fortan die Piktographik der Mayas beschäftigt, es wird auch

klar ausgedrückt, daß der Agrargott erschienen ist, Gott Fünf genannt.

102 Paxil Cayála *cayal-há*: Fisch-Wasser. Dies Maya-Paradies ist wahrscheinlich an der Mündung des Flusses Suchiáte zu suchen, der sich in den Pazifik ergießt und heute die Grenze zwischen Guatemala und Mexiko bildet. Die Gegend ist außergewöhnlich fruchtbar, und der sie überragende Vulkan Tacaná wird sowohl im Popol Vuh als auch in den »Annalen der Cakchiqueles« ausdrücklich genannt. In den Tacaná-Dörfern wird noch heute das Fest der Maisgöttin Paxil mit Tänzen begangen. Wir treffen also wieder auf die Verbindung Fisch-Mais.

103 Pataxte Eine in Europa nicht bekannte Kakao-Varietät mit weißen Bohnen. Das Mayawort »*pek*« ist seither durch das aztekische *pataxte* ersetzt.

Neun Getränke Gemeint ist die *chicha*, die aus Mais gegoren und in mannigfacher Form destilliert wird; ihre Zubereitung dauert 3 Tage. Es ist bezeichnend, daß die Götter die seelischen Eigenschaften des Mannes zuerst und aus berauschendem Getränk schaffen. Die sogenannte Trunksucht der Indianer geht also bis auf den Schöpfungsakt zurück. Indessen hat ein einsichtsvoller Beobachter schon früh die rechte Beurteilung dazu gefunden (Jeronimo Ramon, zitiert bei Ximenez): »Sie führten viele Tänze auf, Rundtänze und andere Spiele in Gegenwart der Götterbilder. Und sie gaben denen ihre köstlichsten Weine zu trinken, indem sie ihnen damit Mund und Gesicht benetzten. Es berauschten sich und tranken im Exzeß jene Leute, aber sie taten dies nicht aus Lasterhaftigkeit, sondern weil sie glaubten, dem Gott einen großen Dienst damit zu erweisen. Und darum betranken sich am meisten die Könige und die Fürsten.« Bei den Riten der Chorti spielt der »Neunertrank« *(boronté)* eine große Rolle (Girard 1962 p. 312). Und in Pagina XCVI des Madrider Codex, wo den Göttern große Trunkenheit, »*kalám-kalám*«, bescheinigt wird, erscheint auf einem Mischkrug die Zahl Neun.

103ff Waldjaguar / Nachtjaguar / Nachtherr / Mondjaguar Waldjaguar: *Balám Quitzé*. In der Folge werden wir die vier Erzväter bei ihren Quiché-Namen nennen. Nacht-Jaguar: *Balám Acáb*. Nachtherr: *Mahucutáh*. Die sehr fragwürdige Ableitung zu: »Der Struppige« oder »Haarige« gibt keinen mythologischen Sinn und widerspricht der physischen Evidenz des Maya-Leibes.

Ein Teil der Druckproben wurde mit den Tzotzilfreunden in Chiapas besprochen. Zum Namen Mahucutáh gab es zunächst keine Erklärung. Erst als die Stelle im Zusammenhang in Quiché vorgelesen wurde, erfolgte die spontane Unterbrechung: »Die verdrehen die Sprache: *Mahucutáb* ist natürlich, wie wir sagen, *S'mah-cutic ak'obal:* Er, der zur Nacht über uns kommt.« Linguistisch

Der Mondjaguar von Wasserlilie gekrönt

ist damit die Frage vollkommen klar, es ging nur der ausdrückliche Hinweis auf die Nacht: *ak'ab* bzw. *ak'obal* verloren. Auch die mythologische Einheit ist damit wiederhergestellt, indem sich auch der dritte der Erzväter in der noch andauernden Weltdämmerung als Nachtherr erweist. Mondjaguar: *Iqui Balám*

106 Namen der Frauen Der Name der zweiten, *Chomihá*, bedeutet wörtlich: erlesenes Wasser. *Caquixahá*, die Frau des Mondjaguars, ist eigentlich: Regen von roten Federn. Im »*Titulo de los Señores de Totonicapán* bleibt Mondjaguar unbeweibt; und auch in unserem Text wird keine Nachkommenschaft dieses Paares aufgezählt.

106f Stammesnamen Die Tepëu werden an anderen Stellen *Tepëu-Yaqui* oder einfach *Yaqui* genannt. Sie treten in der Funktion von Priestern der Menschenopfer auf. Offenbar ist eine Gruppe Yaquis den Tolteken auf ihrem Zug gefolgt. Der Großteil des Volkes sitzt heute weit im Norden von Mexiko, im Staate Sonora. Die Yaquis genießen noch heute den Ruf unzugänglicher und wilder Gesellen. Ihre interne Stammesverwaltung hüten sie eifersüchtig, ihre kultischen Tänze sind berühmt, so der Tanz des Hirschen.

Die Olomán sind die *Olmécas*, die »Leute, die den weißen Stoff *uli* (Gummi) machen«. Das Dunkel über dieses hochbedeutsame Volk beginnt sich dank den Anstrengungen der Wissenschaft zu lichten. Als Vorgänger der Mayas sind sie vermutlich die Erfinder des kultischen Ballspieles und wohl auch die Grundleger der Mayarechnung und Mayaglyphik.

Tamúb Die Töpfer. (Villacorta)

Ilocáb Die Wahrsager. (Villacorta)

Die dreizehn Stämme von *Tecpán* sind die leicht abweichende Dialekte sprechenden *Pocomanes* und *Pocomchis*. Zentralguatemala. Die *Cakchiquéles*, die feindlichen Brüder der Quichés, wohnen heute um den Vulkansee Atitlán herum. Ihr Zentrum ist das Städtchen Sololá. Das Stammesgefüge ist noch fest, die Kleidung von Männern und Frauen überaus malerisch. Ihre alte Hauptstadt war *Iximché* unweit des heutigen *Tecpán-Cuáuhtemállan*, von wo das Land seinen Namen entlehnte.

Da der Verfasser des Popol Vuh selbst alsbald ermüdet und die Aufzählung abbricht, darf die weitere Identifizierung der Splittergruppen mit gewissen Dörfern unterbleiben.

108 Götteranrufung In der Danksagung der ersten Männer erscheinen zwei neue Götter im Quiché-Olymp. (Chipi-) *Nanauác*, der Allwissende, ist eine verstümmelte Form des im Codex Chimalpopóca erwähnten Aztekengottes Nanahuatl (nach Brasseur de Bourbourg und Morley). *Uóc* (*uác*) ist der Falke. Er war der Bote des Huracán.

111 Yaqui Wieder tritt der Name dieses Náhua-Volkes auf und wiederum in Verbindung mit Opferdiensten blutiger Art, wie die beiden Vokabeln für Priester: *ahquixb*, *ahcahb* ausdrücken. Wenn auch später Yaqui ganz allge-

mein für die mexikanischen Händler gebraucht wurde, müssen wir hier doch wohl die Vereinigung eines Yaqui-Stammes mit den Quichés auf dem Zuge nach Tula annehmen. Der Stammesname bedeutet einfach »Die Wanderer«.

Tulan (Tula) Obwohl der frühe Kolonialhistoriker Fuentes y Guzman nach einer noch älteren Quelle die Lage von Tula mit 80 Leguas, d.i. 240 Kilometer, nördlich von Mexico-Tenochtitlan (dem Aztekennamen für die Hauptstadt) angab, hat man diese Stelle lange übersehen und den Ort für mythologisch erklärt. Erst seit 1940 sind dort große Ausgrabungen geleistet worden, die ein eindrucksvolles Kultzentrum freilegten. Eine Tempelpyramide des Quetzalcóatl war von Hallen umgeben, auf deren Wänden Friese mit den toltekischen Totem- und Wappentieren Adler und Jaguar entlanglaufen. Riesige Krieger in charakteristischer Waffenkleidung trugen die Dächer. Wenn je ein durchschlagender Beweis für die Historizität einer Wandersage erbracht wurde, so hier. Die Thematik und der spezifische Stil von Tula findet sich in genauer Entsprechung im fernen Chichén-Itzá in Yucatán. Dort erreichte die toltekische Baukunst und Bildhauerei ihren Höhepunkt. – Die im Popol Vuh Tula gegebenen Beinamen: Tula-Höhle, Sieben Höhlen und Sieben Schluchten, finden ihre Entsprechung im aztekischen Namen für die Stadt: Chicomoztóc, welches ebenfalls Sieben Höhlen bedeutet. – Von woher nun all diese Stämme nach Tula kamen, ist ganz ungewiß und ein weites Feld für Spekulationen.

112 Tohil Hier wird der Hauptgott der Quichés proklamiert. Der Name meint: der Regenspender, der Donnerer (*Jupiter tonans*). Es ist niemand anderes als Quetzalcóatl in einer seiner vielen Funktionen.

Avilix von *ah – ilih*: der Wächter, Behüter.

Hacavitz Das alte Mayawort *uitz* für Berg und *k'ak'*: Feuer. Also ein Vulkanberg, worauf auch die Bemerkung der nackten, baumlosen Hänge zielt.

Nicahtacáh »Mitten in der Ebene«. Also der Gott der Ebenen.

Tzikinahá Vogelwasser, Vogelfluß. Die alte Hauptstadt des Unterstammes der Tzutuhiles am Lago Atitlán. Heute Santiago-Atitlán.

Manche zogen nach Osten Hier ist der Zug Quetzalcóatls nach Yucatán gemeint. An einer späteren Stelle muß, wie wir sehen werden, mit Osten Nicaragua gemeint sein.

113 Feuerszene Die zitternden, eine fremde Sprache sprechenden Stämme, die um Feuer bitten, werden wohl die Chichimécas gewesen sein, ein als nackt oder in Felle gekleidet beschriebenes Volk. In Mittelamerika erhielt das Wort eine ähnliche Bedeutung wie »Vandalen« oder Barbaren. Man glaubt, daß die ständigen Angriffe der wilden Stämme den Zusammenbruch des Reiches von Tula verursacht haben. Sie müssen weit nach Süden vorgestoßen sein, denn an der Pazifikküste von Chiapas nennt man noch heute rohe Tongötzen »Chichimécas«.

115 Fledermausbote Hier tritt nun der Hauptgott der Fledermausleute, der Tzotziles, auf. In seiner Nágual-Gestalt raubt er den bevorzugten Söhnen, den Cakchiqueles, das Feuer in Rauch und Nacht. – Schon in vorspanischen Zeiten hat man aus dieser Szene den Namen Cakchiquel als »Feuerdiebe« deuten wollen. Woher der Name aber wirklich kommt, wird in den »Annalen der Cakchiqueles« ausführlich gesagt, wie wir an der entsprechenden Stelle sehen werden. Aus der Wandersage geht eindeutig hervor, daß die Cakchiqueles und die Tzotziles im heutigen Chiapas *ein* Stamm waren, daß die letzteren also nicht, wie man glaubt, erst unter Mocetzuma I. oder gar erst unter Moctezuma II., Anfang des XVI. Jahrhunderts nach Chipas eingewandert seien, demnach Azteken seien. Dem widerspricht schon, daß sie Maya und nicht Náhuatl sprechen.
An unserer Textstelle bereitet der Hinweis auf ihren Gott »*Chamalcán*, der die Form einer Fledermaus hatte« Schwierigkeiten. Recinos ist dem nachgegangen. Statt sich mit der Schreibart *Chimalcán* zu begnügen (welches ein Bastardwort aus Náhuatl und Maya wäre, »Schlangenschild« bedeutete und keinen Sinn ergäbe), hat er a.O. nachgewiesen, daß die Tzotziles unter dem Einfluß des Kukulkán-Kultes den Namen »*Cu-chul-chán*«, d.i. Federschlange, annahmen, eine Bezeichnung, die nie populär wurde, so daß sie sich von den mit den Spaniern als Hilfstruppen heranmarschierenden Azteken gerne wieder als »Fledermausleute«, *Zinacantécos*, ins Náhuatl zurückübersetzen ließen.

Monatsglyphe Fledermaus

Der Erzähler des Popol Vuh hat diese ganze mystisch-ethnologische Entwicklung in Überkürze zusammengefaßt. Wörtlich heißt *Chamalcán*: Große stille Schlange.

116 Sonnenträger ganz wörtlich nach *Ic'o quib*. Wieder ist Kukulkán (Venus) gemeint, der die Sonne heraufführt.

117 Große Ferne *nim xol*. Gemeint ist die Golfküste Mexikos. Da nur Burgess den Satz richtig übersetzt, hier der Text: »*Qui hunam uach xe-icol-ula chila' NIM XOL c'abixic vacamic.*«
Menschenopfer Tohil-Kukulkán verlangt als Gegengabe für das Feuer »das, was unter Achsel und Rippen liegt«, das Herz. Hiermit ist die Legende des gütigen, mit wallendem weißem Bart und Gewand und weißer Hautfarbe (sic!) daherschreitenden Apostels Quetzalcóatl durch die Urquelle selbst widerlegt. Er war gewiß ein großer Regent und Krieger, aber ein Náhua und somit ein Menschenschlächter. Das Popol Vuh schildert in diesem letzten historischen Teil nichts anderes als den verzweifelten Widerstand der Mayastämme gegen diesen Brauch. Gewiß haben auch die Mayas Herzausreißen und kultisches Erschießen (in Tikal gibt es eine »Sebastian«-Darstellung) gekannt, aber nur unter außergewöhnlichen Notumständen.

Die archäologische Evidenz in Chichén Itzá zeigt mit der Ankunft der Tolteken das Auftreten von Opferszenen und jene Tanzplattform der Krieger, die mit einem Fries von Totenschädeln geschmückt ist.
Meeresüberschreitung Diese berühmte Szene hat zu mancherlei Auslegungsstreit geführt. Allgemein nimmt man jetzt an, daß die *Laguna de Terminos* gemeint ist, eine weit ins Land reichende Meeresbucht am Golf von Mexico. Hier endet das Hauptsiedlungsgebiet der Olmécas. Etwas westlich der Lagune münden die zwei für die Mayageschichte entscheidenden Flüsse Grijalva und Usumacinta. In den »Annalen der Cakchiqueles« lautet die Beschreibung nun so: »Und unsere Großväter K'ak'-uitz und Zactecauh sprachen ›Wir sagen euch: Laßt uns etwas beginnen, Brüder. Wir sind nicht hierher gekommen, um am Ufer des Meeres zu hocken, ohne je das uns gelobte Land zu sehen. Ihr Krieger! Ihr sieben Stämme! Lasset uns sogleich hineinschreiten!‹ So sprachen sie und aller Herzen füllten sich mit Freude. ›Als wir vor die Tore von Tulan gelangten, da wurde uns als Wahrzeichen ein roter Stab gegeben. Darum erhielten wir den Namen Rotstöcke, o unsere Söhne!‹ So sprachen K'ak'a-uitz und Zactecauh. ›Lasset uns die Spitze unserer Stäbe in den Sand unter der See stecken und wir werden rasch das Meer über dem Sand bezwingen. Unsere roten Stäbe, die wir vor den Toren von Tula empfingen, werden uns behilflich sein.‹ So gingen wir über den Sand dahin, als es weit wurde unter der See und über der See.«
Dies ist doch wohl die Beschreibung einer Ebbe, die an der Golfküste sehr fühlbar ist. Mit Hilfe der roten Stäbe waten sie durch die Watten. Im »Titel der Herren von Totonicapán« heißt es in Quiché-Sprache: »Als wir zum Rande der See gelangten, berührte sie Balám-Quitzé mit seinem Stab, und sogleich öffnete sich ein Weg.«
Der im Denken seiner Zeit befangene Padre Ximenez sieht hier die Wiederholung des Zuges der Kinder Israels durch das Rote Meer, wie er auch den Morgenstern Kukulkáns für »den Stern Jakobs« hält. An derartigen Auslegungen hat es seither nicht gefehlt. Und dies gipfelt in der Mormonenreligion unserer Tage, die doch nichts weniger als die überseeische Rettung der palästinensischen Religionsstiftung zu den Mayas behauptet. Wer wagt, wenn dies Millionen in unserer Zeit glauben, noch über den tiefsinnigen Naturmythos unserer braunen Freunde zu lächeln?
Dem weiteren Text vorauseilend, glauben wir aus manchen Anzeichen archäologischer Art und auch aus manchen Hinweisen in den Cakchiquel-Texten eine Dreiteilung der Wandermassen an der *Laguna de Terminos* annehmen zu dürfen. Quetzalcóatl zog mit den Seinen nach Yucatán und reformierte das zerfallene Alte Reich der Mayas. Die Quichés sind den Usumacinta heraufgezogen. Der führt heute durch die Lacandonenwälder, heißt in Guatemala Chixoy und entspringt zwischen den beiden Quiché-Hauptplätzen Quiché und Totonicapán. Die Cakchiqueles werden dem

Grijalva gefolgt sein, der in einem riesigen Bogen durch Chiapas läuft, in einem wilden Cañon das Hochplateau umfaßt, wo die Tzotziles blieben, um in der Nähe des in unseren Texten ja wiederholt genannten Vulkans Tacaná zu entspringen. Der Wanderweg dürfte die Dialektverschiedenheiten erklären, die im wesentlichen in einer Lautverschiebung bestehen; ein Unterschied nicht größer als derjenige zwischen Versen der Sappho und des Pindar (Mond: *seléne* bei Pindar, *salána* bei Sappho, Eule: *tucúr* in Quiché, *túcar* in Cakchiquel). Für den Weg der Cakchiqueles durch Chiapas spricht auch der Text der »Annalen von Sololá«. Nach der Meeresüberschreitung nämlich befällt Furcht den Stamm und nach Beratung marschieren sie nach Teozácuánco, in das Land der Olomán. Die Stadt ist das heutige Coátzacoálcos (Puerto Mexico) und die Olomán sind die Olmécas, deren Hauptzentren ja bei diesem Fluß liegen. Entweder ist ein anderer Meeresarm gemeint oder die Cakchiqueles sind ein Stück nach Westen zurückgewandert. Auch der Coátzacoálcos-Fluß führt in die Berge von Chiapas. Im Vorwort zur 4. mexikanischen Ausgabe seines »Popol Vuh« (1960) vertritt auch Recinos die These einer Grijalva-Wanderung.

119 Amactán »Stammesbleibe«. Rastort der Tamúb.
Amac-Uquinac »Der Stamm mit Netzen voller Trinkschalen «(Jicaras). Rastort der Ilocáb.

120 Dreierlei Weihrauch *mixtem pom.* Es steht hier die klassische Mayavokabel *pom* für den Weihrauch aus Fichtenharz. Padre Pantaleon de Guzman gibt in seinem »Compendio de nombres en lengua cakchiquel« (1704) die Götter *Mictán Ahau* und *Cavestán Ahau.* Das dritte Wort kann der Leser schon selbst übersetzen: *cabavil pom:* Götterweihrauch.

121f Ursonne *xa chi cu u lemo ri x-canahic, mavi quitzih are chi quih ri cavachininic.* (Nur einen Spiegel sehen wir, nicht in Wahrheit eine Sonne sehen wir.) An dieser Stelle nähert sich das Popol Vuh gnostischem Denken. Zumindest aber liegt hier ein Gegenstück zu Platons Höhlengleichnis vor. Dort sehen wir, mit dem Rücken zum Eingang, auf der Höhlenwand nur die Schatten der Urbilder, die draußen im hellen Licht vorbeischreiten. Auch wenn der indianische Text historisch-realistisch begründet wird, steht dahinter die Idee der Unerkennbarkeit des Dinges an sich.

123 Lichtklage *camucú.* In dem Wort steckt eine alte Mayawurzel für »sehen«. Im Quiché-Text ist an dieser Stelle ein gewisser Rhythmus zu spüren, wie er neuerdings auch in den »Chilám Balám«-Schriften aus Yucatán festgestellt wurde. In unserm Text liegt eine hörbare Skandierung vor, die unsere dichterische Übertragung rechtfertigt.

Acaróc. Xóhsachic.
Chi Tulan xóhpaxin-
Vi kib xekácanáh
Chic catz ca chác:
Avi ixquil-vi-kih?

Avi xi on é c'ovl
Tá mi ixsáquirlc?

Aber auch die Zurückgebliebenen sangen Klagelieder. In der Nationalbibliothek, Mexico, befindet sich ein Codex, aus dem W. Jimenez Moreno die folgende toltekische Elegie an verschiedenen Stellen veröffentlichte.

Tollan, aya, huapacalli manca
In Tula, o, stand der tempel aus holz
nozan in mahmani coatlaquetzalli
Noch stehen da die federschlangensäulen
Yaqui yacauhtehuac Nacxitl Topoltzin
In die ferne zog Nacxitl Topoltzin
Onquiquiztica ye choquililo in topilhuan
Schon zogen die beweinten fürsten davon
Ahuay! ye yauh in polihuitiuh
Wehe! in die verderbnis ziehen sie
Nechan tlapallan, hoay!
Nach osten, wehe!

Lebensgott – Federschlange Im Text steht in Toltekisch, also altertümlichem Nahuatl: Yolcuat-Quitzalcuat. *yol* = Samen, Leben, auch Herz. *cuat* = *coatl* = Schlange. Also Lebensgott, Zeugegott. *Quitzalcuat* = Quetzalcóatl, die Gefiederte Schlange.
Mexico Im Quiché-Text erscheint hier zum ersten Male dieser Name.
Hun Toh Eins Gewitterregen. *Toh* ist der 9. Tag des Quiché-Kalenders.
124 Fledermausherr *ah-po-sotzil.*
Herr des Tanzes *ah-po-xa* wörtlich: Herr Mattentänzer.
Gott im Stein Wieder die Vorstellung des im Steine wohnenden Gottes, der dann als *nágual* aus dem Stein treten kann.
125 Bromelien *Tillandsia species pluribus.* Eine als *Ek* schon in der Schöpfungsgeschichte auftretende Halborchidee mit riesigen roten oder elfenbeinfarbenen fleischigen Blütentrossen. Noch heute bei allen indianischen Festen als Blumenschmuck gebraucht.
Spanisches Moos *Dendropogon usneoides.* In Quiché *atziac*, heute mexikanisch *paxte.* Hängt wie Greisenhaar in langen grauen Strähnen von den Zweigen. Daher der falsche Name Spanisches Moos. Es ist aber kein Moos, sondern ebenfalls eine Bromelienart mit dem oben gegebenen Klassifikationsnamen.
125f Augurenrat Die Götter raten den Priestern, sich als *náguals* zu verkleiden, um das Volk zu beherrschen. Eine so offene Anleitung zu frommem Betrug steht in der Religionsgeschichte wohl einzig da. Aus gutem Grund war das Popol Vuh ein Geheimbuch. Es werden in diesem geschichtlichen Teil die Yaquis ständig mit den Opferpriestern gleichgesetzt – ein deutlicher Hinweis auf die mexikanische Dominante. Den hier mytho-

logisch begründeten Hirschtanz kann man in eindrucksvoller Weise noch heute bei den Yaquis in Sonora und den Huicholes in Nayarit sehen.

126 Heilige Pilze Es gibt eine ganze Anzahl von Pilzen in Mittelamerika, die Rauschzustände erzeugen. Unter den Zapoteken in Oaxáca gibt es einen, der Farbvisionen wie die Droge Mescalin hervorruft. Ein anderer dient als »Wahrheitsserum«: bei einer Anklage wird der Verdächtige im Pilzrausch von den Ältesten befragt, danach wird das Urteil gefällt. – Unsere Textstelle beweist, daß die Kenntnis der Heiligen Pilze sehr alten Datums ist.

126ff Jaguargeheul/Jaguarspur Den Rat Tohils befolgend, treten die Priester als Jaguare verkleidet auf. Sie hinterlassen Jaguarspuren, die sie offenbar, zu größerer Verwirrung, rückläufig anbringen – eine von den Prärie-Indianern Nordamerikas gerne geübte Kriegslist. Es erinnert aber der ganze Vorgang verblüffend an gleiche Praktiken im haitanischen Vodou. Auch dort überfallen als Jaguare verkleidete Priester nächtlich die Opfer, und auf dem Höhepunkt der Zeremonie zerreißen sie die Unglücklichen in Tigerfell, Tigermaske mit Tigerpranken. Auf diese Zeremonie steht heute Todesstrafe, sie wird gleichwohl noch im geheimen vollzogen. In der Sammlung des österreichischen Konsuls Fischer in Port-au-Prince habe ich zwei Jaguarklauen, die wie ein eiserner Handschuh über den Unterarm zu streifen waren, mit noch relativ frischem Blutrost auf dem Metall gesehen. Nun ist aus der alten Mayastadt Uaxactún (Petén) die Vase eines Opferpriesters bekannt, der in der Rechten an einem Bügel, wie ihn das ägyptische Henkelkreuz hat, ein merkwürdiges gezacktes Objekt hält. An die Vodou-Riten denkend, habe ich das schon vor Jahren als zeremonielle Jaguarpranken definiert. Inzwischen sind nun in dem alten, vielschichtigen Kultplatz *El Baul*, am Pazifik unter der Vulkankette, eine ganze Reihe dieser Jaguarpranken aus Flint und anderen Vulkansteinen gefunden worden. Man darf sich demnach den Ritus grausam genug vorstellen. Wobei den Priestern, sowohl dem haitanischen *houngán* wie dem indianischen *balám*,

Toltekisches Blutopfer. Fresko zu Chichén Itzá

magische Besessenheit zuzubilligen ist: beide halten sich im Augenblick wirklich für Jaguare. Lévy-Bruhl hat hierzu umfangreiches Vergleichsmaterial aus Ozeanien und Amazonien gebracht. Und vergessen wir nicht, daß die archaischen Griechen in Wiederholung des Dionysos-Mythos in Höhlen wirklich Kinder zerstückelt und gegessen haben.

129 Bad des Tohil *chi-ratinibal-Tohil* wörtlich: Bademund des Tohil. Das Wort ist aus Maya- und Toltekenwurzeln zusammengesetzt (*at*: Wasser). Ähnlich heißt die schon mehrfach zitierte Hauptstadt der Itzás in Yucatán, da sie an einem kreisrunden Weiher liegt: *chi-chén-Itzá*: Brunnenmund der Itzas. – Die mißlungene Verführung deutet in reiner, kommentarloser Erzählung das an, was den Mayas neben den Blutopfern an den Tolteken mißfiel: das mexikanische Laster. – Auch das Drama »Rabinal Achí« beginnt mit zwei so unerhörten Schimpfworten in diesem Sinne, daß nur Georges Raynaud mit der Unerschütterlichkeit professoraler Worttreue genau übersetzt hat.

Cavéc Bei der Vorbereitung der Badelist erscheint der Name des führenden Quiché-Hauses *Cavéc* als deutliche Rassenunterscheidung zu den Mayas.

130f Drei Jungfrauen *Ixtáh* eigentlich *ixtán*: Jungfrau (Cakchiquel). *Ixpúch* eigentlich *ichpoch*: Jungfrau (Náhuatl). *Quibatzunáh*: die Wohlgeformte oder Wohlgeschmückte (Quiché). – Im Popol Vuh kommen durch einen Gedächtnisfehler des späten Erzählers nur die ersten beiden Mädchen vor. Es ist aber deutlich, daß zu den drei Göttern und den drei Mänteln drei Jungfrauen gehören. Die dritte finden wir in der anderen Quiché-Chronik, den »*Titulos de los Señores de Totonicapán*«. Es ist dies die einzige Stelle, wo wir uns eine Einschiebung erlaubt haben.

131f Wappenmäntel Die Symbolik der Szene ist deutlich: wer sich den Stammesnaguals der Tolteken, Jaguar und Adler, unterwirft, der wird erhöht über den Menschen und Wohlgefühl wird ihm zuteil. Das meint die Prunkszene im Adlermantel. Es handelt sich um einen phallischen Tanz, wie ihn Fuentes y Guzman u.a. beschreibt, und wie ihn die Dorer, laut den berüchtigten Felsinschriften auf Santorin, praktizierten. – Die Bedeutung des Insektenmantels kennen wir bereits aus der weitläufigen Assoziationskette Biene – Tod, von Thompson für die Mayas belegt, von Schultze-Jena für die heutigen Quichés nachgewiesen. Der Vergleich mit dem Nessus-Hemd des Herakles bietet sich von selbst an.

134f 20000 Krieger Im Text werden zwei Zahlen gegeben: *ca chuy* und *ox chuy*. Die Rechnungseinheit der mittelamerikanischen Kulturen im Handel waren Kakaobohnen. *chuy* ist ein Sack mit 8000 Bohnen, als Gewichts- oder Maßeinheit aufzufassen. Es wird also gesagt, die Zahl der Krieger läge zwischen 2 oder 3 *chuy:* 16000 oder 24000.

Holzkrieger Das ist ein alter indianischer Trick. Noch in diesem Jahrhundert hat in Honduras ein indianischer Präsidentschaftskandidat den Bürgerkrieg mit diesem einfachen Mittel rasch gewonnen.

Niederlagen der Mayastämme Schon beim Aufmarsch werden sie im Schlaf »ihrer Insignien beraubt«, und es wird ihnen Lippenbart und Augenbraue abgeschnitten – ein archetypisches Motiv der Entmannung. Man denke an Samson und Delila. Es ist hier wie an anderen Stellen deutlich, daß der Erzähler ein Maya ist: nur widerwillig gibt er die Niederlage zu und wird nicht müde zu betonen, daß letztlich alles nur durch Zauber geschehen sei.

Tolteken mit gefangenen Maya. Nach einem Fresko zu Chichén Itzá

139 Söhne der Erzväter Die aus Maya und Náhuatl gemischten Namen verführen zu endlosen Kombinationen, so daß wir sie als Eigennamen stehenlassen.

Das Lied Camacú Der Sang vom Toten Gott.

Unser Herr der Hirsch *C' Ahual Queh*. Unter den Mayas wie unter den Quichés war der Herr oder Besitzer der Hirsche das Symbol des Verschwindens und des Abschieds. In Yucatán »Gott Hirsch« ist: *yumil-keh*. Er war der Führergeist der Mayas, als sie in *Xocné-keh* eintrafen. So im »Chilam Balam von Chumayel«.

140 Pisom K'ak'al wörtlich: eingehüllt (*pisom*), Glanz (*k'ak'al*). Hierzu führt Recinos aus: »Das Bündel, Symbol von Macht und Majestät, war das mystische Paket, das die Tempeldiener als Symbol von Autorität und Souveränität hüteten.« Im »*Titulo de los Señores de Totonicapán*« findet sich einiger Aufschluß über dieses Bündel der Majestät. Dieses Dokument sagt, daß »der Großvater Nacxit ihnen ein Geschenk namens *Giron – gagal* gab«, als sie unter dem Befehl von Balám-Quitzé die Tula-Höhle verließen. *Giron* oder *quiron* kommt von *quira*: aufmachen, entrollen, behüten (ein Ding). In dem Dokument heißt es weiter, daß man in Hacavitz-Chipal zum ersten Mal das Geschenk aufmachte, das der alte Nacxit ihnen mitgab, als sie vom Osten herkamen, und daß »diese Gabe dasjenige war, was sie fürchteten und verehrten«. Das Geschenk war ein Stein, »der Stein des Nacxit, den sie bei ihren Gesängen gebrauchten«. Wahrscheinlich war das der gleiche Stein aus Schiefer oder Obsidian, den sie *chay abah* nannten und der ebenfalls im »*Memorial de Sololá*« als Symbol der Gottheit genannt wird, welche die Cakchiqueles seit Urzeiten verehrten. Torquemada (»Monarquia Indiana«, Teil II, Buch IV, Kapitel XLII) sagt, daß die Mexikaner ein Bündel namens *baquimilolli* hatten; das war aus den Mänteln der toten Götter

gemacht, und darin befanden sich einige Szepter mit grünen Steinen und Schlangen- und Jaguar-Felle. Dies Bündel sei als ihr höchster Gott verehrt worden. – Im »*Titulo de los Señores de Totonicapán*« heißt es, daß Balám-Quitzé beim Abschied von seinen Kindern diese Worte sprach: »Nehmt diese Gabe, die unser Vater Nacxit uns gab. Nützlich wird sie uns sein, denn

Blutopfer der Maya
(Codex Madrilensis)

noch wissen wir nicht, wo wir schließlich wohnen werden.« – Nacxit ist die Kurzform für den historischen Quetzalcóatl, dessen voller Titel *Topiltzin Nacxitl Quetzalcóatl* war. Die Ableitung lautet: *navi-icxitl* = der auf den vier Weltecken steht. Dem entspricht der Mayatitel *ah-can tzicnal.*

141ff Städtegründung In früheren Zeiten war eine Städtegründung nicht die Ausführung einer rationalistischen Reißbrettzeichnung, sondern ein magischer Akt. Die Stadt als Abbild der Welt wurde grundsätzlich nach den vier Weltpunkten orientiert, quadratisch angelegt, quadratisch oder kreisförmig ummauert, in welcher zweiten Form wirklich die Quadratur des Zirkels vollzogen und jene Urfigur gezeichnet wird, die Jung das Mandala nennt, und aus der sich die Swastika der Inder entwickelte. Alle magischen Gründungen waren mit Menschenopfern verbunden: wir haben archäologische Beweise dafür in Sumerien und in Tihuanáco am Titicacasee, wo unter den vier Ecken des burgartigen Haupttempels Menschenskelette gefunden wurden. Wir wissen das gleiche von etruskischen und römischen Städtegründungen.

Über die Heiligen Städte im allgemeinen hat der Franzose René de Guénon gearbeitet; über die magischen Städte Indiens Heinrich Zimmer; über die »*Quadrata Roma*« Franz Altheim; auch K. Kerényis Essay über »Das Geheimnis der hohen Städte« gehört in diesen Zusammenhang. – Bei der Gründung von Hacavitz wird nicht ausdrücklich von Menschenopfern gesprochen. Aber an den vier Kardinalpunkten werden Kürbisse voller Bienenstöcke niedergesetzt. Die Gleichung Kürbis = Totenschädel kennen wir bereits aus dem Hades-Ballspiel. Kürbisse, mit dem Geisterinsekt Biene gefüllt, sind die charakteristische symbolische Umschreibung des Mayas für den vollzogenen Vorgang. Auf Seite 2 des Codex Dresdensis haben wir aus den Glyphen den Gott Uak Chüüahnal herausgelesen: Herr Sechs Kürbiswegschmeisser, wobei auch hier Kürbis gleich Schädel ist.

Reise gen Osten Schon Ximenez hat darauf hingewiesen, daß mit dem »*Chila pa relebal quib*« (dort wo die Sonne entsteht) hier nicht Yucatán gemeint sein kann. Yucatán liegt genau nördlich der Quiché-Berge. Aber die eigentümliche Lage insbesondere des Atitlán-Sees macht es, daß man gegen den gefühlsmäßigen Eindruck, Petén und Yucatán lägen im Osten, schon einer Landkarte bedarf, um sich davon abbringen zu lassen. Am Meer aber kann man sich nicht täuschen. Die drei Söhne der Erzväter gehen diesmal nicht durch ein Watt, sie befahren die See. Wären sie im Golf von Honduras, etwa in der Gegend des heutigen Puerto Barrios nach Yucatán gefahren, so würden die Nachkommen gewiß von einer Nordreise gesprochen haben. Die Pazifikküste Guatemalas aber verläuft westöstlich. Manche Quellen sagen, Kukulkán sei nach der Neuordnung Yucatáns, der Gründung der Stadt Mayapán (Banner der Mayas) und der Gründung der »Liga von Mayapan«, den griechischen Städtebünden vergleichbar, »dahin verschwunden, wo er hergekommen«. Das ist nun aus vielen Gründen unwahrscheinlich. Andere Quellen weisen nach Nicaragua, und es besteht das Vermuten eines dortigen Großreiches. Rafael Girard, der mit bemerkenswerter Unerschütterlichkeit die alten Texte wörtlich nimmt, hat denn auch die Archäologen aufgefordert, in dieser Richtung Kukulkáns Grab zu suchen. Man darf unterstellen, daß es nicht Kukulkán selbst war, zu dem man sich aufmachte, sondern einer seiner Nachfolger, die den Titel Nacxit-Kukulkán führten.

Nach dem dritten Kapitel des Manuskriptes von Totonicapán teilten sich die beiden Söhne von Balám-Quitzé in die Suche nach Kukulkán. Co Cavib zog nach Westen, fuhr also wohl den Usumacinta hinunter, hatte Abenteuer am »See von Mexiko« (Laguna de Terminos?) und kehrte unverrichteter Sache zurück. »Und da er ein weiches Herz fand, erkannte er das Weib seines Bruders Co Caib.« Als zwei Jahre später Co Caib aus dem Osten von Kukulkán zurückkam, wurde ihm auf die Frage nach dem unerwarteten Kind geantwortet: »Es ist dein Blut, dein Fleisch und aus dem gleichen Gebein.« Co Caib begnügte sich mit dieser Sippenabstammung und zürnte seinem Bruder so wenig, daß sie sich zusammen noch einmal gen Osten aufmachten.

In den »*Titulos de los Señores de Totonicapán*« wird mit offensichtlicher historischer Präzision diese Reise ebenfalls beschrieben. »Die großen, weisen, mutigen Herren beschlossen eine zweite Fahrt gen Osten. Diese Männer waren Co Caib, Co Cavib, Co Ariel und Acutéc. Kurz nach ihnen ging Nim Chocoh (Der große Redner) aus dem Hause Cavéc, der später den Titel Chocohil-Tem (Die Große Rede-Stütze) erhielt. Als sie vor das Angesicht von Nacxit kamen, dort wo die Sonne aufgeht, erklärten sie ihr Anliegen.

Nacxit empfing sie freundlich und hörte sie an. Er verlieh ihnen, was sie erbaten, und gab ihnen manche weiteren Insignien, die Noble und andere Dignitare zu tragen hatten. Co Caib und seine Begleiter kehrten froh von ihrer glücklichen Reise zurück, und in Hacavitz-Chipel angelangt, zeigten sie alle Würdenzeichen und Embleme, die sie mitgebracht. Und sie erklärten, wer das entsprechende Emblem als Titelzeichen zu tragen habe.«

142 Schrift Obwohl der von Recinos zitierte Alonso Zorita 1550 in Guatemala Bildtafeln oder Bildmäntel gesehen haben will, die »800 Jahre alt« sein sollten; obwohl wir solche Bildchroniken in reicher Zahl von den Azteken kennen, ist im Mayaland doch wohl an die Erlernung der Glyphen-Schrift zu denken.

143 Chiquix »Zwischen Dorngestrüpp«.

Conaché Der Sohn aus dem inzestösen Ehebruch des Co Cavib. Ein von Recinos entdecktes Dokument, »*Descripcion de Zapotitlán y Suchitepec*«, erzählt die Geschichte ausführlich.

Iztayúl Der Sohn von Conaché; »Aus dem Samen der Itzá«.

144 Schlangenpaläste Gemeint sind steinerne Häuser mit Schlangenreliefs. Gemeinhin baut der Indio noch heute seine Hütte aus Bambus oder Lehm. Brasseur de Bourbourg und auch Recinos trachten, diese Stelle umzudeuten bzw. umzuschreiben. Bei Ximenez steht aber deutlich *cumatzil nim ha*: Großes Schlangenhaus.

146 Cumarcáah Wörtlich: »Verfaultes Rohr«, also »zerfallene Hütten«. Man bezog offenbar eine verlassene Siedlung. Die Azteken übersetzten den Namen in »Utatlán«, Riedfeld, unter welchem Namen die Ruinen heute geführt werden. Die Stadt lag, wie alle Quiché-Siedlungen, auf einer von Schluchten umgebenen Ebene. Las Casas nannte den Ort, nach der Zerstörung durch Pedro de Alvarado, immer noch »eine wirkliche Königsstadt voller wunderbarer steinerner Paläste«. Sein Zeitgenosse Alonso de Zorita, Fuentes y Guzman dann und Padre Ximenez äußern sich ähnlich. Noch 1887 fand der englische Archäologe Alfred P. Maudslay Material genug für ausführliche Studien. Wenn heute als einziger Rest der unförmige Steinklumpen des ehemals berühmten Kukulkán-Tempels übrig ist, so bezeichnet das den Fortschritt des XX. Jahrhunderts. Die Tempelsteine Utatláns

Mayadorf. Nach einem Fresko zu Chichén Itzá

stecken im Dorfrathaus und der Kirche des trübsinnig-provinziellen Santa Cruz de Quiché, wenige Kilometer von der Quichémetropole entfernt.

Weihe der Stadt Nach Padre Ximenez hat Guatemalas erster Bischof, Francisco Marroquin, die Ersatzsiedlung 1539 auf »Santa Cruz de Quiché« getauft. Die Indios zogen freilich bald nach Chichicastenango. Der öde Ort wird heute von Ladinos (Mestizen) bewohnt.

148 Fürstentitel Die neun Titel der Cavéc hat Recinos mühevoll gedeutet. (Morley-Recinos: Popol Vuh, pag. 218.) Er hat dann offenbar die Lust verloren, so daß wir die weiteren fünfzehn Titel nacharbeiten müssen. Wo ein Titel im Kommentar unbelegt bleibt, handelt es sich um eine Entsprechung der im Text gegebenen Cavéc-Titel. Es wird deutlich zwischen *ahau* (hier: König) und *caléł* = Fürst unterschieden. Der zweite Titel der Nihaib lautet: *ahau – ahtzic – vinak*. Es ist *ahau – ahtzic*: der Mann, der neben (Ellenbogen, Seite) des Königs steht, *vinác* noch einmal = Mann. Also soviel wie Nebenkönig. *Calé – Cambá*. Es ist *cam* die Aufgabe, »la tarea que se ha de hacer« (Diccionario de Carmelo Saenz de Santa Maria). *bá* ist verstärkendes Postfix im Sinne von: wirklich, durchaus. Man könnte also »wirklich ausführender Fürst« übersetzen. Oder in heutigen Termen: Regierender Herzog. Die von Recinos begründeten »Großen Erwählten« sind zweifellos Beauftragte der Familieninteressen. *Avilix*: Hüter, Beschirmer (Prowe). In *Yacolátam* müssen wir eine Verstümmelung des mexikanischen Windgottes *Ehecátl* erkennen, der in Personalunion mit Quetzalcóatl steht. Wohl aus: yo-u-alli' (Nacht) und *cóatl* (Schlange). Also hier Gucumátz-Priester. *Utzam – pop – zalclatol*. Die ersten beiden Worte sind leicht als »Vorsitzer des Rates« zu erkennen; das dritte, grotesk verstümmelte Aztekenwort müssen wir schuldig bleiben. Desgleichen das dem »Großen Tributeinnehmer« angehängte *ycoltux'*. Der erste Quiché-Rang kann nicht *ahtzic-vinák*, der stellvertretende Nebenmann sein. Man muß hier einen Schreibfehler annehmen, *ahtzi* lesen und erhält dann: Der Wortführer.

149f Gucumátz Mittels seiner vierfachen Verwandlung zu je sieben Tagen erweist sich der mythische König als Elementengott, der im Oben wie im Unten, im Tag wie in der Nacht wirkend den Monat regiert.

Tzutuhá Die Zaquic und die Tzutuhiles leben am Südufer des Lago Atitlán. Heute spricht man nur noch von Tzutuhiles. Nun bedeutet aber *tzutúh* Maisblüte. Mit der Verstärkung *bá* hat also ihr Fürst den schönen Titel »Wahre Maisblüte«.

150 *Chuvilá* Chichicastenango

Chuvi-Mequiná Heute das Quiché-Zentrum Totonicapán

Sac-Uléu Das große Kultzentrum *Zaculéu* (weiße Erde) der Mames, vor den Toren der Distriktshauptstadt Huehuetenango (Feste der Alten), ist heute wieder dank der ebenso geldfreudigen wie unsachgemäßen Rekonstruktion durch eine Bananengesellschaft zu einem Touristenziel geworden. Man sieht Tempel, Terrassen, Ballspielplätze aus grauem Portland-Zement. Indessen enthält eine Vitrine des kleinen Museums den Inhalt eines Grabes aus dem 6. nachchristlichen Jahrhundert. Die Grabbeigaben in Form hervorragender, polychromer Vasen, Schalen etc. zeigen die Ausdehnung des Handels in jenen Zeiten: es finden sich Stücke aus dem fernen Zapotéken-Staat Oaxaca in Mexiko zusammen mit Schalen aus Britisch Honduras. Man darf sich danach ein Hoffest der ein halbes Jahrtausend späteren Quiché-Fürsten sehr farbenprächtig, die Tafel mit keramischen Kostbarkeiten geschmückt vorstellen.

151ff *C'ol-Ché* Weihrauch-Baum

Petatayúb pet-há ist im klassischen Maya: zusammengedrängtes Wasser, Lagune.

Ayátl (*ayótl*) (Náhuatl) ist die Schildkröte. Gemeint ist die Pazifikküste vor dem Vulkan Tacaná, dem vermutlichen Paradies der Mayas (Paxil-Cayalá), reich an Seen, Sümpfen, Brackwasserlagunen (*estéros*), Vogel- und Schildkrötenparadies. Dort liegt noch heute der Ort Ayútla, an dem aus verderbtem Aztekisch *Suchiáte* (Blumenwasser) genannten Fluß. Die Gegend ist unerhört reich an archäologischen Rätseln. Die ältesten artikulierten Kunstobjekte aus Ton gehen bis 3000 vor Zeitwende zurück, um von den vorkeramischen Muschelhaufen zu schweigen. Die Stadt Colché könnte mit dem Ort Tuxtla-Chico auf der mexikanischen Seite des Grenzflusses identisch sein. Es ist bekannt, daß dort im Tropendickicht eine ganze Galerie von figürlichen und auch Datumsreliefs steht. Auch spricht man von weitläufigen Gebäudeanlagen. Indessen ist hier die Archäologie noch nicht zum Zuge gekommen.

Feldzeugmeister Die genaue Übersetzung von *chabál labál* ergibt dieses moderne Wort.

Müßiggang Alle Übersetzer haben an dieser Stelle herumgerätselt. Schultze-Jena überträgt die herauszulesende »Morgenröte« unzulässigerweise in das Psychische: »Aufheiterung«, obwohl er nach seinem eigenen Wurzelinventar den Stamm »*zac*« für »Würfelspiel« kennt. (Auch Prowe hat Würfelspiel.) Die Stelle meint, daß die Soldaten so eifrig waren, daß sie keine Zeit für Würfelspiel hatten, ja sogar die Götteropfer vergaßen.

Garnisonen Hier geben wir im Text, soweit bekannt, die heutigen Namen der Stützpunkte. Der Ort Uaxác-lahúh meint jedenfalls 18 Herren. Zac-cabá-há ist: weiße Pfahlhäuser oder Palisadenhäuser: Weißenburg. Cabricán (heute) erinnerte in seiner alten Form an den Erderschütterer Cabracán.

Soldatenruhm und Herrschaftsteilung Was sich in Wirklichkeit hinter den dürren Worten des Quiché-Berichtes abspielt, zeigen uns die Annalen der Cakchiqueles durch ihre Darstellung des großen Königs Quicab.

König Quicab Das Popol Vuh verliert gegen Ende seine Kraft. So

wie die »Chilám-Balám«-Schriften Yucatáns in lose Katún-Rechnungen auslaufen, so unser Werk in Königslisten und Ortsaufzählungen. In einem umfangreichen Kommentar wäre es möglich, das alles zu erhellen und zu lokalisieren: eine Arbeit, die auch dann nur den indianischen Einwohnern Guatemalas etwas sagen würde.
Es ist deutlich, daß im Falle des Popol Vuh nicht einfach ein Zusammenbruch vorliegt. Auch die andere Quiché-Chronik von Totonicapán ist in sehr bündiger Form abgefaßt. Dort, wie im zweiten Teil des Popol Vuh, nehmen nicht nur die Mexikanismen im Text zu, die Königsnamen und Titel sind schon weitgehend aztekisch durchsetzt: der Aufschwung des Quiché-Reiches läuft ja zeitlich parallel mit dem des Azteken-Imperiums. Wir wissen von diplomatischen Kontakten. So warnte Moctezuma II. die Quiché-Fürsten rechtzeitig vor den sich auf Kuba einrichtenden Spaniern.
So ausführlich nun die Einwanderung der Herrenschicht aus Tula und die Unterwerfung der Maya-Stämme geschildert wird, so wenig vernimmt man über die weitere interne Geschichte. Diese nämlich war nicht frei von Hofintrigen und Stammesgezänk. Ja, gegen den großen Quicab kam es zu einer Mordverschwörung. Zwei seiner Söhne: Waldkater-Vater und Itzá-Mann (der zweite wohl Sohn einer Prinzessin aus dem Itzá-Reich im Petén), verbanden sich mit der Palastgarde aus dem Itzá-Reich und veranstalteten ein Palastgemetzel. Allerdings hatten sie dem Vater selbst einen Wink gegeben, der sich in einen Ort Panpeták geflüchtet hatte. Die »Annalen der Cakchiqueles« erzählen das ausführlich. An einem ähnlichen Aufstand gegen die Priesterkönige ist vermutlich das »Alte Reich« der Mayas im Petén, Chiapas, Tabasco und Honduras zusammengebrochen, wie wir a. O. archäologisch zu beweisen suchten. Die Cakchiqueles standen also auf Seiten des Königs Quicab. Schon bald verschärfte sich die Spannung und Quicab selbst riet den Cakchiqueles zum Auszug und zur Gründung von Iximché. Seither herrschte »tödlicher Haß«. Unter den Söhnen von Sieben Affe: Dreizehn Hund und Zwölf Affe, kam es dann zur bewaffneten Auseinandersetzung.
Das Manuskript aus Sololá erzählt: »Als König Quicab gestorben war, der wunderweise König der Quichés, bereiteten diese den Krieg gegen die Cakchiqueles vor. Damals regierten Tepepúl und Iztayúl über die Quiché. Die Quichés aber haßten die Stadt Iximché.« Ein Überläufer brachte die Nachricht vom überraschenden Ausrücken der Quichés. Sogleich wurden Gegenmaßnahmen ergriffen. Unterstämme mit so charakteristischen Namen wie »Affenesser« und »Grünschenkel« besetzten die Zugangspässe. »Die Krieger nahmen Schild und Waffen auf, den Angriff erwartend. Als die Sonne über dem Horizont erschien und ihr Licht auf die Berge warf, ertönten die Schlachtrufe und die Banner wurden entfaltet. Die großen Flöten, die Trommeln, die Muschelhörner hoben an. Der Aufmarsch der Quichés war wahrhaft erschreckend. Schnell rückten sie vor, Reihe auf Reihe

stieg zum Fuß der Berge hinab. Schnell erreichten sie das Flußufer und rissen die Hütten da nieder. Dann folgten die Könige Tepepúl und Istayúl mit ihrem Götterbild. Darauf folgte der Zusammenstoß. Der Zusammenprall war fürchterlich. Schreie stiegen auf, Kriegsrufe, das Geschrill der Flöten, das Dröhnen der Trommeln und Muschelhörner. Und die Krieger verrichteten Wunder. Bald waren die Quichés geschlagen, sie gaben den Kampf auf und wurden zersprengt, vernichtet, erschlagen. Zahllos waren die Toten. Der Rest wurde überwältigt und gefangen. Die Könige Tepepúl und Istayúl ergaben sich und lieferten das Götterbild aus.« Da die Cakchiqueles dem Tohil nichts schuldig waren – ihr Fledermausgott hatte ja ohne Dankesverpflichtungen für sie das Feuer gestohlen –, werden sie sich über den Götterraub besonders ergötzt haben.

Die Zeit der Schlacht vor den Toren von Iximché können wir ziemlich genau festlegen. Die siegreichen Könige haben wenig später einen Streit zwischen zwei Unterstämmen zu schlichten. Die am Ende blutige Erzwingung des vorangegangenen Schiedsspruches fällt auf einen Tag 11 Rohr, der als der 18. Mai 1493 errechnet wurde.

Setzung der Ordnung Alle bisherigen Übersetzer haben hier drei Wortfügungen als Eigennamen unübersetzt stehenlassen: *xebaláx, xecamác, chulimál*. Schon die Wortkonstruktion verrät einen symbolischen Sinn. *Xe* ist Wurzel, Anfang, Grundlage. Von da ab kommt man nur weiter, wenn man die ständigen Lautvertauschungen der Maya-Sprachen berücksichtigt (*balám, bolón, balúm* = Jaguar). Mit *bol* als Stamm erhält man diese Auswahl: *bolán* = *grupo de gente*, Schar; *boláh* = *ir en filas, en procesión*; *bolén* = *ir acompañado*; *bolo* = *ir mucha gente en grupo* (Carmelo Saenz). Prowe hat dazu noch *bolán* = in Massen ankommen. Die Wurzel bedeutet also »geordnete Menge«, so daß *xe-baláx* Erste Gliederung heißt. – Bei *camác* hat man die Wahl zwischen *camá* = Erscheinen, Manifestation (Prowe), oder *camáx* = Befehl erhalten, auf seinen Platz gestellt werden, in Reihen ordnen; oder *cam* = alles in rechte Ordnung bringen. Unsere Übertragung ist somit belegt.

Der »Ort« Chulimal ist ebenfalls ein Begriff, die Thingstätte sozusagen, nämlich die Substantivierung des Verbums *cholmaih* = in Ordnung bringen (Carmelo Saenz). Nachdem auch noch *calim* Mantel heißt (von wo der Fürstentitel *Calél* abgeleitet sein dürfte), geben wir nun den Philologen die Interlinearversion des kritischen Satzes: *xe-balax xe-camac u bi juyub x'e-chap-vi* = Erste Eingliederung erste Ordnung genannt der Gipfel sie wurden festgehalten *ta x'oc qui calem chiri' chulimal x'ban-vi* = da auf sie zukam ihr Mantel dort im Ordnungsplatz geschah es wirklich.

Titel Brasseur hat das ganze Titel-Kapitel für unverständlich erklärt. Man kommt nur mühsam, von Wort zu Wort ans Ziel. Den allgemeinen Schlüssel liefert der farbige Bericht der »Annalen«: Erhebung der selbstbewußt gewordenen Kriegerklasse und Pöbelaufstand. Es handelt sich

nicht um eine Sozialrevolte wie etwa beim Gracchen-Aufstand: der Mayabauer hatte stets so viel Milpa-Land, wie er bearbeiten konnte. Es sind Standeskämpfe, verbunden mit dem Aufruhr der Gasse. Am Schluß des Kapitels wird ausdrücklich noch einmal gesagt, daß es ursprünglich nur König und Vizekönig gab (*Ahpóp*, *Ahpóp-Camhá*). Dann kamen die *Calél* und die *Ahtzic-Uinác*. Im Mantelträger Calél müssen wir wohl einen Vertreter des Heeres sehen, so wie die Großen Erwählten, die Großräte (*Nim chocób*), Interessenvertreter der großen Familien sind.
Man muß nun im folgenden wie die Quichés genau zwischen *achih* und *uinác* unterscheiden: das erstere entspricht dem lateinischen *vir* (Mann) und das zweite *homo* (Mensch). Die *achih* sind hier die Krieger und die *uinác* das Volk. Wenn wir den *Calél* modern etwa als Kriegsminister oder Chef des Generalstabes verstehen müssen, so kann nach allem der *ahtzic-uinác* nur »Sprecher des Volkes«, ein Tribun sein. Die Regierung bestand also nach der Revolution aus: König, Vizekönig, Kriegsminister und Volkstribun. Es setzte dann offenbar eine Titelinflation ein, indem sich jeder Ortskommandant Calél, jeder Bürgermeister Ahtzic nannte. Das wurde auf die sakrosankte Zahl 20 reduziert.
Aufschlußreich ist nun die militärische Organisation. Der Calél ist hier jedenfalls der Generalfeldmarschall. Sein Ranggenosse Ahpóp vertritt die zivile Regierung. Da wir nicht gut Chef-Polit-Kommissar setzen können, haben wir schließlich Hoher Berater gewählt. Die für die Sozialstruktur der Mayas typische Doppelbesetzung wird dann durch nicht weniger als 11 Vertreter der Aristokratie durchbrochen, denen sich noch in einer nicht erkennbaren Sonderfunktion je ein Entsandter der Quiché-Sippe und des Hauses Zaquic beigesellen, womit 13 Lords im Kriegsrat saßen. Calél Achih als Führer der Krieger ist der Armeekommandant und der Ahpop Achih sein Generalquartiermeister. Der Tzalám Achih hat die Palisadenwälle (*tzalám*) und der Tzam Achih die Ausgucksposten (*tzám* = höchster Punkt eines Hügels, auch Dachfirst) unter sich. Wie man sieht, gibt es im Heer keinen Uinác, keinen Volksabgeordneten. Der Skeptiker, dem unsere Auslegung zu modern erscheint, sei auf die höchst komplizierte aztekische Organisation hingewiesen, die in einem ausgeklügelten System die Interessen der Klassen, Rassen, Stämme, Landsmannschaften, Städte und Sippen gegeneinander auswog.

154 Tempel »Maisblütenhaus«. Hier haben wir Tzutu-há in diesem Sinne (*há* = Haus) genommen. Das Wort für Opferstätte *cahbahá* läßt sogleich an das Nachbardorf von Quiché denken: San Andrés Saccabaja (zac-cabahá = weißer Opferplatz). In dem Manuskript von Totonicapán wird erzählt, in dem Ort Tzutuhá hätten die Erzväter einen Stein, ähnlich dem ihnen von Tohil übergebenen, gefunden und von da ab verehrt.

156f Tribute Unter den Tributstücken für die Herren von Quiché fallen die zweierlei Armbänder auf. *r'acán* deutet eigentlich auf Schenkelring. Das damit verbundene Wort *tuic* ist eine Schlechtschreibung des Cakchiquelwortes *tojiq* = Tauschzahlungseinheit (»*el pagar*«, Dicc. Carmelo Saenz). Das folgende *racán chi cuál* ist ein Armring für kultisch-magische Zwecke (*cuál:* Talisman).

158ff Königslisten Die folgenden Namen sind deutbar:
Kukumatz kann von *kukum* Feder und *kumatz* Schlange abgeleitet werden. Aber auch von *kukum* Feder und der alten Form für Grün *atz* statt *yax*. Dann also Grünfeder.

Istayub: Weißer Berg
Tepepul: Großer Phallos
Istayul: Weißer Samen
Uaxaki C'aam: Acht Liane
Uucub Noh: Sieben Erdkraft
Cauatepech: Schlangenberg
Oxib Kieh: Drei Hirsch
Beleheb Tzi: Neun Hund
Tepēu Yaqui: Fürst der Yaquis
Beleheb Kih: Neun Sonne
Batzá: Affenfluß
Uucub Ah: Sieben Rohr

Sieben Erdkraft In Yucatán ist dieser Kalendertag *cabán* schlechthin »Erde«. Oliver La Farge und Eduard Seler haben in allen Mayadialekten die Bedeutung dieses Tages (*nóh* in den meisten Dialekten) als »Erde« oder »Erdbeben« nachgewiesen. Im Aztekenkalender ist dieser Tag *ollin* »Erde« oder »Erdbeben«. Eric Thompson (op.cit. 86) stellt nun fest, daß alle figürlichen Darstellungen die junge Mondgöttin mit ihrer charakteristischen Korkenzieherlocke zeigen; so auf Stelen in Quirigua und in den Codices. Die abstrakte Variante führt immer die Locke. Im Popol Vuh ist Ixquic Patronin des Tages. »Cabán, also, ist der Tag der Jungen Göttin der Erde, des Mondes und des Mais« (Thompson). – Als Fürstentitel schien uns unsere Formel die angemessene Zusammenfassung.
Der Mitkönig ist nicht, wie Ximenez meint, »der mit Ringen geschmückte«. Vielmehr ist *cauatepech* eine Maya-Verstümmelung des bekannten Náhua-Wortes *Codtepéc* = Schlangenberg. Auf weitere Ableitungen aus dem Náhuatl verzichten wir wegen ihrer Fragwürdigkeit. Wohl sei erwähnt,

daß die Großen Familien von Quiché unter sich Aztekisch sprachen, wie die europäischen Fürstenhöfe bis in unser Jahrhundert hinein Französisch sprachen. Der Fürstenname »Acht Liane« (uaxaqui c'aam) ist eine wörtliche Übersetzung aus dem Aztekenkalender (*chicueyi malinalli*): im Maya-Kalender entspräche dem »Acht Hund«.
Auf die Frage nach der Bedeutung von *Lolmet* wurde am See Atitlán geantwortet: »Das ist der König der Cakchiqueles, der Bringer der Hoffnung«. *Lol* ist in der Tat Hoffnung. In der Königsliste erscheint *Lolmet quih*, was fast alle Übersetzer als Schreibfehler auffassen (den Kalendertag *quih*, Sonne, gibt es nicht, wohl aber *quéh* = Hirsch). Wenigstens im Kommentar wollen wir die uralte Tradition über die Textkritik stellen und mit unseren braunen Freunden auf den *Lolmet quih*, den sonnenhaften Hoffnungsbringer, harren.

Wort und Zeit Im Anfang war das Wort. Wenn der Mensch der Höhlen Stein auf Stein schlug, um Feuer zu machen, so gab das ein hohles Geräusch. Das klang wie »*Tok*«. Und so nannte man den Feuerstein »*tok*«, aber auch das Feuer selbst und das Feuersteinmesser und die Lanzenspitze nannte man so; und als man anfing, Verben zu bilden, gebrauchte man den Stamm »*tok*« für »brennen, schneiden, zum Bluten bringen«. Und im Popol Vuh ist das Opfermesser aus weißem Obsidian: »*sak tok*«, weißer Feuerstein, weißes Messer.
Im Kommentar zu dem von ihm entdeckten Codex Troano gibt Brasseur de Bourbourg ein sehr nützliches Vokabularium, das mit Worten und Wendungen aus dem an der Karibischen Küste gesprochenen Mopán angereichert ist, einer Sprache, die derjenigen der Codices nahe steht. Und Brasseur, der Erstaunliche, verfolgte die Wurzel »*tok*« bis zum griechischen τυκος, Hammer und verglich zu Recht die Vokabel »*tzen*«, ernähren, unterhalten, mit welcher übrigens unsere Entzifferung der Glyphen begann, mit dem griechischen ζην, leben, und dem lateinischen *semen*, Samen.
Das alles galt als fantastisch und unwissenschaftlich. Inzwischen hat die Sprachwissenschaft große Fortschritte gemacht und Brasseur ist in Ehren wieder hergestellt. (Der Nahua-Philologe der Universität Veracruz, Juan Hasler, hat die Wurzel »tok« bis in die türkischen und semitischen Sprachen verfolgt. So in seinem Vortrag: »Le toki, une issoglosse mondiale«, Amerikanisten-Kongreß 1962, Mexiko.) Die Schule von Morris Swadesh geht heute allen Ernstes daran, die Elemente der einen Ursprache zusammenzustellen. Ob das Paradies wirklich in der Mongolei lag, wie diese Schule meint, und ob wir alle eine evolutionierte Form des Idioms von Adam und Eva sprechen, bleibt zu besehen. Wohl aber hat diese Philologenschule außerordentlich verfeinerte Methoden geschaffen, die eine neuartige Klassifikation und vor allem eine Datierung von Sprachen erlaubt.
Der Amerikaner Norman A. *McQuown*, der unter den Tzotziles in Chiapas

arbeitete, und Morris Swadesh, der sich ganz in Mexico niederließ, haben die Glottochronologie zu einem sehr brauchbaren Instrument entwickelt. Einer ihre Aspekte ist die Feststellung der »Zeittiefe« einer Sprache. Indem man nach einer Standardliste von 100 Worten etwa Sanskrit und Hethitisch vergleicht, kann man aus der Anzahl der Gleichlauter, »*cognates*«, mittels einer algebraischen Formel den Trennungspunkt der beiden Sprachen vom gemeinsamen Ursprung, d.h. ihr respektives eigenes Alter in Mindestjahrhunderten festlegen.

Wie im vorigen Jahrhundert die Linguistik die Indo-Europäische Sprachfamilie definierte und Völkerwanderungen vokabularisch bewies, so können wir nun, mit verfeinerten Mitteln, die Geschichte Mittelamerikas festlegen.

Drei Vergleichspunkte sind das Mam in Westguatemala, das Huastéco der abgetrennten Mayagruppe im Norden (Staaten Tamaulipas und Veracruz) und die Gruppe Yucatéco- Lacandón-Itzá-Mopán.

Archäologische Befunde setzen den Olméca-Einbruch, der die Mayas an der Golfküste auseinanderriß, etwa in das Jahr 1000 vor unserer Zeitrechnung. Ein Test von Swadesh zwischen Yucatéco und Huastéco ergab 32 Mindestjahrhunderte, also das Datum 1200 vor Zeitwende.

Der Philologe Dr. Marvin K. Mayers, ein Schüler von McQuown, der unter den Pokomchi in Guatemala lebt, hat eine umfangreiche Arbeit »*Languages of Guatemala*« verfaßt, in welcher er 12 Maya-Idiome Guatemalas morphologisch und komparativ behandelt. Darauf hat er sämtliche 12 Idiome gegeneinander auf Zeittiefe getestet. Diese enorme Arbeit, ohne Computor ausgeführt, ergab ein verblüffendes Resultat: die älteste Sprache ist das Chorti, das die Erbauer des so bedeutsamen Copán (Honduras) sprachen. Nach ihrer morphologischen Erscheinung mußte man die Sprache der Mames, der Bodenständigen, Niegewanderten, der Bewohner des Mais-Fisch-Paradieses Paxil-Cayalá für sehr archaisch halten. Indessen die Zeittiefe zwischen Chorti-Mam ist 4200 Jahre. Die beiden Sprachen schlugen also schon 1000 Jahre vor dem Auftreten der Olmécas getrennte Wege ein.

Von Wichtigkeit für die Problematik des geschichtlichen Teiles unseres Popol Vuh waren die Zahlen für Quiché-Cakchiquel. Meine Auffassung war: das Reich der Tolteken war ein typisch indianischer, loser Völkerbund, der Tolteken, Yaquis und Maya sprechende Stämme umfaßte. Aus gewissen Vokabeln glaubte ich schließen zu dürfen, daß die Quichés-Ixiles-Cakchiqueles-Tzotziles als Nachbarn der Huastécos im abgespaltenen Norden saßen. Daß sie mit Quetzalcóatl aufbrachen, nach der Olméca-Schlacht bei der Laguna de Terminos zurückwichen und verschiedene Wege nach Guatemala einschlugen, wobei die Tzotziles in den Bergen von Chiapas als beweinte Brüder hängen blieben.

Die Zeittiefenzahlen von Dr. Mayers ergeben 32 (Quiché), Cakchiquel (35), Ixil (38) Mindestjahrhunderte, wobei die Ixil-Zahl durch Einflüsse nach

der Wanderung erklärbar ist. Daß Cakchiquel und Quiché schon in Tula verschieden waren, hebt unser Buch selbst hervor. Diese Zahlen bestätigen die Daten des Olméca-Einbruchs und die Theorie der Lokalisierung der Stämme im Norden. Ein eigener Test zwischen Tzotzil und Cakchiquel ergab 11 Jahrhunderte Differenz, also ungefähr das Wanderdatum.
Mit Hilfe der Glottochronologie sind wir nun imstande, aus guten Gründen das Folgende anzunehmen.
Zum Aufbruch nach Süden versammelten sich wirklich alle Stämme in Tula zu einer Heerschau, und die Mayastämme merkten zu ihrem Erstaunen, daß sie sich mit sehr Vielen nicht verstanden. Es folgte der historische Zug, durch mancherlei Quellen belegt und beschrieben. Bei der Laguna de Terminos erfolgte die Trennung zwischen der Hauptmacht der Tolteken und den Mayastämmen. Die Tzotziles, heute auch Chamúlas genannt, ließen sich in Chiapas nieder, der Rest zog nach Guatemala. Die menschenopfernde Priesterklasse bestand aus Náhuatl sprechenden Yaquis, ein Ausdruck, wohl nicht genauer als »Vandalismus« und »Gotik«. Die Yaquistämme leben heute hoch im Norden von Mexico, der Name bedeutet »Wanderer«. Auf Grund der Namenslisten müssen wir ein toltekisches Königshaus der Quichés annehmen. Das Herrscherhaus der Cakchiqueles belegt sich durch Namen aus dem Maya-Kalender. Es beschreibt also der historische Teil unseres Buches die Rückkehr der verlorenen Stämme in den Schoß der großen Mayafamilie. Wie bei Homer und den Veden hat auch im »Buch des Rates« der Mythos nicht nur geistig-dichterisch verklärt, er sagte außerdem die Wahrheit. Eine Wahrheit, die man nur mythisch ganz ausdrücken konnte.

Ixbalanqué-Jaguar als Fruchtbarkeitsgott auf Muschelschmuck der Huastéca-Maya

QUELLENNACHWEIS

Richard N. Adams: Cultura Indigena de Guatemala. Ensayos de Antropologia Social. Beiträge u.a. von John Gillin, Oliver La Farge, Sol Tax. Guatemala 1956

Ferdinand Anders: Das Pantheon der Maya. Graz 1962

Enriqueta Andrews: Vocabulario Otomi. Mexico 1950

The Annals of the Cakchiquels. Translated from the Cakchiquel by Adrian Recinos and Delia Goetz. Oklahoma 1953

Pedro Aschmann: Vocabulario de la Lengua Totonaca. Mexico 1956

Jorge Luis Arriola: Pequeño diccionario etimologico de voces guatemaltecas. 2. Aufl., Guatemala 1954

Alfredo Barrera Vasquez: La Identificacion de la Deidad »E« de Schellhas. Quadernos Mayas. Merida 1939

derselbe: Horóscopos Mayas o El Prognostico de los 20 Signos del Tzolkin, segun los libros de Chilam Balam de Káua y de Mani. Registro de Cultura, año I Nr. 6. 1943

derselbe: El Libro de los Libros de Chilam Balam. Mexico-Buenos Aires 1948

derselbe und S. G. Morley: The Maya Chronicles, Contributions to American Anthropology and History. Vol. X Nr. 48. Washington 1949

Charles Etienne Brasseur de Bourbourg: Manuscrit Troano. Etudes sur le Systeme Graphique et la Langue des Mayas. Paris 1869

derselbe: Gramatica de la Lengua Quiché. Guatemala 1961

Dora M. Burgess y Patricio Xec: Popol Vuh, Texto del Padre Ximenez y nueva traduccion. Quetzaltenango 1955

Bartolomé de Las Casas: Brevisima Relacion de la Destruccion de las Indias. Sevilla 1552/Mexico 1945

Bartolomé de Las Casas: Historia de las Indias. Ed. de A. Millares Carlo y estudio preliminar por Lewis Hawke. Mexico 1952

Marion M. Cowan: Una Gramatica Castellana-Tzotzil. Mexico 1956

Clarence y K. Church: Vocabulario Jacaltéco. Guatemala 1955

Juan E. Ferraz: Sintesis de Constructiva gramatical de la Lengua Quiché. San José (Costa Rica) MCMII

Francisco Antonio de Fuentes y Guzman: Recordacion Florida. Prologo de J. Antonio Villacorta C. Guatemala 1932
Rafael Girard: El Calendario Maya-Mexica. Mexico 1948
derselbe: Esoterismo del Popol Vuh. Mexico 1948
derselbe: Los Chortis ante el Problema Maya. V Tom. Mexico 1949–50
derselbe: El Popol Vuh, Fuente historica. Mexico 1952
derselbe: Los Mayas Eternos. Mexico 1962
Sarah C. Gudschinsky: The ABC's of Lexicostatistics (Glottochronology) »WORD«, Vol. 12 Nr. 2. 1956
Alfredo Herbruger Jr. y Ed. Diaz Barrios: Método para Aprender a Hablar, Leer y Escribir La Lengua Cakchiquel. Guatemala 1956
J. Martinez Hernandez: Diccionario de Motul, maya-español atribuido a Fray Antonio de Ciudad Real, y Arte de lengua Maya por Fray Juan Coronel. Merida 1929
Hans Horkheimer: Nahrung und Nahrungsgewinnung im vorspanischen Peru. Berlin 1960
C. L. Hoy and others: The Maya and Their Neighbors.
Darin: John Alden Mason: The native languages of Middle America. New York 1940
Fernando de Alva Ixtlilxóchitl: Obras Historicas. II Tom. Herausg. Alfredo Chavéro. Mexico 1891
Diego de Landa: Relacion de las cosas de Yucatán. Editor: Hector Perez Martinez. Mexico 1938
Ramon Larsen: Diccionario Huasteco. Mexico 1955
Walther Lehmann: Die Sprachen Zentral-Amerikas. Berlin 1920
Juan de Léon: Diccionario Quiché-Español. Quiché 1954
Lucien Lévy-Bruhl: Das Denken der Naturvölker. Mit einer Einleitung von Dr. Wilhelm Jerusalem. 2. Auflage 1926, Wien und Leipzig
Juan B. McIntosh y José Grimes: Vocabulario Huichól. Mexico 1954
Marvin K. Mayers: Vocabulario Pocomchi. Guatemala 1956
derselbe: Languages of Guatemala. Manuscript 1961. Guatemala
Norman A. McQuown: The Classification of the Mayan Languages. International Journal of American Linguistics. Vol. 22 Nr. 3. 1956
Antonio Medez Bolio: Libro de Chilam Balam de Chumayel. Traduccion del Idioma Maya al Castellano. Costa Rica 1930
Fray Alonso de Molina: Vocabulario de la Lengua Castillana y Mexicana. Mexico 1571. Faksimiledruck: Madrid 1944
Sylvanus G. Morley: The Ancient Maya. Revised by George W. Brainerd. Stanford (California) 1958
Juan Pio Perez: Coordinacion Alfabetica de las voces del Idioma Maya. Merida 1866–1877
H. Prowe: Gramática de la Lengua Quiché. Diccionario Español-Quiché y Quiché-Español sacados de la Gramática y Vocabulario del Fr. Fco.

Jimenez, del Popol Vuh, del Rabinal Achi, de los Annales de los Cakchiqueles etc. Chocolá, Julio 1902
derselbe: Vestigios de ciencias en los documentos antiguos de los Indios de Guatemala. Guatemala 1929
Georges Raynaud: Los Dioses, los Heroes, y los Hombres de Guatemala Antigua y Popol Vuh. Spanisch: Paris 1927
derselbe: El Libro del Consejo. Traduccion y notas de J. M. Gonzales de Mendoza y Miguel Asturias. Mexico 1950
derselbe: Rabinal Achi: Traduccion al Castellano por Luis Cordosa y Aragon. Guatemala 1953
Adrian Recinos: Cronicas Indigenas de Guatemala. Guatemala 1957
Diego de Reynoso: Gramatica y Diccionario de la Lengua Mame. Mexico 1916
Ralph L. Roys: The Book of Chilam Balam of Chumayel. Washington 1933
Carmelo Saënz de Santa Maria: Diccionario Cakchiquel-Español. Guatemala 1940
Bernardino de Sahagún: Historia General de las cosas de Nueva España. V Tom. Mexico 1938
Leonhard Schultze-Jena: La vida y las creencias de los indigenas quichés de Guatemala. Guatemala 1954. Deutsche Ausgabe: Leben, Glaube und Sprache der Quiché von Guatemala. Jena 1933
Guillermo Sedat S.: Nuevo Diccionario de las Lenguas K'ekchi y Español. Chamelco 1955
Marianne C. Sloccum: Vocabulario Tzeltal-Español. Mexico 1953
Emilio Solis Alcalá: Diccionario Español-Maya. Merida 1948
Georgette Soustelle: Observaciones sobre la Religion de los Lacandones del Sur de Mexico.
In: Guatemala Indigena. Vol. 1 Nr. 1. 1961
Herbert Joseph Spinden: Maya Art and Civilization. Denver 1957
Dr. Otto Stoll: Die Maya-Sprachen der Pokóm-Gruppe. II. Teil: Die Sprache der K'e'kchi-Indianer nebst einem Anhang: Die Uspantéca. Leipzig 1896
derselbe: Etnografia de Guatemala. Guatemala 1958
Morris Swadesh: Estudios sobre Lengua y Cultura. Mexico 1960
derselbe: Lexico-Statistic Dating of Prehistoric Ethnic Contacts. Proceedings of the American Philosophical Society. Vol. 96, No. 4, 1952
derselbe: Towards greater Accuracy in Lexicostatistic Dating. International Journal of American Linguistics. Vol. 21, No. 2, 1955
John D. Teeple: La Astronomia Maya. Mexico 1937
Celso Narisco Teletor: Diccionario Castellano-Quiché y Castellano-Pocoman. Guatemala 1959
Franz Termer: Etnologia y Etnografia de Guatemala. Guatemala 1957

Cronica Mexicana del Hernando Alvarado Texozomoc. Notas de Manuel Orozco y Berra. Mexico 1944
J. Eric S. Thompson: Maya Hieroglyphic Writing. An Introduction. Oklahoma Press 1960
derselbe: The Rise and Fall of Maya Civilization. Oklahoma 1954
Title of the Lords of Totonicapán. Translated from the Quichétext into Spanish by Dionisio José Chonay. English Version by Delia Goetz. Oklahoma 1953
A. M. Tozzer: A comparativ study of the Mayas and the Lacandones. London/New York 1907
derselbe: A Maya Grammar with Bibliography. Cambridge 1921
derselbe: Landas relacion de las cosas de Yucatan. A translation edited with notes. Cambridge 1941
J. Antonio Villacorta y Carlos A Villacorta: Codices Mayas. Guatemala 1930
Charles Wisdom: The Chorti Indians of Guatemala. Chicago 1940
Patricio Xec y Gail Maynard: Diccionario Quiché. Quetzaltenango 1954
Fray Francisco Ximenez: Historia de la Provincia de San Vicente de Chiapa y Guatemala. Tom. I–III. Guatemala 1929–1931

INHALT

EINLEITUNG UND VERSUCH ÜBER DIE METHODE 5

VORSPRUCH DES INDIANISCHEN ERZÄHLERS 25

ERSTER TEIL: SCHÖPFUNG UND HELDENLEBEN

Die Schöpfung 29
Zwischenspiel der Halbgötter 38
Die vierhundert Jünglinge 44
Der Tod von Zipacná und Cabracán 48
Die Unterwelt 54
Die Göttlichen Zwillinge 62
Ballspiel und nochmals Totenreich 78
Die Bezwingung der Unterwelt 95
Verklärung der Göttlichen Zwillinge 99
Vollendung der Schöpfung 102

ZWEITER TEIL: GESCHICHTE EINES VOLKES

Wanderer durch die Nacht 111
Geburt des Lichtes 121
Das Blutige Opfer 125
Fruchtlose Verführung und Götterzorn 129
Aufstand der Stämme 134
Hingang der Erzväter 139
Fahrt gen Osten und Städtegründung 141
Gründung der Stadt Quiché 146
Liste der Titel 148
Machtzuwachs und Krieg 149
Ruhm der Götter 154
Königslisten 158

DRITTER TEIL: ERLÄUTERUNGEN UND DEUTUNGEN 165

QUELLENNACHWEIS 226

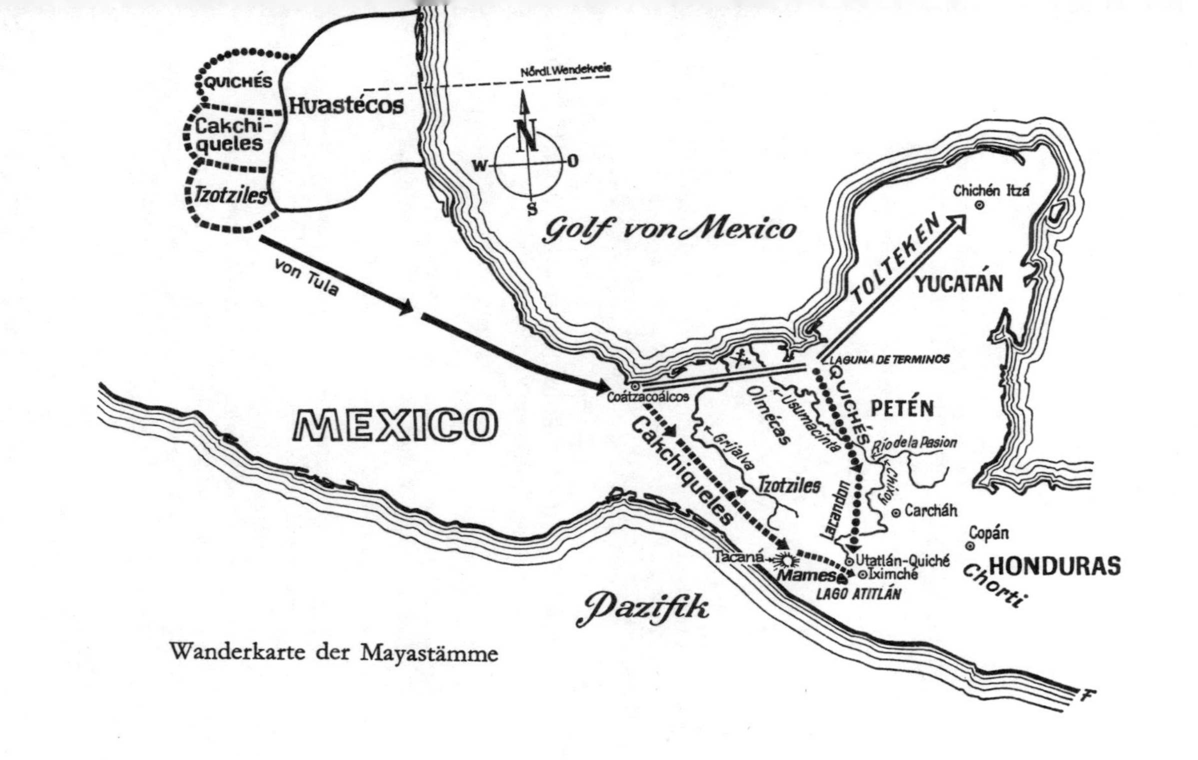

Wanderkarte der Mayastämme

Christian Rätsch (Hrsg.)

Chactun
Die Götter der Maya

Quellentexte, Darstellung und Wörterbuch

Diederichs Gelbe Reihe Band 57, 320 Seiten, Paperback

Die Welt der Maya erschließt sich in diesem Buch: ihre Kosmologie, ihre Chilam-Balam-Dichtung, ihre Ikonographie, ihre Geschichte und ihre heiligen Pflanzen.

Christian Rätsch

Indianische Heilkräuter

Tradition und Anwendung
Ein Pflanzenlexikon

Diederichs Gelbe Reihe Band 71, 320 Seiten mit 44 Abbildungen, Paperback

Die Fülle mittel- und südamerikanischer Heilpflanzen wird hier lexikalisch-anschaulich zusammengefaßt. Neben Wirkung und Anwendung der Pflanzen erfährt man, welche Bedeutung sie im ursprünglichen kulturellen und religiösen Leben der indianischen Völker gehabt haben.

Åke Hultkrantz

Schamanische Heilkunst und rituelles Drama der Indianer Nordamerikas

Diederichs Gelbe Reihe Band 112, 344 Seiten, Paperback

Die erste systematische Zusammenfassung des reichen Wissens über die indianische Stammesmedizin: Gesundheit, Krankheit, Wahnsinn, Pflege, Heilverfahren, Ethik, Behandlung der Alten, Tod und Sterben.

Gerardo Reichel-Dolmatoff

Das schamanische Universum

Schamanismus, Bewußtsein und Ökologie in Südamerika

Hrsg. v. Christian Rätsch und Daniela Baumgartner

Diederichs Gelbe Reihe Band 131, 336 Seiten Paperback

Die facettenreiche Lebensphilosophie der Indianer, ihre homogenen und kosmologischen Schemen, ethische und ästhetische Begriffe, die auf einer erstaunlichen Mischung aus Realismus und Metaphorik beruhen.

Eugen Diederichs Verlag